もういちど自閉症の世界に出会う

「支援と関係性」を考える

エンパワメント・プランニング協会［監修］
浜田寿美男／村瀬 学／高岡 健［編著］

ミネルヴァ書房

はじめに――セミナー開講の辞

本書は、二〇一五年三月二一日・二二日の二日間、エンパワメント・プランニング協会（ＥＰＯ）の主催で開催したセミナー「〈自閉症の世界〉から、知的（発達）障害者の「支援と関係性」を考える」を、ほぼその流れのままに再現したものです。

会場は大阪・谷町六丁目の大阪社会福祉指導センター多目的ホール、セミナーに参加した人たちは一五〇名ほどで、会場は盛況でした。何らかの援助技法を具体的に教えようというようなセミナーではありません。そもそも「支援とは何か…？」とか「自閉症とは何か…？」とか、現場で出会っている問題を、根本のところから、まるまる二日間にわたって考えようという、まことに地味な企画です。それを、せいぜい年一度、とびとびにやってきて、これで五回目。おまけに講師陣は、この世界で少々はみ出し者を自称している三人。こんな企画で人が集まるのだろうかと、毎回心配になってしまうのですが、これがどういうわけか、いつも盛況なのです。

参加者は大阪・兵庫を中心に、ほとんどが福祉施設などで忙しく働いている支援者たちです。なかには遠く九州、中国、四国からの参加される人もいます。考えてみれば、それだけ現場の悩みは深いということかもしれません。

このセミナーは、これまで毎回、ＥＰＯが小さな冊子にして記録してきたのですが、今回はいっそ本屋に並ぶ本としてこれを広く公刊してみようということで、ちょっと頑張ってみました。それが、この『もういちど自閉症の世界に出会う』という、ちょっと奇妙なタイトルの本になりました。

自閉症についての本は、いま、ほんとに山ほどあります。大きな書店に行ってみれば、ひと棚すべてがその関連の本で埋まっているんじゃないかと思うほどで、驚いてしまいます。じっさい、研究者たちはあれこれの学会でさまざまの理論を発表し、これを単行本として刊行する人たちも数多くいます。それに実践家たちの治療・訓練にかかわる指導書は病院のみならず福祉施設や学校の現場に溢れ、一般向けのハウ・ツウ本がまた子育て中の家庭のなかに浸透しているのが現状です。「発達障害」がブームと言っていいほどの広がりを見せるようになったこの時代ですから、その大本山たる「自閉症」にかかわって多種多様な書物がこうして巷間に溢れるのは、ある意味、当然のことかもしれないと思いながら、その一方で、それだけ社会の側からの理解が深まっているかと考えてみると、どうもそうは思えない現実があります。

私たちのこの本も、ひょっとして下手をすれば、この膨大な本の山に埋もれてしまう一冊になってしまうかもしれません。ただ、そうでありたくないし、このブームからはしっかり距離をとりたいという思いで、タイトルには、「自閉症の世界」に「あらためて出会う」という意味合いを込めてみました。じつのところ、私たちは「自閉症の世界」にまだ十分に出会っていないのではないかという思いが、その背後にはあります。

村瀬　学

＊

セミナー開催にあたって三人が掲げた「仮題」と「前口上」は次のようなものでした。

「クマのプーは本当に「おばかさん」なのに、なぜそんな「プー」がこんなに人気があるのか、わからないひとには本当にわからないのですよ。」

――小澤勲『自閉症とは何か』から『認知症とは何か』へ

「プー」のマスコットをかばんにぶら下げている女子学生はわんさといる。その「プー」をカナダの精神科医シェイたちは「発達障害」と診断していたが、そんな「診断」を聞くと、「プーさん」大好きの女子学生たちからは、きっと悲鳴と非難の声がわき上がるだろう。しかし残念ながら「プー」が「おばかさん」であることは、原作を読めばものすごくはっきりわかるのである。それなのに医師から「プー」が「発達障害」と「診断」されると、私もムカッとする。なぜなのだろう。女子学生たちの大好きな「プー」は、ディズニーアニメ版のプーである。あれは「原作」とは違っている。その比較ももちろんいたしましょう。問題はでも原作の「プー」の激しい「おばかさん」ぶりを、どう考えるのかということです。もう少し言えば、こんなに「おばかさん」なのに、どうして世界中で愛されてきたのかという疑問です。それは「発達障害」の「診断」をする発想からは見えてこない秘密です。何の秘密かというと、「プー」の住む「百エーカーの森」の秘密です。この本を戦争中の一九四〇年に訳された偉大な翻訳者、石井桃子さんの伝記もたどりながら、その「秘密」を読み解いていけたらと思います。それは、小澤勲さんが『自閉症とは何か』から『痴呆を生きるということ』『認知症とは何か』へとたどられた道をたどり直すことになるような気もしています。

「心の理論」から、「世界の理論」へ――凡人との「違い」は脳か？それとも隠喩か？

高岡　健

今回は、少しだけ難しい話をします。

チンパンジーを対象とする研究から生まれた「心の理論」は、他人の考えを想像しうる能力を指す言葉として、用いられてきました。また、それが自閉症スペクトラムを有する人々の心を解く鍵であるかのように、言われてもきました。その後、「心の理論」ブームが下火になってきたと思っていたら、「社会脳」という考えが、一世を風靡しつつあります。

一方、あまり知られていませんが、「世界の理論」というものを、自閉症スペクトラムの特徴と考える立場もあります。それは、あいまいな世界を数値化して確かなものに変えようとする、といったほどの意味で用いられる言葉です。このような特徴の把握は、しばしば自閉症スペクトラムの人たちの世界を、（好意的な使用なのですが）エイリアンといった隠喩で表すことへとつながっています。

はたして、自閉症スペクトラムを脳へ還元する考えは正しいのでしょうか？ また、エイリアンの隠喩で表すことは正しいのでしょうか？

自閉症という現象に出会って「私たち」の不思議を思う——わかりあうことの奇跡とわかりあえないことの自然

浜田寿美男

ふだん、おたがいに何となくわかりあえているように思えている「私たち」。でも、思えばそれも長年かけてやっと出来上がってきたもの。そうしてできあがって、身の回りに何かしら〈関係の網の目〉のようなものをはりめぐらせて、そこに身を乗せて安心しているときは、それが当たり前と思っているけれど、よく考えれば、それはまるで奇跡のようなこと。だいいち「どうしてそんなことができるのか」と、あらためて問われると、それがまったくわからない。そうだとすると、むしろわかりあえないことの方が自然。自閉症の人たちのわかりにくさは、その自然の一つ……かもしれない。

そう思いつつも、一方で、自閉症の人たちは「私たち」よりずっとわかりやすい。そう思えるところがある。そのわかりやすさをつないでいけば、「私たち」が身の回りにはりめぐらせているのとは違うもう一つの〈関係の網の目〉が広がっていくのかもしれない。

さてさて、こうした前口上を並べただけでも、三人がいずれもいわゆる自閉症業界からはみ出していることと、そのはみ出し方がまたそれぞれであることを直観されることと思います。いや、それでもやはりそこに共通のトーンがあることも確かです。

＊

小澤勲さんは大著『自閉症とは何か』のなかで、「自閉症は関係の中で起こる症状である」という意味のことを述べています。人どうしは誰もが通じ合えるはず、わかり合えるはずだと思っていて、その前提が崩されるような人に出会ったとき、その「わからなさ」を、こちらの勝手な感覚で「自閉」と名づけてしまいます。「自閉症」という言葉の語源は、おそらくそこにあるのではないかと思います。それをいまは「発達障害」という言葉でくくろうとする動きが強いのですが、その「わからなさ」を相手のせいにしている点では「自閉症」と変わりません。たしかに自閉症は「わかりにくい」障害です。だからこそ、それを「わかろうとする」。そうした試みがあれこれとなされてきました。私たち三人もまたそれぞれにその試みに加わってきたつもりでいます。ただ、その中味は三人三様です。それでも共通なのは、脳の障害などに結びつけて簡単に「わかった」とは言わないこと、しかし一方で、安易に「わからない」とは言わないこと。今回のEPOセミナーもまた、たがいにその「根」っこからの議論を交わし合えればという思いで開いたものです。

そして、もちろん、こうした議論が、現場で当の自閉症の人と出会っている人々のかかえる問題と絡み合わなければ、ほんとうの意味をなすことがありません。現場からの語りと根のところで絡み合ってはじめて、その議論は生きてくるものと、私自身、このセミナーに参加しながら感じてきました。その雰囲気をどこまで再現できたかわかりませんが、ぜひ、全体を読み通して、皆さんの目で確認をいただければと思っています。

現場の問題は理論の枠を超えて展開するもの、理論はなんとか現場の問題を組み込んで、その具体性を自ら試そうとするもの。二つは両輪で展開するのが本来です。今回、ご報告していただいた小道モコさん、長尾祥司さん・平岡美鳥さん、福寛さん・荒川輝男さん・高橋道子さんには、それぞれの生活の場での問題を、ほんとにさりげなく、そしてあからさまに語っていただいたことで、それだけ議論が膨らみを帯び、これからの支援のかたちを豊かにイメージしていく大事な足がかりを提供いただけたと思います。

現場と理論は、ともにたがいに向けて開かれたものです。これからもまた機会があれば、この両輪の議論を交わし合いたいと思います。

二〇一六年六月一〇日

浜田寿美男

「EPO2015こころでわかる支援者エンパワメントセミナー」当日のプログラム

2015年３月21日（土・祝）

午前10：00-10：10	オリエンテーション
①講義 10：10-11：50	□クマのプーは本当に「おばかさん」なのに、なぜそんな「プー」がこんなに人気があるのか、わからないひとには本当にわからないのですよ。 ―小澤勲『自閉症とは何か』から『認知症とは何か』へ　村瀬　学
②講義 12：50-14：30	□「心の理論」から、「世界の理論」へ ―凡人との「違い」は脳か？それとも隠喩か？　高岡　健
③講義 14：40-16：50	◇自閉症スペクトラム～小道モコの場合 あたし研究　小道モコ 小道さんと出会って、僕が歩んできた道　山田有信 村瀬さん、高岡さん、山田さんの話を聞いて　小道モコ

３月22日（月）

午前10：00-10：10	はじめに
①講義 10：10-11：50	□自閉症という現象に出会って「私たち」の不思議を思う ―わかりあうことの奇跡とわかりあえないことの自然　浜田寿美男
②事例研究 12：50-15：10	◇自閉症スペクトラム～事例報告 事例１「結構危ない橋を渡って来て、崩壊してもおかしくなかった」 パーソナルひらかた　／　長尾祥司 平岡美鳥 事例２「イノセントワールド―晴れのち晴れ」 そうそうの杜　／　福　寛 荒川輝男 高橋道子
③フォーラム 15：30～ ④トークの場 ～17：00	◇フォーラム 自閉症の世界から、知的（発達）障害者の「支援と関係性」を考える （事例報告を受けて）　村瀬　学・浜田寿美男 ◇トークの場　―全体の質疑応答＆まとめ 講師陣＆参加者

目　次

第Ⅱ部　事例編

第Ⅰ部

理論編

第1章
クマのプーは「おばかさん」なのになぜ人気があるのか

村瀬　学

村瀬　学（むらせ・まなぶ）
1949年生まれ。
同志社大学文学部卒業。
現在，同志社女子大学生活科学部特任教授（児童文化専攻）。
1975年から大阪府交野市の心身障害児通所施設「あすなろ園」，「子どもゆうゆうセンター」などに勤務。福祉現場を拠点に，著書『初期心的現象の世界』『理解のおくれの本質』『子ども体験』などを発表。1995年から同志社女子大学に勤務。「児童文化」担当。研究の範囲は，生命論から文化史，民俗論，童話や物語論，そして発達論や精神医学，哲学などにまたがり，特定の分野を越える学際的なものをめざしている。
主　著
『子ども体験』大和書房，1984年
『理解のおくれの本質』大和書房（大和選書），1985年
『自閉症――これまでの見解に異議あり！』ちくま新書，2006年
『初期心的現象の世界――理解のおくれの本質を考える』洋泉社（MC 新書），2007年
『「あなた」の哲学』講談社現代新書，2010年
『長新太の絵本の不思議な世界――哲学する絵本』晃洋書房，2010年
『宮崎駿再考――『未来少年コナン』から『風立ちぬ』へ』平凡社新書，2015年
『鶴見俊輔』言視舎，2016年

1　小澤勲と自閉症

福祉と芸術

同志社女子大学で児童文化を担当している村瀬です。セミナーではいつもジブリの話などをするんですけれども、児童文化だからそういう話をするというのじゃなくて、福祉のセミナーでも「芸術」というようなものをもう少し取り込んでやってもらってもいいのではといつも思ってきました。なので、今回も、そういう芸術っぽいお話を織り込めたらと思っています。それで今回は「クマのプー」のことを一緒に考えればいいなと思っています。

「クマのプー」なんていうのは、若い方は見ておられますけれども、たぶん年配の方はご存知ないかもしれません。「クマのプー」って何だと思われるかもしれません。ですので、「クマのプー」なんていうのは見たことないぞという方のために、最初に一つ、プーの映像をお見せします。ディズニーのアニメ版で、一番最初のシーンと一番最後のシーンをくっつけてお見せします。二分ちょっとです。この最初と最後のシーンはものすごく大事なシーンです。でも、これはディズニーのアニメですので、原作とは違います。原作とディズニーの違いというのもとても大事です。私なんかは、宮崎駿さんの作品をずっと見てきていますので、ディズニーの作る、歌って踊ってのアニメがおもしろくなくて、いつも耐えられずに困っておりました。でも、学生たちはみんなディズニーが大好きなんですね。ですので、しかたなくディズニーにもおつきあいはしてきました。もちろん最近のディズニーにはすごい作品もたくさんあると思っています。ディズニー、あなどれないぞ、という感じです。

（＊会場でビデオを上映する。）クマのプーのディズニー版にも、原作にはない歌って踊っての場面が勝手にいっぱい挿入されていてよくないのですが、この最初と最後の場面は、原作の良いところをちゃんとアニメ化しています。ですので、みなさんにも見ていただいたというわけです。

ところで、見ていただいたらおわかりになったと思うのですが、最後に主人公の少年クリストファー・ロビンがクマのプーに、「なにもしないということをしてくれる?」という「お願い」をするところで終わっています。原作とはちょっと違うふうに作られているんですが、でも「なにもしないことをする」という言葉は同じように使われています。不思議な「お願い」が、ここに出てきています。これはいったいどういうことなのか、ということが気になります。あとでご紹介します小澤勲さんは、最後は認知症の施設でいろんなことをやっておられました。認知症の方にも「なにもしない」というような暮しぶりが見られますよね。なにもしないように見える。どこかしら「プーの物語」で語られたことに通じるものが、認知症の施設にもあるんじゃないか、そういうところを考えてみたいというのが僕の今日のテーマです。

ついでですので、先にディズニー版の「クマのプー」の優れているところをお話ししておきます。それはどこかと言いましたら、最初に絵本をパラパラとめくるシーンから始まるところです。プーのお話から始まるんじゃなくて、プーが本のなかの主人公ですよということを映像で見せているところです。これは大事な場面です。「プー」というのは「つくりもの」なんですよ、とわざわざ映像で見せているんです。なぜディズニーのアニメがそんなふうにして始まっているのかというと、実は原作がそういうことを強調するようにして始まっているからなんです。原作では、クリストファー・ロビンがくまのぬいぐるみの片手をもって、階段を降りてくるところから始まっています（図1-1）。

ぬいぐるみの頭が階段にぶつかっています。痛いようですが、痛くはないんです、ぬいぐるみですから。

つまり主人公のクマのプーはぬいぐるみですよ、というのが、この物語の大前提になっているんです。だからなのか分かりませんが、小さなマスコット風のぬいぐるみのプーをカバンにぶら下げている女子高校生がたくさんいます。マスコットのプーも大人気です。でも、そんな女子高生にクマのプーを読んだことがあるかと聞くと、原作を読む人はそんなにいないんです。ディズニー版のアニメを見るくらいですね。でもなぜか、マスコットのぬいぐるみのプーは大好きだと言うのです。

ところで、プーのお話というのは、実は誰が読んでも面白いというわけではないんです。面白くない人には、ほんとに面白くないんです。でも、面白い人にはとっても面白い。なぜそんなに極端に評価が分かれるんでしょう。

その分かれ目が、じつはこの「なにもしない」ということに関わっているところがあるんです。かつて、有名な男性の児童文学者の坪田譲治さんが、この原作を何度も読もうとしたのに、読み切れずに途中でやめてしまったと言っておられました。正直な方です。男の人が、おバカな、それもぬいぐるみだと分かっているような物語を、最後まで読みつづけるのは本当に苦痛なんですね。わかります、その気持ち。でも、あとでお話ししますけれど、この本を翻訳された石井桃子さんは、この本にいきなり魅せられ、とりつかれたように翻訳されたという経過があるんです。どうして同じ文学者でも、そんな違い

図1-1 『クマのプーさん』のカバーイラスト
ミルン，A.A. 石井桃子（訳）『クマのプーさん』岩波書店，2000年

が出てくるんでしょうか。そういう問題意識を踏まえながら、先に小澤さんの話を少しいたしましょう。

小澤さんと認知症

先に、小澤さんの経歴だけ簡単に述べさせていただきます。小澤勲さんは、一九三八年、昭和一三年生まれの方です。京大の医学部を出られてから滋賀県の中央児童相談所に勤務されて、それから兵庫県の県立病院、京都府立の洛南病院に勤務されて、この一九七〇年あたりが自閉症論を書かれた時期ですね。反精神医学の世界的な流れがあった時期で、全共闘運動とか精神医学への反感とかいろいろあって、その流れで小澤さんも反精神医学の本（『反精神医学への道標』めるくまーる社、一九七四年）を書かれ、その後自閉症論批判に取り組まれたということでした。『自閉症とは何か』（一九八四年）を出版されたときは、洛南病院におられました。そして一九九一年に副院長になられて、一九九四年に退職されました。痴呆症、認知症の研究をされたのはそのあとです。そして二〇〇八年に亡くなられました。

小澤さんは最初は自閉症の研究をされて、そのあと認知症の研究をされました。なんで小澤さんは、そんなふうにされたんだろう、なんで自閉症のことをずっとやらなかったんだろうと気になる方もおられるかもしれません。でも認知症と関わられたときに、結果的には自閉症と認知症のあいだには関係があるんだというふうにおっしゃっているんですね。そういう関係はどこにあるんだろう、ということも考えたいところです。

小澤さんには、歴史的な大著『自閉症とは何か』（洋泉社、二〇〇七年）があります。初版本（精神医療委員会、一九八四年）はもはや手に入らないので、私が復刊をお願いに行って作らせていただいた本です。この復刊本は小澤さんが亡くなられる一年前に出版されました。実際には、その前から何度もメールをさせてもらって、再版のお願いをしていたんですが、ほんとにぶっきらぼうに、「再版はできません、私は考えておりません」というメールが返ってくるだけでした。でも何回もメールをさせてもらって、それでお家にまで行きました。お家の玄関先で、「村瀬さん来てくれたけど、ウンとは言わんぞ」と言われました。中にも入れてもらえないで、玄関先で押し問答いたしました。そうこうしているうちに、「オレがいやと言うてるのに出したということをちゃんと書くんだったら構わない」と言われて、ＯＫをいただきました。それでこの本は再び日の目を見ることができました。

この本に限らず、小澤さんは、自分の書いた自閉症関係の本は、自己否定されてきました。早くに書かれた、『幼児自閉症論の再検討』（ルガール社、一九七四年）でも、自分がやっていた自閉症論はちょっとおかしいところがあると書いておられました。それから自閉症から認知症の研究の方に移られました。

その後、小澤さんが亡くなられた後で、それまで小澤さんが雑誌などに書かれたり、講演会で話されたことを高岡先生と読み直して、『自閉症論再考』（批評社、二〇一〇年）という本にまとめて出版させてもらいました。この本には、『自閉症とは何か』のあとに書かれた自閉症論が入っています。優れたとても大事な論考が入っています。私と高岡さんがさらに解説を付けております。そして今日の認知症のお話です。

村瀬　学

「自閉症から認知症へ」

今日のお題は「自閉症から認知症へ」ということですが、小澤さんはこの転換からなにを見つめようとされていたのかということですね。

基本的には「認知」というもの、つまり、ものが「分かる」というのはどういうことなのか、ということを研究されていたのだと思います。「分かる」というのはどういうことなのかということです。認知とか認知症という言い方をしてしまうとちょっと難しい言い方になってしまうのですが、平たく言うと、「分かる」ということが「分からなくなる」という「症状」のことです。「分かっていたこと」が「分からなくなる」、そういうことが起こるんですね。そこで「分かる」というのはどういうことかを、私たちも知らなくてはならなくなる。

でも、この人は認知症だ、病気だ、ということが「分かる」ということと、その人が生きている世界が「分かる」ということは、同じ「分かる」ということでも、違うのではないか。小澤さんは、そういうところを突き詰めていかれた方だと思います。誰でもその人なりの世界の分かり方があるわけで、その分かり方の一つ一つは、他の人にはとても分かりにくいところがある。この辺がとても難しいところです。そして小澤さんはある時期から、「その人の物語」を知る必要があるんだと繰り返し言われるようになりました。そしてそのためには「やさしさ」が必要なんだとも言われるようになりました。「やさしさ」という言葉がひんぱんに出てくるんですね。

小澤さんはけっこう怒りっぽい人で、喧嘩っ早い感じのところがありました。NHKの福祉の番組で小澤さんの病院が取材されたことがありました。NHKのベテランのアナウンサーの方がインタビューされているその最初の場面で、「小澤先生の施設の患者さんのことをお聞きしたいんですけれども」と切り出したら、小澤さんがもう血相変えて「患者さんって言わないでください」と大きな声で言っておられました。番組が始まったしょっぱなから喧嘩腰なんですよね。相手のアナウンサーもびっくりされていました。でも、ここにいる人たちは、「患者」ではないんだ、誰々さん、その人なんだ、そういうふうに私たちは見ているんだ、という思いがよく伝わる始まり方でした。それが、「その人の物語」を知る必要がある、と言われてきた中身なんでしょうね。そして、物語を知るためには「やさしさ」が必要なんだという言い方が付け加わっていくことになります。

『物語としての痴呆ケア』（土本亜理子との共著、三輪書店、二〇〇四年）という本に、「分かる」ということについて小澤さんが書いておられるところがあります。その中で、印象的なエピソードを語っておられます。小澤さんたちの施設を利用されている方たちが、あるときに、自分の人生が一番輝いていた時というテーマで話し合っていました。それぞれの人が、それぞれの話をされていたときに、ある一人の女性の方が、「私にはそんな時はない！」と憮然とした表情で言いきられた、というんですね。それが印象に残っている、と。こういう施設で、一番よかった時はいつですかと聞くことがありますよね。それはひょっとしたら失礼になる場合があると小澤さんは書かれています。彼女にはそんな時はなかった、人生のなかでそんな輝いていた時はなかったとおっしゃったというのです。その人は「ものを盗られたという妄想」が激しく出ている人で、その人の人生の物語を知らなかったら、きっとその人を、段々病気が進行していって、妄想が激しくなっている人と見なすだろう、と書いておられました。

ただここで、一つの見方に偏って分かったような気になり過ぎてはいけない、ということも申し上げておきましょう。確かに、彼女がもの盗られというテーマを選びとったことは、何となく分かります。でも、なぜ彼女は妄想というかたちを獲得することができたのでしょう。当面、ここまでの情報だけで説明しようとすれば、彼女は悪性健忘のために自らのもの忘れを「自覚できない」。だから、自分が置いた、あるいは隠したところを忘れ、忘れたこと自体を自覚できないために妄想に移行したのだ、ということになります。

しかし、このような説明はまだ「外側からの見方」です。こういう読み方は「痴呆を病む者からすると、かなりズレている」はずで、先の「痴呆が進行して妄想が出現した」という言い方とあまり違いはありません。妄想というかたちの獲得もまた物語として読み込もうとするなら、痴呆を抱えることの不自由を彼らの体験として理解しようとしなければならないでしょう。

『物語としての痴呆ケア』（三輪書店、二〇〇四年、一二三頁）

そしてその本で、「キットウッドの公式」というのを紹介されて、次のように書かれていました。

Ｄ（痴呆を生きる姿）＝Ｐ（性格）×Ｂ（生活史）×Ｈ（身体条件）×ＮＩ（脳損傷）×ＳＰ（社会意識）「キットウッドの公式」は、痴呆を生きる姿は決して医学的所見だけで理解できるものではない。人柄（personality）、生きてきた軌跡（biography）、今の暮らしの状況、つまり、どのような社会、どのような地域、どのような家庭で彼らが生きているか、痴呆について社会、地域、家族がどのような意識をもっているのか（social psychology）、そして身体条件（physical health）、脳損傷（neurological impairment）という複数の要因をかけ合わせてできあがっているものである、というわけです。

『物語としての痴呆ケア』（一二五頁）

その人の「ストーリーを読む」ということが大事だということなんですね。「キットウッドの公式」みたいなものは、その「ストーリーを読む」ための「目安」にしてもらえたらいい、と言っておられます。

「やさしく」とはどういうことか

そして大事なのは、「やさしい」とか「やさしく」という言葉が出てくる場面です。「痴呆を病む人たちのケアにあたっていると、こんなにやさしい人がこの世にいたんだ、と思わず見とれてしまうような方と出会ってきました」と書かれています。それはさまざまな現場のスタッフさんのことですけれども、やさしい方がおられるということですね。ところが、さっき言いましたように、小澤さんは怒りっぽい人ですからね、「私を含めて大半の者はそれほどにはやさしくなれ」ないと書かれています。でも、「ほんの少しはやさしくなれる」と。「人の心、暮らしを知ろうとする作業は常に相手を傷つける危険性をはらんでいる」ので、いろんなケアをしてあげていても人を傷つけてしまって、なかなかやさしくなれない。でも、だからこそ、「やさしさ」がいるんだということを書かれている。その「やさしさ」とはなんなのかということを、この後のプーの話を通してみなさんと共有できたらと思っています。

ここで、小澤さんは、「症状、病気を見る見方」と、「その人の生きる世界を見る見方」を区別されています。この人にどんな「病状」や「症状」があるのか、というふうに見る見方を、「診断」というわけですが、そういう「診断」だけでもって、「患者」さんを見ようとする医者がいます。そういう人たちの「診断」としてしか人を見ない見方を、「診断的理性」というふうに呼んでおこうと、私は小澤さんの『自閉症とは何か』という本の解説に書きました。でも、そういう「診断」ではなく、その人の生きる世界全体に触れようとする接し方があるんですね。それは、その人の人柄、その人の生活史、その人の暮らしの状況に触れるということです。生活史というのは過去をさかのぼるということですし、今の暮らしの状況というのは、お金はどれくらいあるんだろうとか、友達はどれくらいいるんだろうとか、そういう状況ですよね、そして身体の状態のこともある。糖尿があるのか、足が悪いのか、そんないろんな状態を含めてその人の世界がある。

そういう世界の全体を理解するのはとても大変です。そこまでしてやさしくなれるかといったら、ちょっとそれは難しい。でも、全部は分からないにしろ、「やさしさ」とは、そこまでの広がりを持ったその人の世界があるんだというふうに見て、少しでもその世界に触れようとする心のかたちではないか、と小澤さんは考えておられるんですね。

「病理」として診断されるプー

そういう考えの一方に、「診断」として相手を見ようという立場も出てきます。すでに言いましたが「診断的理性」を謳歌する医者たちの世界です。そこで一つ、「診断的理性」の見本をみなさんにお見せしようと思います。

それは『ユリイカ』という雑誌の「クマのプー」の特集号（二〇〇四年一月号、青土社）に精神科医の書いた「百エーカーの森の病理――A・Aミルン作品にみる発達病理」（セーラ・E・シェイ他）という文章です。そこで医師たちは、われわれはミルンの『クマのプーさん』と二冊目の『プー横丁にたった家』を徹底的に読んで、「百エーカーの森」の住民たちの診断を行った、と書いています。そして、医療関係者に、この物語には暗い側面もあることを理解してもらえたら嬉しい、というようなことを書いています。いかに喜々として診断をするということを楽しんでいるかというのが分かる文章です。

「まずプーから始めよう。このかわいそうなプーは二つの問題を合併している。もっとも目立つのは注意欠陥多動性障害（ＡＤＨＤ）の不注意優勢型である。」「我々はプーに衝動性の問題もあるのではないかと議論した。しかしながら、我々は、この行為はむしろ彼に合併する認知障害によるものであり、ハチミツに対する強迫的執着がそれをますます悪化させていると判断した。」そしてプーは「将来トゥレット症候群を発症するかもしれない。」ここには、そう書かれています。「診断的理性」の見本です。いかにも「診断的理性」が面白がってしそうな「診断」です。ちなみに「トゥレット症候群」というのは「チック」をみせる「症状」のことらしいです。「診断的理性」を働かせると、プーはどこからどう見ても発達障害であったり、知的障害であったり、認知障害であったりというように見える、というか、見たくなるんでしょうね。なんで見えるのか、見たくなるのか、ということですね。小澤さんに言わせると、その医者は、そこに見えている「症状」しか見ないで、その人の生活史、その人の全体の物語を見ようとしないから、表面的な診断名をつけて済ますことができるんだ、ということになろうかと思います。ですので、小澤さんは「診断名」にはいつも批判的で、だから「自閉症」という「病名」にこだわられていました。「自閉症」でいいのかという疑問ですね。

岩波新書の『認知症とは何か』（二〇〇五年）という本の「はじめに」のところで、小澤さんは、「認知症」という「病名」について書かれています。二〇〇四年に「痴呆」という用語が「認知症」に変更されることになりました。これで、法律とか公式文書から「痴呆」という言葉は消えることになりました。以前から、「痴呆」という名称が差別的であるという指摘は繰り返しなされてきました。広辞苑を引いても、「痴」は「おろかなこと」、呆もまた「おろかなこと」、「ぼんやりしていること」と書いてあって、そういうふうに見られてしまうので、「痴呆」というのをやめて「認知症」になった。そういう病名変更の経緯を紹介しておられます。

そういう「認知症」という新しい呼び名に対して、二つの危惧が語られたことにも触れられています。「認知症」という呼び方にしてしまうと、なにかしら、なにもかも分からなくなってしまう病気というふうにとらえられるんじゃないか、そういう批判が出てきたということです。「感情までおかしくなっている」

というふうにも見られてしまう。だから「認知症」という言い方には賛成しかねるという意見です。もう一つの批判は、「認知症」という用語によって、その是非は置いておいて、「痴呆」という概念が内包してきたさまざまな問題が「認知の障害」に縮小化されてしまうんじゃないか、という心配です。「痴呆」という言葉が持っている広がりが、「認知の障害」ということでちょっと狭められてしまうのではないか、そういう危惧が出てきた、ということを小澤さんは紹介されていました。

認知症の問題は、認知症の人の問題でありつつも、実は、認知症のことがよく分からない私たちの「認知」の悪さでもある、とも小澤さんは言っておられました。さきほど言いましたように、私たちが「分かる」ということがよく分かってないのに、認知症とか認知の障害とか言ってしまったりするのは、分かったような気になって認知症だと言ってしまうことになるのではないか。つまり、私たちの側に認知の悪さがあるのに、「認知症」を分かったような気になるのはいかがなものか、というわけです。「分かった」ようにしてしまうことの弊害というのでしょうか。

ところで、「クマのプー」の物語では、「おばかさん」という言い方が使われています。この「おばかさん」というのを「痴呆」というのもおかしいし、「認知症」というのもそぐわないのです。小澤さんは「痴呆」をやめて「認知症」という言い方に切り替えられたんですけれども、「痴呆」でもないし「認知症」でもないこの「おばかさん」というのはなんなのか、小澤さんの進めてこられた物語の読み取りと関係させられるように、このあと読み取っていけたらと思っています。

2　プーの世界

『クマのプーさん』の時代背景

「クマのプーさん」は、先ほどディズニーの映像を少しお見せしましたけれども、このディズニーの絵のモデルは、シェパードという挿絵画家の描いた絵です。挿絵のプーはこういう姿をしています（図１-２）。ディズニーのプーとはだいぶ違います。ディズニーのプーは丸々と肥っていて、どこかしら利発的な感じがします。でも、シェパードさんが描いたプーは、ぬいぐるみのようなクマになっているんです。それからクリストファー・ロビンは、先ほど階段から降りてくるときの絵で見たように、女の子のように描かれています。作者ミルンの息子であった彼は、実際にこんな格好をしていたみたいです。写真も残っています。シェパードさんの娘さんとクリストファー・ロビンは年は近かったみたいですから、同じような感じになっていたとも言われています。

図１-２　クマのプーさんの挿絵
（出所）『クマのプーさん』122頁

このイラスト（図１-３）は有名な、イーヨーのしっぽが取れて釘で打ち付けているところです。ぬいぐるみですからね、こういうことが可能なんです。ここで、ぬいぐるみとは何か、という問いかけをしておきます。

コブタは、ディズニーではピグレットという名前で呼ばれています。トラーは、ディズニーではティガー。それから、カンガ、ウサギ、フクロウなどが物語に出てきて、独特のポジションで、物語を面白くしてい

図1-3　イーヨーのしっぽを釘で打ち付ける
（出所）『クマのプーさん』84頁

ます。

それで、物語の話をする前に、プーの時代を先にご紹介しておきます。作者ミルンは一八八二年に生まれています。日本では一八六八年が幕末、明治維新ですから、明治になって一四年ほどしてからの生まれでしょうか。その頃には『ピーターラビット』、『赤毛のアン』、『ピーター・パン』、『ターザン』、『ドリトル先生』などが作られていて、ソビエト連邦が成立し、そんな時代に『クマのプーさん』が作られていたということです。日本で言えば、宮沢賢治がこのあたりにぴったりとおさまります。そんな頃の作品なんだということを頭に入れておいてもらうといいと思います。

作者のミルン自身は、もともとは優れたジャーナリストで批評家です。イギリスで発行されていた有名な『パンチ』誌に鋭い社会風刺のエッセイを書いてきた人であり、編集者でもあった人でした。ミルンを調べるのもとても興味深いです。『パンチ』誌については、岩波文庫から『『パンチ』素描集――一九世紀のロンドン』（松村昌家編、一九九四年）が出ていますし、批評家としてのミルンは同じく岩波文庫の『たいした問題じゃないが――イギリス・コラム傑作集』（行方昭夫編訳、二〇〇九年）で読むことができます。一見すると、子ども向けのおばかなクマの話を書く人だから、幼稚な考えの人なんだろうと、見くびってはいけません。ミルンは、当時のイギリスやロンドンの社会の風刺を鋭くやってのけていた、きびしい社会観、人生観の持ち主でもあったのですから。

そしてこの本は、日本では一九四〇年に、石井桃子さんの『熊のぷーさん』という訳で初めて登場します。石井さんがこの本を訳されたことで、日本の児童文学は一気に変わっていくんですね。

ミルンが亡くなったあと、一九六六年にディズニー映画が作られました。『くまのプーさんとはちみつ』というタイトルでした。でも、ディズニーの描いた挿絵と原作の挿絵がずいぶんと違っていたので、挿絵画家シェパードさんとの間で訴訟が起こっています。勝手に変にイラストを変更しているところがあったからですが、でも実際は、原作の挿絵どおりのプーにすると、あまりにも「生気」がなくて、ぬいぐるみっぽいので、アニメという動く映像の主人公にするには地味すぎたんだと思います。だからディズニーが、ちょっと太った、ちょっと理知的に見えるおばかさんのプーを描かざるを得なかったんでしょうね。分かる気がいたします。

物語の背景は、実際に作者と家族が住んでいたところが舞台になっています。物語に出てくる動物たちも、みんなぬいぐるみとしてクリストファー・ロビンが遊んだもので、それも博物館に展示されているらしいです。クリストファー・ロビンが物語の中で住んでいた木のほこらも、実際にあったみたいです。写真に残っています。そして主人公たちの遊んでいた「百エーカーの森」。これも今でも「森」として残っていて、日本の観光客が行ったりするらしいです。そんな身近なぬいぐるみや森を使って、お父さんのミルンがクリストファー・ロビンにクマの話をしてあげたというのがこの物語なんです。

石井桃子の翻訳

そして石井桃子さんです。宮崎駿さんは、この石井桃子さんがいなかったら日本の児童文学は今のようになっていなかっただろうと、高畑勲さんとの対談のなかでおっしゃっています。この石井桃子さんがいかにすごい人だったかということはあまりにも理解されていないんですね。この方は百一歳まで生きられました。百歳のときのインタビューが残っていて、お元気に話をされていました。百歳になってこれだけ頭がまわる人がおられるんだということにびっくりしました。

石井桃子さんは、まだ若かった頃に犬養首相のお家に招かれて、書庫の整理をしてくれと頼まれました。そして、そこの娘さんたちに出逢って、本を読んでくださいとたのまれて、そこにあった「クマのプー」の原作を、即興で日本語に訳して話して聞かせました。そんなに英語が分かるわけじゃないのに、即興で、天から降ってきたみたいに訳が口からついて出たとおっしゃっています。私のためにこの物語があるように思われて訳した、と石井さんは後におっしゃっていました。

若いころの石井さんは素敵な人だったらしく、太宰治がひとめぼれしたというエピソードが残っています。太宰は当時結婚していたんですが、彼女に会いたくて、一回だけ会うんです。そのあとで、太宰治がキミのこと好きだと言っていたよと人から聞いてびっくりするんです。石井さんの方は太宰のことは全然意識していなかったんですね。

石井さんの仕事としては、最初は文藝春秋社、それから新潮社、のちに岩波書店に入って岩波少年文庫をヒットさせていきます。彼女が編集者になって作ったたくさんの本を、宮崎駿さんや高畑勲さんたちが読んで育っていった。彼女の目にかなって翻訳されたものは、当時の日本の子どもたちにほんとうに栄養になったんです。戦争が終わったあとの何もない時代に、こういうことを彼女は一生懸命にやったということです。

そんな石井さんの訳された「クマのプー」の本を、先にも言ったんですが、坪田譲治さんという当時有名な日本の児童文学者が、なんとか読もうとしたけれどもそのつど放り出して読めなかったとおっしゃっていました。なにかしら、あほらしい感じがしたんでしょうね。実際にまったくあほらしい本ですから、読んで得をするという感じがしないのです。だから何頁か読むと、なんだこれはと放り出してしまいたくなる。そんなふうに、「クマのプー」を読むというのを苦痛に感じる人がいるのです。ここは大事なところです。あまりにもばかばかしい物語は、知的な刺激がほとんどないので、読み続ける気にならないわけです。ふつうの小説とか物語は、知的に刺激され深い感動があったりするんですけれども、この物語の主人公はおばかさんなんですからね、もともとぬいぐるみなんですから。そんなおばかなぬいぐるみの話を、いい年をした大人が読んでどうするんだと思う人がいるということです。なんにも得られないじゃないかというわけです。

同じように、認知症と呼ばれる人や、知的な遅れを見せる人とつきあうのは、ほんとにかなわんと思う人がいるんですね。「知的な刺激」を受けない人は、ゴメンだというわけです。しかし施設には、ほんとうに「やさしい人」がいて、そういう人たちの世話をしておられる。それは「やさしさ」というふうにしか言い表せないのですが、知的な面を見せない人とのつきあいはゴメンだ、一〇分もいたらその場を逃げ出したくなるという人と、いつまでも寄り添ってくださる人がおられる。この違いは何なのかということなんですね。

同じ児童文学者なのに、坪田譲治さんのように、プーを読めないで途中で投げ出す人と、石井桃子さんのように、こんな面白い物語があっていいのかしらと思う人との違いと同じで、一体どこがどう違っているのだろうと、思わないわけにはいきませんね。

「A」が分かる世界

さあ、それでは、プーの物語を紹介いたしましょう。一つ目は、ちょっと変わったお話です（『プー横丁にたった家』一一九‐一四五頁）。プーは出てこないんですけれども、考えさせられるお話です。物語にはいつもコブタが出てくるんですが、小さな彼はプーの一番の親友です。プーのことを一番よく分かっているという

図1-4　Aという字と花束
（出所）『プー横丁にたった家』139頁

か、いつもそばにいるんですね。心やさしい人物です。小澤さんが言っている意味で一番やさしいのは、このコブタかもしれません。そのコブタが、陰気なロバのイーヨーは、お誕生日に何ももらったことがない、花束をもらったことがないんじゃないかと勝手に思うんですね。そうするとものすごく可哀そうになってきて、それでスミレの花を持って行こうと思いたちます。実際に、花束を持ってイーヨーのところにやってきました。その時に、イーヨーは地面の上に置かれた三本の木を組み合わせたものを見ています。そこに、コブタが花束を持ってきたんですね。でも、そのときにイーヨーは、花束のことなんか見ないで、いきなりコブタに三本の木を見せて、これはなにか分かるか、とコブタに聞くんです。コブタはもちろんなにか分かりません。三本の木が、組み合わさっているから、真ん中に何か落ちるところがあるんじゃないか、罠みたいなものではないか、と思うんですけれども、正直に、分からないと答えるんですね。

そしたらイーヨーは、ちょっと偉そうに、「これは、Aの字じゃ」と言うのです。そして、「Aの字のいみがわかるかな?」とコブタに聞くのです。「これはな、学問ということじゃよ、おまえやプーなどのもっとらんもののことじゃよ」と言うんですよ。花束を持ってきてくれたコブタに、地面の木を指して、これはAという字で、お前にはAというものが分からんだろう、と言っているんですね。そしてイーヨーは、「この森の大ぜいのやつらが、…（中略）…Aの字について、なにを知っとるね? なにも知りゃせんぞ。Aは、やつらにとっちゃ、三本棒なんじゃ。だがな、教育のある者にとっては――コブちゃんや、よっくききなされ――プーやコブタごときをいっとるんじゃないぞ。教育のある者にとってはじゃ、Ａは偉大にして、かがやかしきＡなんじゃ」と言うんですね。このＡというものは、誰かが文句のつけられるものじゃないんだぞ、と言うわけです。

イーヨーは、いつもそんなことを言うもんですから、みんなから煙たがられています。でもコブタは、イーヨーのことを悪くは思っていないんですね。だから花束を持ってきてあげたんですが、イーヨーはそんな花束には目もくれずに、Ａという字を知っているか、とコブタにたずねているんです。

イーヨーはＡという字を知っている、このＡという字は、誰かがやってきて文句をつけられるようなものじゃない、そのＡをオレは知っている。でも、ほかの者はみんな知らんだろう、と。その時に、ウサギが通りかかります。イーヨーはしめしめと思ったんでしょうか、ウサギにも自慢ができると思って、同じように、お前これ分かるか、と聞くんです。そしたらウサギはいとも簡単に、「Ａの字だ」と言ってさっさと通り過ぎてゆきます。ウサギは物語の中では、いつもあれこれ考えながら急ぎ足で動いています。でも彼は賢いんです。ですからいとも簡単に、それはＡだと分かったんです。

それを聞いた後の、イーヨーのひどい落ち込み。そして怒りもこみあげてきます。なんであんなウサギごときにＡが分かるんだというくやしさ。それで、落ち込んで歯ぎしりしているんですね。それを見たコブタは怖くなって、せっかく持ってきた花束（渡しそびれて後ろに隠して持っていた花束）を、イーヨーの前にぱっと置いて逃げて帰ってしまうのです。

恐ろしい場面です。若い頃ならきっと笑って読みすごしていたであろう場面です。ここには、持ってきてくれた花束を受け取るという話と、Ａが分かるかどうかという話とが、対比されているんですね。でもここでは、花束を受け取ることより、Ａを知っているということの方が、優先されてしまっていたんですね。そこで作者は訴えているわけです。Ａを知っているということが、そんなに偉いことなのかと。なぜ、持ってきた花束を受け取れないのか、なぜ、花束を持ってきてもらったということを、ありがたいと思えないのかと。その時に、イーヨーの頭の中では、Aを知っているかどうかという知識が、花束をもらうことのありがたさを感じることの邪魔をしているんですね。

イーヨーにはAを知っていることが自慢だったんでしょうが、でもAくらい知っているものはいっぱいいたわけです。なにもイーヨーだけがAを知っているわけではなく、そういうことを知っているものはいっぱいいるし、もっといろいろなことを知っているものもいる。そんないろいろ知っているものからしたら、Aを知っているというくらいのことは、ほんとに取るに足らないことになってしまいます。ですので、イーヨーは自慢するつもりでいたのに、ウサギに簡単に答えられてしまったことで、逆に自分の方が誰でも知っていることを自慢していただけであることが分かって、恥ずかしくなったわけです。

でも作者は、そういうイーヨーの愚かさを馬鹿にして描いているのではなく、そんなささやかな知識の自慢が、じつは花束を持ってきてくれた人の気持ちをくみ取ることのじゃまをしてしまっていることを問題視しているんですね。大事なことは花束を持ってきてくれた気持ちを受けとめられるかということなのに、そっちじゃなくて、Aを知っているかどうかの自慢を先にしてしまうということ。ミルンはそういう時代になってきていることを描いていたんです。彼は時代の優れた風刺家でしたからね。

「自分の足跡」を追うということ

次にプーの出てくるお話を紹介します（『クマのプーさん』五七―六九頁）。これも見かけによらず、ちょっと恐ろしい話です。ある雪の降った日のことなんですが、プーが歩いてきたら、自分の前に足跡が見えてきたんです。そこにコブタがやって来たので、コブタと二人で、なにか足跡がある、ひょっとしたらこれはモモンガかもしれない、みたいな話をするんです。じゃあそれを突き止めようと言って、二人で突き止めていこうとします。その足跡を追いかけていって正体をつかもうというわけです。ここまでは分かります。そして、歩いてゆくと、足跡が増えていることに気がつきます。あれ、どうしたんだろうと思いながら歩いていったら、また足跡が増えているんです。不思議に思っていると、クリストファー・ロビンが、木の上から「おばかさん」と言うんですね。ロビンは木の上から一部始終を見ていたんです。

「きみは、なにしてたんだい？　はじめ、じぶんひとりで木のまわりを二度まわってさ。それから、コブタがきみのあと、追っかけてって、ふたりでいっしょにまわってさ。それから、また、もう一度まわろうとしてたんだよ」と言うんですね。ある木の周りを何度もぐるぐる回っていたというわけです。

「ちょっと、まって」とプーは前足をあげて雪の跡に自分の足を入れてみます。すると自分の足とぴったり合うのです。自分が回ってきた足跡を、モモンガの足跡と勘違いして、追っかけていただけだったのです。だから一回まわるたびに足跡が増えていたんですね。

図１-５　プーとコブタの足跡

（出所）『クマのプーさん』63頁

そこでプーは、「ぼくは、ばかだった、だまされてた。ぼくは、とっても頭のわるいクマなんだ」と言います。誰も彼をだましていないのにね。でも彼は、誰かにだまされたのでこうなったのであって、だから自分はバカだったんだ、というふうに言っているんです。そんなことを言うプーに対して、ロビンがこんなふうに言うんですね。「きみは、世界第一のクマさ」と。するとプーは「そうかしら？」と言って少し元気になって、それから急に元気いっぱいになって、「ともかくも、もうかれこれ、おひるの時間だ」と言って、お昼を食べに家に帰りました、というふうにして物語は終わっています。

この物語で語られる大事なことは二つあります。一つは「自分の足跡を追いかける」というおばかな話をどういう風に考えるのかということと、そんなおばかなことをしたプーが、「ぼくは、とっても頭のわるいクマなんだ」と言ったときに、「きみは、世界第一のクマさ」とクリストファー・ロビンが言ってくれたことを、どう考えるのかということです。ここにも「やさしさ」ということの問題があります。小澤さんが「やさしさ」と言っておられることと関わるものがここにあるように思います。つまりここで「きみは、世界第一のクマさ」と言っていることの意味はどういうことなのかということですね。

それでは、この「プーとコブタが、狩りに出て、もうすこしでモモンガーをつかまえるお話」という表題の話を、どういう風に理解するのかということを考えてみます。自分の足跡とも知らずに、見たこともないモモンガの足跡だと思って探しに行くというのは、普通に考えたら明らかに何かおかしいですよね。自分の足跡が分からないのか、と。そんなおばかな行動をするんだったら「発達障害」か「認知症」か、そういう行動のように見られても仕方がないんじゃないかということにもなるでしょう。

確かに、私たちには、出発して同じところに戻ってくるような話というのはなにもしていないように見えますね。時計のように同じところをぐるぐる回っているというのは、ただ元に戻ってきているように見えてしまいます。そんなふうに、いつも同じことを同じようにしている人がいたら、「なにもしていない」じゃないか、というふうに見えて、「おばか」と呼ばれてもしようがないように思われます。

私たちの人生というのは、そういうふうにじゃなくて、出発したらずーっと先へ行く、いろいろなことが分かってくると、先へ先へと進みたくなるわけで、元へは戻らない。一年生を過ぎたら、また一年生ではなくて二年生に進む。三本の棒がAだと分かると、次はBも分かりCも分かるということになり、次々にいろいろなことが分かってくる。そして、歴史が分かり、地理が分かり、知識は広がり、成長し、発達し、先へ先へと真っ直ぐ進んでいく。戻るということはないんですね。ところがプーは、ぐるっと回って元へ戻るような行動を取ってしまっている。元に戻るような行動を取ること、これをどう考えるのかということです。

この話をどう理解すればいいのでしょうか。自分の足跡とも知らずにモモンガかしらと思ってそれを探しに行く。こんなことは、ふだんはあり得ないのかということです。「自分の足跡をたどる」というようなことはあり得ない？　しかし、先ほど見てきたように、小澤さんの施設で、認知症の人が、自分の人生の足跡を探しているような話をされていたのではなかったでしょうか。先ほど物語としてのケアの話を引用で見ましたよね。患者として見るんじゃなくて、その人の物語を理解してくださいというのは小澤さんの言い方でした。その人の物語というのは、たとえば戦争中の話であるかもしれません。戦争中の話、そんなものその人の足跡じゃないか、自分の足跡をたどってどうするのだ、というふうに言おうと思えば言えないこともないでしょう。でも、実際に、自分の足跡を探しているような人がいるのではないか、写真を見て自分の青春時代、子ども時代をたどる人がいますよね、施設の中や老人ホームに行けば、そういうことをしている人がおられます。じゃ、そういう人はなにをしているのか、自分の足跡をたどっているだけなのか、ということになります。そういう意味で言えば、プーみたいなことをしていることになるのではないかと。そうすると、がぜんプーの物語がリアリティーを帯びてくるのが分かります。そうなると、じゃ、「おばかさん」ってなんなのかが問題になってくることになります。

「円環の時間」について

自閉症と呼ばれてきた人たちにも、同じようなことをしている人たちがいます。「同一性保持」などとさんざん言われてきたものです。同一性、同じようなことをしている、という意味ですね。同じことを繰り返すというのが「同一性保持」と言われてきたものです。ですので、プーのように、ぐるぐると自分の足跡を追う、というのも、見方によればそれは同一性、あるいは、同一性を保持している、というふうに見られることにもなりかねません。そうなると、同じことをし続ける人には進歩がない、発展がない、発達がないというふうに見られて、プーは発達障害みたいだということにもなっていきます。

しかし、だからと言って、自分の足跡をたどるということはそんなに悪いことなのか、ということですね。ここで、ぐるぐる回る時間を、改めて「円環の時間」と呼ぶとしたら、問いかけは、むしろそういう「円環の時間」を持てなくなっているということが、人間にとってなにか大事な時間を失っている部分があるんじゃないかというところなんです。この「円環の時間」をしっかり考えることができなくなって、「診断的理性」を使う人たちからみれば、それは「同一性保持」とか「認知の障害」というふうにしか見えなくなってきているところがあるんじゃないかと。

プーのぐるぐる回る様子を見たら、先ほど紹介した『ユリイカ』に出てくるお医者さんたちにも、ほんとにおばかなことをやっているようにしか見えないと思います。しかし、小澤さんの書かれた本を読むと、認知症の人でも、小さいときの写真とか青春時代あるいは戦争時代の写真を見ると、いろんなお話をしてくれるとおっしゃっています。そういう自分の青春時代の写真、みなさんももちろん見るときがあると思いますが、自分の青春時代というのは、自分の足跡ですよね。青春時代を振り返るというのは、たしかに自分の足跡をたどっているということですけれども、でも足跡をたどるというのは、昔したことをただなぞっているだけのことなのか、つまり、昔したことと同じことをまたしているだけのことなのか、そういう意味で、前に向かって進まないで、元に戻るというか、昔に戻っているだけのような話なのか、ということなんですね。そういうことが、問われているんだと思います。もし、プーの話が、そんなふうな、ただ同じことをくり返しているだけの話であるのなら、そんな話が未来に生きるための「生きる糧」になるのか、ということが、たぶんこういう話で問われているところだと思います。

そうしたプーの物語を「円環の時間」とここでは呼びますが、それがなぜ「円環の時間」なのかということが問題です。そこはもうちょっと説明がいると思います。「円環の時間」というのは、「直線の時間」に対比させて使われる時間のことです。たとえば、私たちの身体というのは、心臓から血がめぐって身体を循環していますよね。毎日、同じルートを通って、同じように流れて、元に戻ってきています。あたかも、クマのプーが自分の足跡をたどるみたいに循環しています。身体というのは、基本的には循環することで成り立っているんです。寝て起きて、寝て起きて、そして空腹になって満腹になって、満腹になったら排泄し、それから空気を吸ったり吐いたり……大事なことはすべてこの、同じことのくり返しでできているわけです。そういう時間を「円環の時間」と呼んできたわけです。

生きることと死ぬことも、同じかもしれません。大事なことは、次の世代に受け継がれて、生と死を繰り返すみたいな、生き物には、そういう生と死も含めてぐるぐる回るような「円環の時間」を生きている部分があるんですね。でも、「診断的理性」からすると、そんなぐるぐる回るだけの時間は、古くさい、前近代の、動物でも生きている時間のように見えるのではないでしょうか。そこには、同じことのくり返ししか見られず、何も成長しないし、発達しないようにしか見えません。

でも、その循環するという仕組みが身体のなかにないと、私たちは生きてもいけないし生活もできません。

こんなに大事な「円環の時間」が私たちのなかにあるのに、「診断的理性」に従えば、そういう「円環の時間」を生きる部分は評価されない、そこが問題なんです。

先ほど「円環の時間」は「直線の時間」と対比されるものだと言いました。「直線の時間」とは、歴史の教科書で習ったような歴史年表を思い出していただくといいと思います。時間は直線的にどんどんと先に伸びている図で表されています。その直線の上に、刻みをつけて、古い時間と新しい時間を区別できるようにしています。ですので、「近代の時間」というのは、昔の時間ではなく、新しいことを知るようになった人々の時間ということになって、先ほどのプーの話に戻すと、1＋1＝2とか、三本の棒はAだと分かる世界ということになります。

私たちにとっては、物事を学習し、教育されて、少しでも知識を増やし、なにも知らなかった自分から、なんでもよく知るようになる自分を創ってゆくことが大事だとされてきています。そういう新たな知識の獲得があって、良い仕事にも就くことができるようになり、財産も増やすことができて、幸せになると教えられてきました。「直線の時間」「近代の時間」というのは、そういう時間です。発達と進歩と歴史を生きる時間というのが「近代の時間」ということなんですね。

ミルンはプーの話のなかで、この「円環の時間」と「近代の時間」を対比させているのです。そして「近代の時間」が否定しているこの「円環の時間」を、どうしたらもっと理解できるんだろうと問題提起しているのです。

プーの「おばかさん」ぶりについて考える

先にも言いましたように、「プー」のマスコットをかばんにぶら下げている女子学生はたくさんいて、マスコットとしてであれ、プーはなんかいいなと彼女たちは思っています。でも、なにがいいのかよく分からない。言葉では説明できない。反対に、「クマのプー」を面白いと思わない人たちには、それを否定する言葉がたくさんあるんですね。発達障害だとか、知的な遅れだとか、ばかだとか……いろいろ言えるのです。もし女子学生たちに、カナダの精神科医シェイたちのつけた診断名を紹介したら、きっと彼女たちは悲鳴をあげ、非難の声をあげると思います。「プーになんてひどいことを言うの」と言うわけです。でも、プーのどこをかばえばいいのか、ということになると、うまくかばう言葉が出てきません。なぜなら、クマのプーは「おばかさん」なんですから。

プーが「おばかさん」であることは、ディズニーを見ている女子学生も分かっているのです。クリストファー・ロビンは物語のなかでいつも「プーのおばかさん」と言いますからね。ということは、「おばかさん」だからかわいいということになります。変なほめ方ですけれど、そういうことになるんですね。これではうまくほめたことにはならないので、困ります。女子学生も、プーが「おばかさん」と言われるのはかまわないんですけど、「バカ」とか「発達障害」とか言われるのは、許せないのです。一体そこでは、何が問題になっているのかということです。

問題は、原作の「プー」の激しい「おばかさん」ぶりをどう考えたらいいのかということです。もう少し言えば、こんなに「おばかさん」なのに、どうして世界中で愛されてきたのか、という疑問がまだ依然として残っているということです。それは、一九四〇年代にすでに翻訳者の石井桃子さんが、このプーの物語には秘密があって、それは、理解できない人には理解できないと言っておられた問題につながっていくということですね。それはまた、小澤さんが問題にされた「痴呆を生きる」人について考えるという考えにつながっていくんじゃないかということです。

さまざまな時間

「痴呆を生きる」人というのは、「発達の時間」「近代の時間」を生きているというわけではなく、どこかしら別な時間を生きているところがある。それを「円環の時間」を生きているというふうにみてきました。こういう時間のことを語っておられる方がいます。浜田寿美男さんの知人の内山節さんです。内山さんは東京の大学で仕事をされているのですが、群馬県の田舎に家を借りておられて、週末は東京から群馬に帰ってそこで田畑を耕して暮しておられます。近所のお百姓さんにいろいろな作物や、野菜の作り方を教えてもらいながら、ずっと暮らしておられます。そのなかで、「さまざまな時間」について考察されたことを、『子どもたちの時間』（岩波書店、一九九六年）、『時間についての十二章――哲学における時間の問題』（岩波書店、一九九三年）として出版されてきました。これらの本については、浜田さんもどこかで言及されていたと思います。

この「さまざまな時間」のなかには、「森の時間」があったり「川の時間」があったりします。内山さんは魚釣りが好きですから、田舎に帰ると魚を釣る時間を楽しみにされている。魚とのかけひきの時間があるというのです。魚をエサに食いつかせるやりとりの時間とでも言えばいいんでしょうか。釣れるか釣れないかわからない魚を相手にじっと待っていたりするわけですから、魚釣りをしたことのない人から見たら、なんて無駄な時間をすごしているんだろうというように見えるでしょうが、そういう時間を持つことはとても大事なんだと内山さんは言っておられて、その時間を「円環の時間」と呼んでおられるんですね。

「魚釣り」には、ただ魚と人間の間の、ぐるぐる回るやりとりしかありません。まさに「円環の時間」しかないわけです。森の木を切ったり、森を育てたりする人たちの仕事にも「円環の時間」があると、内山さんは言っています。自然と関わるというのは、そういう「円環の時間」を生きるところがあるんですね。近代以降の私たちは、機械の発達に関わる時間を近代文明の時間、進歩の時間と考え、自然と関わる時間を、古くさい、進歩のない時間のように思ってきたところがあります。内山さんは、そういう近代文明の機械に合わせて生きる時間と、自然の仕組みに合わせて生きる時間は、違うものだと考えてこられたのではないか。この辺に、プーの物語を解く鍵があるように私は思っています。

『プー横丁にたった家』――「プーのコーナー」とは何か

プーの物語には円環する話はいくつもあるんですけれど、最も典型的な円環の話が、次に紹介する話です。それは二冊目の本の最初のほうにあるんですが、その本の題を『プー横丁にたった家』というふうに石井さんは翻訳されています。原題は「THE HOUSE AT POOH CORNER」という題なんです。ですので、「プーのコーナーにたった家」というふうに訳されるかと思います。コーナーというのは隅っこのことです。ボクシングでよく「赤コーナー誰々」と紹介しますね。ですから、直訳したら、「プーの隅に立った家」というふうになるんです。でもそう訳すとなんか変な題ですね。それではなんのことか分からないので、石井さんはよく考えて、「コーナー」に「横丁」というなじみのある言葉をあてはめて、「プー横丁」と訳されたんだと思います。

でも、「コーナー」というのは、「横丁」というのともちょっと違うんです。競馬では「第三コーナーを回りました」などと言うように、「円形の曲がり角」のようなところを言う言葉でもあります。競輪選手が相手を抜くときにコーナリングと言うんですが、コーナーをうまく使って相手を抜いたりすることを言います。なので、ここにはプー独特のコーナーがあって、そこでプー独特のコーナリングが行われた物語と考えるのがよいように私なんかには思えます。プー独特の、円形の曲がり角があって、そこを使ってついついプーがおばかなことをしてしまうという意味合いが、もともとの題にはあるんじゃないかと。

では実際には、どんな話なのかを紹介いたします（『プー横丁にたった家』一五－四〇頁）。プーとコブタが、話をしています。いつもこの二人は（二匹は、でもいいんですが）ペアです。いつも誰かに「やさしくすること」を考えています。この時も二人は、何かを考えていたんです。それは、ロバのイーヨーが寒がっていたよという話です。そのときは雪が降っていました。二人はほんとに心やさしいんですよね。それじゃイーヨーに暖かい家を作ってあげようよ、ということになります。でも雪が降ってきているから、早く作らなくちゃと考えます。そうして二人が歩いていくと、木材があったので、それを使ってとにかく早く作ってあげようと考えます。それから、二人は一生懸命その木材を運んでいって家を作ります。ところが当事者のイーヨーは、その時どうしていたかというと、クリストファー・ロビンを訪ねていって、森にあった自分の家がなくなっているんですよ、と言うんです。

それでクリストファー・ロビンとイーヨーが森に行くと、たしかに家がありません。すこし離れた所にプーとコブタがいたので、イーヨーの家がなくなったという話をしました。すると、プーとコブタがイーヨーのために作る家の材料として持ってきた棒が、もともとのイーヨーの家だったことがわかりました。二人は、こんなところに木材が落ちていると思って、それを使ってイーヨーの家を作ってあげようと親切に考えたわけですけれど、実際には、イーヨーの家を、別のところに持ってきただけなんです。二人はなにか別なことや、新しいことをしたわけではなく、同じものを作っただけというか、同じことをしただけなんですね。ただ、ぐるっと回るようなことをしただけで、円環の運動のようなことしかしていないんです。

こっちにあったものを、別のところに持ってきただけの話なんです。なにか新しいことを生み出したわけではなく、なにも生産的なことはしていない。それなのに、二人はイーヨーのために新しい家を作ってあげられたと思っていたんです。イーヨーにしたら、二人の親切はいい迷惑でした。寒い冬の日に、自分の家が消えてしまったんですから。でもイーヨーは、こっちのほうが日当たりもいいし、場所はよかったよと、二人に言ってくれています。これも物語としては「やさしい」終わり方です。

そういうふうに見ていくと、「プーのコーナー」というのは、プーが同じことをしてしまうコーナーのことであることが分かります。「プーの曲がり角」というのは、そこを曲がるとまた同じことをしてしまうようなコーナーのことなんでしょう。皆さんは笑ってしまうかも知れませんが、世界の中には、そういう「プーのコーナー」があるんですよ、ということを、作者のミルンは訴えようとしていたみたいです。ただ、とても優れた感性の持ち主の石井桃子さんも、若かったので、この「コーナー」の持つ意味を、あまり深くは受けとめることができなくて、「横丁」と訳せば分かりやすいだろうと簡単に思われていたのではないかと私は思っています。

問題は、この「コーナー」とは何かということなんですね。ただ同じようなことをするためにあるような「コーナー」を、どう考えたらいいのかということです。プーとコブタはただ円環運動をしただけ、コーナリングをしただけなんですけれども、結果的には日当たりがよくて、場所的にはこっちのほうがよかったと言ってもらえました。けれども、別に何もしなかったと言えば、何もしなかったんです。いったい「プーのコーナー」というものは、どのように考えればいいのかということです。

最後の場面

いよいよ物語の最後の場面がやってきます。クリストファー・ロビンが、「百エーカーの森」（石井桃子さんの訳では「百町森」）から出て行くらしい、といううわさがみんなに伝わってきたのです（本には明記されていませんが、「学校」に行くのだと思われます）。それで、森のみんなは、何か書き物をしてクリストファー・ロビンに渡そうと相談することになります。みんなに頼まれて、イーヨーが手紙をしたためて、クリストファー・ロビンのところへ持っていきます。クリストファー・ロビンがそれを読んでいるうちに、みんな悲しくなって一人二人とその場から去って行き、しまいにプーしかいなくなります。そして冒頭で映像をお見せしました、最後の会話のシーンになります。

最後のシーンはとても大事なので、ディズニー版ではなく、本の方を見ていただけたらと思います。ただストーリーを聞いて終えるというのではなくて、実際の原文（石井桃子さんの翻訳でという意味です）がどうなっているのかを味わうというのが大事です。これは一種の事例研究のようなものですから、プーの事例をちゃんと知ろうと思えば、原文を読むことが大事です。そこでどういうことが言われているかということです（『プー横丁にたった家』二四五‐二六七頁）。

そこでクリストファー・ロビンは、「プー、きみね、世界じゅうでいちばん、どんなことをするのがすき？」と聞いています。プーは、「ぼくが、世界じゅうでいちばんすきなのはね、ぼくとコブタで、あなたに会いにいくんです。そうすると、あなたが『なにか少しどう？』っていって、ぼくが『ぼく、少したべてもかまわない。コブタ、きみは？』っていって、外は歌がうたいたくなるようなお天気で、鳥がないてるってのが、ぼく、いちばんすきです」と答えています。

「ぼくも、そういうのはすきだ」とクリストファー・ロビンは言います。そして、「だけど、ぼくがいちばんしてたいのは、なにもしないでいることさ」とそこで言うんですね。すると、プーが聞くんです。

「なにもしないって、どんなことするんです？」と。するとロビンは、

「それはね、ぼくが出かけようと思ってると、だれかが、『クリストファー・ロビン、なにしにいくの？』

ってきくだろ？　そうしたら、『べつになんにも。』っていって、そして、ひとりでいって、するだろ？　そういうことさ。」

「ああ、そうか」とプーは答えます。分かってないのにね、プーは、ああ、そうか、と答えます。

「ただブラブラ歩きながらね、きこえないことをきいたり、なにも気にかけないでいることさ。」

「はあ！」とプーは答えます。

そのあとですね、ロビンは言うんです。

「ぼく、もうなにもしないでなんか、いられなくなっちゃったんだ」と。

「もうちっとも？」

「うん、少しはできるけど。もうそんなことしてちゃいけないんだって」と。

そして、ロビンがのどをつまらせながら、プーにこう言います。

「プー、ぼくが――あのねえ――ぼくが、なにもしないでなんかいなくなっても、ときどき、きみ、ここへきてくれる？」と。

「ぼくだけ？」

「ああ。」

「あなたも、ここへきますか？」

「ああ、くるよ、ほんとに。プー、ぼく、くるって約束するよ。」

「そんならいい」と、プーは言いました。

「プー、ぼくのことわすれないって、約束しておくれよ。ぼくが百歳になっても。」

プーはしばらく考えて、

「そうすると、ぼく、いくつだろ?」
「九十九。」
プーはうなずきました。ここでディズニー版では「プーのおばかさん」という言葉が入ってくるんですけれども、それは原作にはないんですね。こうして物語は終わります。

「なにもしないことをする」ということ

これが最後のシーン、最後の会話でした。世界じゅうで一番どんなことをするのが好き?と聞かれたら、一番したいのはなにもしないでいることさ、とロビンが言うシーンです。「百エーカーの森」でしていること、つまり「ただブラブラ歩きながらね、きこえないことをきいたり、なにも気にかけないでいること」。たぶんこれが、小澤さんの施設でやろうとしているようなことなんでしょうね。なにもしないということを大事にする、とても大事にする。

ロビンはしかし、学校というところへ行くと、いつもなにかしないといけないことになっていきます。もうなにもしないでいることは許されなくなる。勉強しないといけない、三本の棒をAと分からなくちゃいけない。そして、なにもしていないということをしていたら怒られてしまいます。なにかしなさいというわけです。学校へ行くということは、いったいロビンはどこへ行こうとしたのかということですね。

「百エーカーの森」は、確かになにかをしなさいと言われることのない世界でした。でも、この森のなかでも、「学校」のようなものにあこがれているものもいます。フクロウやイーヨー、ウサギたちは、ちょっと「物知り」で、見てきたように「物知り」であることを自慢しているところも見られます。「知識」も得たい。だから、物知りの真似をする。「こんなことも知らんのか」と言われることに我慢できない。「百エーカーの森」には、そういう指向を持ったものもいるわけです。でもこの「森」では、そういう「物知り」に価値を認めて、「物知り」でないものを蔑むようなことはなされません。なにかが「有用」で、なにかは「無用」というような判断はなされません。そういう意味で言うと、この「百エーカーの森」は、小澤さんの求めておられたような「やさしさ」がある世界のように思われます。「やさしさ」というのは、「物知り」をめざすものと、めざさないもの、いわゆる「なにもしないことをする」ものたちが一緒にいても、「物知り」のほうをやたらと持ち上げたりしないことをしてくれることなんでしょうね。クリストファー・ロビンの「やさしさ」も、そういうところにあったように思われます。

ぬいぐるみに話しかけるということ

たぶんこういうことを、小澤さんも考えてこられたんだろうなと私は思います。彼が言おうとしていた「やさしさ」にこめられていたものは、「物語」を理解することとともにある「やさしさ」のことでした。自分の足跡をたどって歩いている人を見て、それはおまえの足跡じゃないかと言うのが「診断的理性」なんですが、でもそこに「モモンガ」を探そうとしているなら、その思いも大事にしてあげようと考える世界なんですね。

「診断的理性」では見えてこない世界がある。たとえば、仏様に手を合わせて拝んでいる人を見て、あの人は「ただの木の人形」に手を合わせていると見るのは「診断的理性」です。確かに仏様の像なんて「木の人形」なんですからね。でも「木の人形」の向こうに「仏様」がいるのではないかと思う感性は、雪の上の足跡を見てモモンガがいるのではないかと考える感性と、どこかで通じているものがあるんです。そこで、モモンガなんていない、それは君の足跡じゃないかということは、「診断」としては正しいのでしょうが、そういう想像力を持って見ているプーの感性までをも、否定したりしてはいけないということなんですね。

このことを考えることがいかに大事なことを考えることになるか、ということです。それは、はじめの方で少し触れてそのままにしていました「ぬいぐるみ」とはなにかという問いかけにつながる問題です。

子どもたちは「ぬいぐるみ」に話しかけ、抱きしめ、一緒に寝たりすることがありますね。「診断的理性」からしたらおかしなことをしていると見なくてはいけません。生きていないものを、あたかも生きているかのように見なして、話しかけたりしているのですから、どうかしているわけです。それは「木の人形」をあたかも「仏様」のように見なして手を合わせる人たちについても言えることでした。

でも、ぬいぐるみに話しかけるということは、とても「やさしいこと」をしているんですね。クリストファー・ロビンがぬいぐるみのクマを、「プー」と呼んで話しかけることで、このプーの物語は成り立っているわけで、このぬいぐるみに話しかけるという心の構造を、心というものが持つとっても大事な仕組みだと考えないのだとしたら、ロビンはとても愚かなことをしているだけになってしまいます。それは、「木の人形」に手を合わせることを愚かだと思うことと同じことになります。

だからクリストファー・ロビンは、自分の足跡にモモンガを見ようとしていたことを「おばかさん」とは言うけれど、「バカ」と言って叱ったりはしないんですね。そんなことをしたら、しゃべりもしないぬいぐるみのクマを「プー」と呼んで遊んでいるロビン自身を否定してしまうことになるからです。

「百エーカーの森」はどこにあるのか

さて、話を「百エーカーの森」にもどしますが、この「森」は、実はみなさんの家のなかや、施設のなかにあるのではないか、ということが私の言いたいことなんですね。というか、そういう「森」が、家のなかにあったり、施設のなかにあったりするのかということが、たぶん問われているんだと思ってきました。個人的に、何かに、誰かに、やさしくするということ、そういうことが問題になっているんじゃなくて、なにかしらこういう「百エーカーの森」のようなものを、共有することが可能なのかというようなことが問われているような気がしているんですね。その「森」にいると、「おばか」なことをしても「おばかさん」と言って認めてもらえるというような。

「診断」というのは、いつも、誰か一人だけを取り出して、知能指数をはかったり、「症状」を調べたりします。「百エーカーの森」では、そうじゃないんです。「百エーカーの森」では、みんなで「円環の時間」を守ろうとしてくれるところがあるんです。

小澤さんの『痴呆を生きるということ』（岩波新書、二〇〇三年）のなかに、印象的な小説、耕治人の「どんなご縁で」という作品の紹介があります。自分の奥さんが夜中にベッドのなかでおしっこをもらしたときに、流れているおしっこの筋がとても尊い小川のように見えたという場面です。小川のようにおしっこの流れが見えるというのは不思議な描写です。プーが自分の足跡にモモンガの足跡を見るよりもっと不思議なものを見ている情景です。でもなにかしら、奥さんの居るベッドが「百エーカーの森」のようになっていたとしたら、ちょっと分かるような気もします。流れてきたおしっこを見て、ばかやろうとか、なんでおもらししたのか、などと声を荒げないで、「尊い小川」のように見えた、ということは、人によってはあり得ることなんじゃないでしょうか。

そこでもし、ばかやろうとか、なんでおしっこを知らせないのか、と言うと、もう「百エーカーの森」は消えているんでしょうね。小澤さんは、もう一つ別な話も引用されていました。食事を作ってくれる奥さんが認知症なんですが、何度言っても食べ物を焦がしてしまう。それで近所に聞こえるくらいの大きな声で、

「何度も言ってるのに、どうして焦がすんだ」とどなったら、奥さんは「ごめんなさい、ごめんなさい」と言って、それ以来いっさい料理を作ろうとしなくなったという話です。「理性」でもってとがめるということはたやすいことなんですけれど、そういうときには、そこはもう「百エーカーの森」ではなくなっているんですね。

私たちは、つい、ちゃんとできているのかいないのかという尺度で周りを見てしまって、できていないと、叱ったり、怒ったりしてしまいます。でも「百エーカーの森」に生きているものたちは、ちゃんとしたことができなくても、「おばかさん」とは言われますけれど、でもすぐに一番好きだよと言ってもらえます。それは彼らが「百エーカーの森」で生きているからなんですね。たぶんそういうことが問題になっているんだろうなと思います。「百エーカーの森」を作り出すというのは、どういうことなんだろうかということなんですね。「クマのプーさん」のお話というのは、ただプーさんのおもしろおかしい話が語られているというのではなくて、「百エーカーの森」のなかで生きる「クマのプー」の話になっているところが問題なんです。そしてその「森」に、コブタたちやロビンが暮らしているというところが大事なんだと思います。

おそらく、人によったら「百エーカーの森」は、空想の世界、想像の世界に過ぎないんじゃないかと言うかもしれません。そもそもプーの話は物語なんだから、プーのいる「百エーカーの森」だって、作り物の世界にあるものでした。そのような世界を大真面目に取り上げるようなことは、非現実的でおかしいのではないか、ということも言えるかと思います。そう言われてしまうと、身も蓋もないのですが、でも作者のミルン自身も、そう言われるだろうなということは、予感しているんです。ですから、クリストファー・ロビンにこの「百エーカーの森」からお別れをさせてしまうわけです。「学校」と呼ばれる世界へ行かせてしまうわけです。でもだからといって、クリストファー・ロビンに「百エーカーの森」を忘れてもいいと思わせているわけではないんですね。その作者の思いが、プーとの最後の会話に託されています。これからもずっと、「ぼくが、なにもしないでなんかいなくなっても、ときどき、きみ、ここ（百エーカーの森）へきてくれる？」というお願いです。

おそらくこの「なにもしないことを」するという「百エーカーの森」というのは、生命体として生きる自然の世界をしっかり生きるというメッセージにもなっていると思います。内山節さんの言われていた、川や森とともにいる時間、他の生き物とともにいる時間を大事にするということでもいいのですが、そういう時間はただの空想や想像の時間ではないんですね。現実に生きられる時間としてあるものです。それは「循環の時間」「円環の時間」と言ってきたものですが、それは、先にも述べましたが、身体の仕組みそのものを作っている時間のことでもありました。呼吸をくり返し、血液を循環させ、空腹と満腹、そして排泄をくり返し、眠りと目覚めをくり返し、そういう仕組みを飽きもせずぐるぐると回っているのが「円環の世界」です。でも、この「循環の世界」の「巡り」が少しでもずれると、私たちは、生きていることそのものができなくなってしまいます。そんな大事な「円環の世界」は、「なにもしない」ように思われている世界です。でも、「なにもしない」ように見える、そういう「循環の世界」をきちんと「する」ということがいかに大事であるか、「近代の時間」に入ってしまうと、そういう身体の時間は無視されて、二四時間仕事をするように求められたりして、心の病を訴える人がたくさん出てきています。それは心の病というより、身体がうまく生きることができていない「身体の病」の問題であり、それはそういう身体の時間がとても大事な時間だと教えてくれない「学校」教育の問題でもあるのではないでしょうか。

なにもしないでいるように見える世界、循環しているだけに見える世界、そんな世界はないんですね。「なにもしないように見える」ことをしている世界がそこにある、というだけなんです。その「循環の世界」は、延々と四十億年の歴史を通して受け継がれてきて、その仕組みなしには私たちの命は存在しえないわけですが、それは一見すると、なにもしていないように見える。この常になにかが循環して、なにもしていないように見える世界が、いかに偉大な働きをしているかということを、もっと「教育」を通して教えてもらいたいと私は願っています。そういうことを「教育」や「学校」が教えてくれないものですから、空想や想像の世界をはるかにしのぐ、この不思議な「循環の世界」「円環の世界」を、ミルンは「クマのプー」と「百エーカーの森」に託して語ってくれていたのではないか、と私は思っています。

引用文献

ミルン・A・A、石井桃子（訳）『クマのプーさん』（新訳）岩波少年文庫、二〇〇〇年（Milne, A. A. *WINNIE-THE-POOH*. Egmont Children's Book, London. 1926.）

ミルン・A・A、石井桃子（訳）『プー横丁にたった家』（新訳）岩波少年文庫、二〇〇〇年（Milne, A. A. *THE HOUSE AT POOH CORNER*. Methuen Children's Books, London. 1928.）

第2章
「心の理論」から「世界の理論」、そして「感覚の理論」へ
自閉症を有する人と凡人との「違い」は脳か？・隠喩か？・それら以外か？

高岡 健

高岡　健（たかおか・けん）
1953年生まれ。
岐阜大学医学部卒業。
現在，岐阜県立希望が丘こども医療福祉センター（児童精神科部長／発達精神医学研究所所長）。精神科医。日本児童青年精神医学会理事。雑誌『精神医療』編集委員。
少年事件の精神鑑定も数多くてがける。不登校や引きこもりを擁護する立場から論陣を張っている。
主　著
『やさしい発達障害論』批評社，2007年
『自閉症論の原点――定型発達者との分断線を超える』雲母書房，2007年
『16歳からの〈こころ〉学――「あなた」と「わたし」と「世界」をめぐって』青灯社，2009年
『続・やさしい発達障害論』批評社，2013年
『精神現象を読み解くための10章』批評社，2014年
『自閉症スペクトラム“ありのまま”の生活――自分らしく楽しく生きるために』（小道モコとの共著）明石書店，2014年

1　クマのプーがすむ世界と石井桃子の資質

「診断」が行われる場所

最初に、村瀬学さんの話（第1章）から連想したことといいますか、触発された内容を、いくつか話してみたいと思います。

私は、本来なら今日は朝から参加させていただいて、クマのプーさんに関する村瀬さんのお話を十分に聴き、少しでも理解してみたいなぁと思っていました。けれども、体調が十分じゃないものですから、遅れて到着して、最後の一〇分間くらいのところしか聴くことができず、残念に思っています。

でも、最後のところで強調されていた、「百エーカーの森」――石井桃子の訳では「百町森」となっていますが――という一種の共同体の中で、はたして診断が必要なのか。あるいは、そもそも診断は成立するのかという問題提起は、聴いていてとても興味深く感じました。

診断というのは、共同体の外からのまなざしがあって、はじめて成立するものです。共同体の外側からラベルを貼ったり、名前を与えたりする。そこに、診断の本質があるのではないか。私の理解では、村瀬さんの話はそういうふうに聞こえたわけですけれども、私も、診断は共同体の内部のみでは成立しないと考えています。

診断は、貨幣と一緒です。マルクスという人が『資本論』の最初のあたりで書いているとおり、貨幣は共同体の内部だけで成立するものではなく、共同体の果てるところ、つまり共同体の内と外の境目のところで、出現するものです。診断も同じだと、私はかねがね思っていました。

高岡　健

それを、文章に記したこともあります[1]。共同体内で生じた違和を、共同体外でつくられた診断名のリストの中の一つと交換することが診断であり、診断は共同体と共同体の隙間を漂う人によってなされる。古来、医師は鍛冶屋と同じで、共同体の外を流れ歩く存在だったことは、つとに医療人類学の教えるところです。彼らが診断名を呈示し、共同体内の民衆が症状を呈示して、両者の交換が共同体の境界で行われる。そういう趣旨です。

つまり、自閉症スペクトラムという診断名が成立するのも、どこかで共同体の外からのまなざしを、想定しているがゆえになのです。

「百エーカーの森」での診断ごっこ

カナダで刊行されている医学雑誌のエッセー[2]に、戯れ言のような文章がありました。「百エーカーの森」のなかに、クマのプーさんをはじめとして、いろいろな動物たちがいるけれども、それぞれの動物たちに診断名をつけることができるという内容でした。村瀬さんが紹介した文章（第1章、一四頁）の原著です。あれも、森の外からラベルを貼っている点では診断そのものなのですが、森の中の動物たちが何らかの違和を抱いているかどうかは疑問です。もし違和を抱いていなければ、診断というよりは、余計なお節介ということになってしまうでしょう。

もう少し具体的に紹介しますと、プーは不注意と衝動性があるから注意欠如／多動性障害で、しかも蜂蜜に対するこだわりがあるから強迫性障害も合併しているだとか、コブタは不安のために顔を赤くするから全般性不安障害だとか、そんなことしか書いていない、レベルの低い雑文でした。

もちろん、書いている人は半ばジョークのつもりですから、ことさら目くじらを立てることもないのかもしれません。それに、そもそも今の北米の精神医学診断は、マニュアル診断学なのです。

たとえば、「パニック発作」とは、（１）動悸、心悸亢進、または心拍数の増加、（２）発汗、（３）身震いまたは震え、（４）息切れまたは息苦しさ、（５）窒息感……などを含む一〇個の症状のうち、四つ以上があればそう名づけるといった具合ですから、知性の欠片すら必要ありません。つまり、アメリカやカナダでは、実際の診察室での診断自体が、「プーは不注意と衝動性があるから注意欠如／多動性障害だ」とか「コブタは不安のために顔を赤くするから全般性不安障害だ」といったジョークと、五十歩百歩なのです。

また、プーには中枢神経刺激薬が必要だとか、コブタにはパロキセチンという薬が有効だとか、そういうことも書いてあって、北米の精神科医は、薬を処方するくらいしかやることがなくなっているという状況が、よくわかりました。

石井桃子の資質（１）――贖罪の気持ち

ところで、プーの話を翻訳された石井桃子は、どういう理由があるのか、このあいだ伝記[3]も出ましたし、それから石井さん自身が自伝的な小説として書いたと言われる本[4]も、最近復刊されています。だから、いま、ちょっとしたブームになっているみたいですね。

私は、自分の親から石井桃子が翻訳した童話を読んでもらったかどうか、あまり記憶に残っていないんですけれども、自分の子どもに読んであげていたことは、記憶に残っています。読みながら、とても面白くて、いつも笑っていました。もっとも、あまり高級な理由からではありません。

言葉づかいが、時代を感じさせて面白いのです。覚えているところだけでも、たとえば、形容動詞で「堂々たる木」というような、やや文語的な言い回しが使われています。また、看板が壊れていて全文が読めない立札の表記を、たしか「トオリヌケ・キ」（元は「通り抜け禁止」という立札だったのでしょう）と、翻訳してありました。

それから、翻訳されたのが第二次世界大戦中だったせいだと思うんですけれども、「敵性動物」といった言葉が当然のように使われていて、吹き出しそうな感じになるのです。アメリカは敵性国家だとか、英語は敵性言語だとかいう、あの敵性と同じで、「敵性動物」という言葉が使われているのです。それがどこか現代とミスマッチで、面白くてゲラゲラ笑いながら、自分の子どもに読んで聞かせていた記憶があり、印象に残っているのです。

翻訳は別にして、最近出た『ひみつの王国』という石井桃子についての評伝を読んでみると、石井さん自身は、一つか二つですが、戦争に加担するような物語を書いているようですね。そういう作品を書いてしまったことが非常に苦痛だったんだと思うんですけれども、「あの細い身体で」と言われるような華奢な身体で、第二次世界大戦のあともずっと東北の農村で開墾をやっていたという事実が、その本の中で紹介されています。

大戦中に、国家に奉仕するような作品を書いた作家は、子ども向けの本を書く人の中にもいっぱいいたわけです。たとえば、まど・みちおのように、かつて戦争協力詩を書いたことを、戦後ずっと秘密にしておいて、何十年も経ってから言い訳をしているような詩人もいました。

けれども、石井桃子は、それほど激しい内容ではないとはいえ、愛国的作品を書いてしまったことを、自分自身で非常に気にしていたと思うんですね。だから、一種の贖罪というような意味合いで、もっとも自分に合わない開墾を、長く続けた。戦争文学に手を染めてしまったという悔悟があって、似合わない農業を、あえてやっている時期が長かったんだろうというふうに思うのです。

石井桃子が書いた自伝的な小説の『幻の朱い実』というのを読んでいると、ローザ・ルクセンブルク(5)の名前がよく出てくるんです。太宰治が太田静子という女性から日記を借りて執筆した『斜陽』にも、「ローザ・ルクセンブルクのように」といった表現が出てきますから、当時の若い女性にとって、革命家＝ローザというのは、憧れの女性だったんだろうなということがわかります。

そういう女性革命家に対する憧れの気持ちを一方で持ちながら、結果的に大政翼賛的な作品を、一つか二つ書いてしまった。そういう両者のあいだの落差を、戦後ずっと、石井桃子は埋めようとしていたんじゃないかと思うのです。おそらく、彼女の資質の反映と言っていいのでしょうが、戦争翼賛詩を執筆した事実をずっと伏せて秘密にして平気だった詩人とは、えらく違いがあるなぁというのが、いまの私の率直な感想です。

石井桃子の資質（2）――自分と周囲の世界が溶け合っているような感覚

石井桃子の資質と言えば、きょうの私のテーマと直接的に関連する資質もあります。石井さんには、「太宰さん(6)」という文章があります。彼女は、井伏鱒二を介して、何度か太宰治と会っているらしいのです。

太宰治の心中のニュースを聞いたとき、石井桃子が考えたのは、それまで何度も「死にたい病気」から太宰を引き戻した井伏鱒二が、どういう気持ちでいるだろうかということでした。ああ、石井さんは優しい人なんだなと思ったのですが、でも、井伏に会ったときの彼女の言葉は、「友情って、結局、そこまでは繋ぎとめられないものなんですね」だったそうです。あまりにもストレートな言葉で、正直すぎるというか、いまよく使われる言い回しだと、空気が読めないといった感じでしょうか。

このとき、井伏鱒二は、「太宰君、あなたがすきでしたね。」と言ったそうです。それに対する石井桃子の返事は、「それを言ってくだされればよかったのに。私なら、太宰さん殺しませんよ。」でした。これも、ちょっとびっくりする言葉です。石井は、太宰を好きだとか嫌いだとかは別に、生命が惜しまれてならなかったから、そう答えたと説明しています。でも、たとえそういう理由だったとしても、常識から考えれば、状況を勘定に入れずに思ったとおりを口に出している、ということになるでしょう。

もちろん、だからといって私は、石井桃子が自閉症スペクトラムを有していたと、言いたい訳ではありません。評伝を読む限り、明らかに自閉症スペクトラムらしいエピソードは、ほとんど見当たりませんから、おそらくそうではないでしょう。それでも、次のようなエピソードは注目に値すると、私は思います。

石井桃子が自分でそう書いているのですが(7)、彼女には、とくに一人のときに「目の前のもの、または、自分をとりかこむもののなかにすいこまれて、短い時間、ぼうとなること」が、何度かあったのだそうです。自分の身体が、空気と同じように透明になっていく気持ちになり、透明な身体の中の心臓から、「泉のようなものが、こんこんと」流れ出すといった体験です。

自分と周囲の世界が一体になって、溶け合うような感覚を、石井桃子は何度も体験しているのです。このような体験をもたらす資質の意味は、きょうの私の話の最後のほうで触れることになりますから、できれば記憶しておいてください。

2　「心の理論」の限界と「世界の理論」

自閉症スペクトラムの映画（1）――機械の隠喩

ここから、私に与えられたテーマに、少しずつ移っていきたいと思います。どこからお話ししてもいいんですけれども、比較的最近上映されていた、自閉症スペクトラム関連の映画の話から、始めてみます。

一つは、わりあい評判になった作品なので、ご覧になった方もいらっしゃるかと思いますけれども、「シンプルシモン」という、スウェーデンの映画がありました。どういう作品かというと、シモンという若者が、アスペルガー症候群を有しているのです。

もっとも、アスペルガー症候群という名称は、だんだん使われなくなってきていて、自閉症スペクトラム（自閉スペクトラム症という訳語もありますが）という名称に統一される方向にあります。以前、村瀬学さんと私を含む座談会の席で、「アスペルガー症候群という名前は使わないようにするほうがいい」と、村瀬さんはおっしゃっていました。村瀬さんの考える理由と同じかどうかはともかく、結果的には、アスペルガー症候群という用語は、だんだん使われなくなっているのです。

けれども、この映画では、アスペルガー症候群という言葉が、まだ用いられています。アスピーという略称も使われているようですけれども、いずれにせよ、アスペルガー症候群と呼ばれる障害を持った、シモンという若者がいるわけですね。そのシモンと、彼を取り巻く人々との日常生活を、コミカルに描いた映画です。

シモンには、お気に入りの場所があって、それは宇宙船に見立てたドラム缶なんですね。その中に入っていると落ち着くという特徴があり、何かあるとシモンは、すぐにドラム缶に潜り込んでしまう。そして、そこから出すのに一苦労するというようなシーンも、この作品の中には含まれています。

もう一つは、女性と二人で食事をするときでさえ、「遠地点速度の二乗イコール重力加速度」とつぶやくというような特徴が、シモンにはある。こんなふうに、数学とか物理学とかの言葉が、ぼんぼん飛びだす。そういうことも、一つの特徴として、この映画の中には出てきます。

エンドロールのところを眺めていたら、私もよく存じ上げている精神科医の山登敬之さんの名前が監修者として出ていましたから、あまり悪口は言いたくないのですが、一口に言えば、これはたいへんお行儀のいい映画なんですよ。

スウェーデンの映画というと、いまでもそういう面が多少とも残っているのかどうか知りませんが、少なくとも何十年か前までは、もっと何かラディカルな映画が多かったと思うんです。だけど、今は国全体がお行儀よくなっていますので、映画までお行儀がよくなっているのかもしれません。

要するに、文部科学省あたりが喜びそうな映画なのです、簡単に言ってしまえば。私としては、こういう映画は見ていてもあまり面白くないし、ちょっと違和感をおぼえるところがあるんですね。

具体的に言いますと、一つは機械の隠喩です。そう私は呼びましたけれども、何か機械が故障していると言いますかね、脳の中の機械が故障しているんじゃないかといった比喩と言いますか、隠喩になっている。それが当たり前のように使われているけれども、本当にそれは当たり前なのか。本当に機械が壊れているんですか、という違和感です。

あるいは、機械は壊れていないんだけれども、壊れているようなたとえ話をしているだけなんですか、という疑問です。そういったところがちっとも明らかになっていないまま、壊れた機械の隠喩が、当然のように使われているのです。

自閉症スペクトラムの映画（2）――エイリアンの隠喩

もう一つは、宇宙船という、これも一つの比喩だと思うのですが、地球上の人類ではない、もっと違う星からやって来た人々を暗示する喩えが使われている点です。これは差別的な意味とか排除するような意味ではなくて、もちろん好意的に使われてはいるのです。けれども、よその星からやって来たというふうな、そういう比喩を使うことが適切と考えられるだけの根拠が、はたしてあるのだろうか。そこらあたりがもう一つ疑問なんですね。私はこれを、エイリアンの隠喩と呼んでいます。

そうこうしているうちに、日本の映画でも、同じようなのが出てきました。「そばにいるよ！」という映画です。

これは、どう説明したらいいのか、門野晴子さんという、自分のお孫さんが自閉症スペクトラムを有していて、その体験を『星の国から孫ふたり』（岩波書店、二〇〇五年）という本に書いた、ノンフィクション作家がいるのです。彼女のお孫さん二人はアメリカのバークレーという場所で育っていますので、アメリカではこうだったと、啓発的な本を書いていらっしゃるわけです。その方の本を原作にした映画を撮った人が、槙坪夛鶴子さんという車椅子の女性の監督なんです。その監督が映画を撮っているシーンを、また別の女性監督――床波ヒロ子さんという方です――が二重に撮影したのが、「そばにいるよ！」です。

誤解があるといけませんので申しあげておきますが、私はこの映画がすばらしいと感じて、取りあげているわけではありません。どちらかというと、その逆です。

文学でも同じですが、視点を二重にするときには、視線が九〇度に交差するような形で描くか、あるいは一つを無限遠点として設定しないと、作品にならず、翼賛になってしまうのです。そこがわかっていないのではないでしょうか。

それはともかくとして、もともと「原作の原作」が『星の国から孫ふたり』という題名ですから、「そばにいるよ！」という映画にエイリアンの隠喩が混入してしまうのは、無理もありません。

エイリアンの隠喩、つまり、よそからやって来た異星人が自閉症を有する子どもにほかならないという隠喩が使われているんだけれども、それでいいのだろうか。当たり前のように使われているけれども、本当はどういう意味なのか。これらの疑問が、じつは解明されないままのような気がします。

付け加えるなら、早期教育・早期発見とか、また文部科学省が喜びそうな言葉がしつこく出てくるんですけれども、それだって本当かどうか怪しいのです。せいぜい、早期介入にはおそらく利益があるが、もっと研究が必要であるといったあたりしか、現在の研究では認められていません(8)。たとえば、二歳以前の早期介入では、どのように中核症状が変わるのかは不明確とされていますし、ペアレントトレーニングなんかでも、長期的改善や中核症状の変化は不明確とされているのが現状です。

こういったところが、比較的最近公開された、自閉症スペクトラムをテーマとする映画に対して、私が抱いた違和感です。ちょっとこれは解明が不十分だとか、本当にこれで正しいのかというふうに思った点を、私個人の感想に過ぎないと言われればそうなんですけれども、でも大事なことだと思いますので、最初に述べさせていただきました。

脳障害仮説への疑問（1）――オキシトシン

そこから出発して、さらに少しずつ進んでいくことにします。まず、事実なのか比喩なのか分かりませんけれども、脳が故障しているんじゃないかという言説をめぐる疑問についてです。

脳が壊れているという言い方には、大別して二つの考え方があります。

一つは化学物質と言いますか、脳のなかにいろんな生物化学的な物質がありますけれども、その物質の量が多かったり少なかったりということと関係しているんじゃないかという仮説です。もう一つは、物理学とでもいうか、機械の配線というか、電気の配線のようなものですね。電気の回路が複雑になっていたりとか、あるいは故障していたりとか、そういう仮説です。繰り返すなら、配線のなかを流れる物質に過剰や不足があるという言説と、配線そのものが壊れているという言説の、二通りの仮説があるわけです。

このことについては、美馬達哉さんという学者が『情況』という新左翼の雑誌に書いている内容[9]が、私はいいのではないかと思っています。美馬さんという方は、脳科学研究をやっている神経内科のお医者さんだということですけれども、先ほどから述べている二つの言説のいずれについても、批判的な視点で紹介しています。美馬さんは、「神経化学的」という言葉と、「神経構造的」という言葉を使いながら批判的に整理しているのですが、それを踏まえながら、私なりに敷衍してみることにします。

最初に、神経化学的といいますか、脳内化学物質の異常という言説のほうから俎上にのせますと、最近の流行として、オキシトシン仮説と言われるものがあります。私はこの説に賛成していませんし、美馬さんも賛成していないようですけれども、要するに、自閉症の方々の脳のなかでは、オキシトシンという物質が足りなくなっているんじゃないかと、よく言われているんですね。

オキシトシンというのは、子宮の平滑筋というところに働いて筋肉を収縮させる作用があることが、昔から知られています。それから、乳腺の筋肉を収縮させて、乳汁を排出させる働きもあります。新生児の口に母親の乳頭を含ませると、脳の下垂体後葉というところからオキシトシンが分泌され、乳汁の分泌と排出が起こるのです。

そういう働きからの類推でしょうか、オキシトシンには母子の信頼関係を高める作用があるのではないかといった着想が、研究者のあいだで生まれました。また、いかにも出来の悪い比喩ですが、ときには愛のホルモンなどと呼ばれることさえあります。

そのオキシトシンが足りないと、母子間のみならず、他人に対する共感性が失われてしまうのではないかと考える研究者も出てきました。自閉症スペクトラムを有する人は、オキシトシンが足りないから、他の人間に対しての共感性が不足する。だから、オキシトシンを鼻から投与する治療によって、他の人に対するシンパシーが豊かになってくる。単純に言うと、そういう仮説です。日本でも外国でも、そういうことを言っている人がけっこういますね。

でも、本当にそうなんだろうかというと、なかなか怪しいところがあります。もともとのオキシトシンの基礎研究とはどういうものだったかと言いますと、オキシトシンをある学生のグループに投与すると、そのグループの仲間意識がものすごく高まってくる。だから、仲間意識を高めたり、共感性を高める物質なんじゃないか、というふうに言われていたんですね。また、今でもそう言われているんです。

ところが、別の研究論文(10)を読んでいますと、面白いことに、こういうことも書いてあるんです。すなわち、オキシトシンを投与された学生のグループじゃない、他のグループの人たちに対しては、ものすごく敵対的になると書いてあるのです。内輪に対しては愛情のホルモンみたいなものになるけれど、外に対しては敵対的になる、喧嘩をするようなホルモンになるという、正反対の作用が起こるのです。同じホルモンでありながら、共同体の内に対してと外に対してとでは、あらわれ方がまったくちがうという研究があるのです。

そういった研究論文を無視して、何か愛のホルモンみたいなことばかりを強調しているという、変な状況にあるんだけれども、ちょっと意地の悪い言い方をすると、リスクをあまり顧みなくなるだけのホルモンじゃないかと考えることもできるわけです。仲間を守るためだったら、あまりリスクを考えずに外には攻撃的に振る舞うし、内輪にはけっこう甘く振る舞う。そんなホルモンじゃないのかというふうに考えると、共感性のような人間的な意味ではなく、たんに恐怖をちょっと抑えるだけの話になってくるのです。

恐怖を抑えるから、内部に対しては優しくなれるし、外に対しては攻撃的になるという、それだけの話ではないのかと思ってしまいます。そう考えると、自閉症スペクトラムには結びつかず、強いて言えば愛国主義や排外主義なんかに結びつくホルモンということになります。

こうみてくると、自閉症スペクトラム＝脳の障害説を、いま流行のオキシトシンから説明しようと思っても、それはできません。比喩にさえ、なかなかなりませんよという、そういうレベルの話だと思うのです。

脳障害仮説への疑問（２）――ミラーニューロン

もう一つの、機械の配線が故障しているんじゃないかという考え方に相当するような研究については、どうでしょうか。この領域では、ミラーニューロンと呼ばれるものが研究されています。ミラーは鏡、ニューロンは神経ですから、鏡の神経とでも言いますか、そういう研究がいま盛んに行われています。

これにも、私は必ずしも賛成していないんですけれども、どういう仮説かと言いますと、サルがモノを取ろうとすると、そのサルの脳のある場所が活発に発火するわけです。例えば右手でピーナツを取ろうとすると、サルの脳のある場所が活発に電気を出して、活動しはじめるわけですね。

ところが、サルは全然手を動かしていないんだけれども、向かい側に座っている別のサルがピーナツを取ろうとして手を動かしていると、それをただ見ているだけでも、脳のある部位が発火するという研究が出てきたのです。こっちに座っているサルは手を動かさず、ただ相手の動作を見ているだけなんですよ。けれども、モノを取ろうとしたときと同じく、脳のある場所が活動しはじめるんですね。

そういう研究があって、自分は動いていないんだけれども、他のサルが動いているのを見て活動する神経細胞のことを、鏡の細胞という意味で、ミラーニューロンと名づけたのです。人間でも同じような実験が行われていて、やはり自分は動いていないんだけれども、動いている相手を見ると、その動いている相手と同じ場所の脳細胞が活動しているということが、分かってきたんですね。

すると、これこそが、一種の共感性と言いますか、相手の気持ちと言いますか、そういうものを読み取る細胞ではないかという考えが生まれ、だんだん発展していったのです。それで、このミラーニューロンというのは相手の気持ちを読み取る細胞であるということから、自閉症スペクトラムを有する人たちは、この細胞の活動が不十分なのではないかという類推がいろいろ出てきたわけです。

自閉症スペクトラムの脳研究をやっている人たちは、この仮説に飛びつきました。もちろん、全員ではなく、一部の人たちが飛びついたわけですが。だいたいこういうのに飛びつくのは、研究の遅れを一気に挽回したい人とか、若くて一山当てたい人ですけれども、やっぱりそういう人たちが飛びついたわけです。

ところが、これについても、ちょっとおかしいんじゃないかという考えが出てきます。精神医学ではどんな研究でもそうなんですけど、一つの疾患や障害、たとえば自閉症スペクトラムなら自閉症スペクトラムで得られた研究結果と同じような結果が、他の疾患や障害でも出てくるんです。統合失調症でもそういう結果が出ましたとか、躁うつ病でもそういう結果が出ましたとか、広がってくるんです。だから、何も自閉症スペクトラムに限ったことじゃありません、という話になってくるんですね。

もう一つは、同じ一つの疾患や障害でも、正反対の結果が出てくることがあるんです。逆の研究結果が後から出てきて、結局はうやむやになっていくという繰り返しがあります。ミラーニューロンも、どうもそういう感じで、他の病気でも同じ結果が見られるだけではなく、同じ一つの障害でも反対の結果が出てくるということで、本当にこれが自閉症スペクトラムの原因を形成している細胞なのかということが、怪しくなってきたのです。

ミラーニューロンの存在は、サルの場合とは違って、人間では立証されていないとする立場もありますが、仮にミラーニューロンは人間にも存在するという立場をとるにしても、それは一体何なのか、ということです。先ほどの美馬さんという人は面白いことを言っていて、ファシズムの神経細胞じゃないかという言い方をしています。もちろん皮肉を込めて言っているんですけれども、どういう意味かと言いますと、ミラーニューロンというのは、人の気持ちを読むとかいうことではなくて、模倣する、真似をするというだけの話ではないか、ということです。

私もそう思うんですけどね。何かがあるとその真似をする、そのときに活発に発火する細胞のことを、ミラーニューロンと言っているのではないかと。だったら、国民みんながいっせいに同じ行動をする、いっせいに真似をするファシズムの細胞ですよ、ということです。そうすると、自閉症スペクトラムを持つ人たちのミラーニューロンが、仮に活発に動いていないんだとしたら、その人たちはファシズムからは最も遠い存在だという話になります。

面白い言い方だと思いますが、そういう言い方をしないまでも、少なくとも、ミラーニューロンとは模倣をするだけ、真似をするだけの細胞で、対人関係とか人の心に共感することとは、ちょっと違う話ですよとは言えると思います。そうすると、ミラーニューロンというのも、たかだか比喩としての意味しか持っていないんじゃないかというのが、現時点で言いうることだと思うのです。

脳多様性論をどうとらえるか

ついでですから、もう少し続けて美馬さんの話を追っていきたいと思います。前提として脳多様性という言葉があるのですが、これは定型的な凡人の脳の反対語で、自閉症などの障害は、じつは脳の多様性の現れだから、障害というよりも脳の個性だというほどの意味で使われています。

脳多様性論のなかで、美馬さんは、生物学的市民権という言葉を使っています。この言葉は、はじめはニコラス・ローズという人が使ったらしいんですけれども、私の理解では、次のようになります。

市民権には、いろいろなものがありますね。自由権というものも、その一つです。でも、いくら人間は自由にふるまうことができると言っても、たとえば労働組合がストライキをやるときには、自由に仕事をするということは許されないわけです。それはスト破りになるわけで、自由権というものも、社会権としての団結権の下では、制限されるというようなことがあります。

それから、福祉権と言いますかね、福祉というのが上位にあると、自由権も社会権も、それよりは下のほうに置かれる。たとえば、労働組合が、自分たちにとって働きやすい環境をつくろうとして、障害者が働きにくい環境をつくってしまったなら、それは認められることではありません。障害者権利条約における合理的配慮などを思い浮かべていただくと、そのことはすぐに理解できると思います。

そういった、いろいろな市民権があるわけですけれども、そのなかで生物学的市民権というものを考えたらどうか、という話です。つまり、人間には生まれながらに何々障害という診断名がつく場合もあるから、そういう障害を持った人を含めて、人間の脳に多様性があるというところは認めましょう。それはオキシトシンが足りないことによるのか、ミラーニューロンの故障なのか、そんなことは誰も証明できないけれども、脳にはいろいろ多様性があることだけは確かだと、まず考えておくわけです。

脳の多様性の一つの現れが自閉症スペクトラムですから、自閉症スペクトラムを持っている人たちの市民権を認める根拠は脳の多様性にあるんだという、そういう考え方ですね。その考え方には二通りあって、一つは、障害を持っている人たちが自ら主張して闘い取った市民権です。そういうのを美馬さんは「下からの医療化」という言い方をしていて、逆に「上からの医療化」というのは、国家が「脳は多様ですから、障害を持った皆さんは、我慢するところは我慢して、参加できないところは参加できないままで仕方ありません」と、一方的に決めつけてしまう場合です。

美馬さんは、たいていは非常に理論的な展開をしているんですが、このあたりになると、急にすごく運動的というか、スローガン的な展開になってきます。一体どうなっているんだろうと思うのですが、言っていること自体はそう間違ってはいません。

同じ市民権でも、自分たちで闘い取ってきた市民権ということで脳の多様性について考えるのならいいけれども、上から「脳は多様ですから、皆さんもそれ以上のことはどうしようもないですよ」と言われてしまうと、これはもう、そこまでの話になってくる。だから、そういうのはまずいんだという言い方をしています。

そのときに引用しているのが、故・小澤勲の言葉(11)ですね。

――それは障害というものではなくて「ひとりひとりの個性だ」みたいなことは、ぼくは恥ずかしくて、よういいません…（中略）…寝たきりの重度心身障害児をみて「あれはひとつの個性です」ってことは、正直いって、医者としてようよういいません。

というのが小澤さんの言葉ですけれども、ここを引用して、「個性だ」と言ってしまうと、結局「上からの医療化」になってしまうんだと書いています。「それは個性だ」ということでおしまいにされてしまう。

そうではなくて、そういう人たちが世の中で生きていくために、どういうふうな関わり合いが必要なのかを考えなくてはいけない、という趣旨です。

皆さん方が、障害＝個性論に違和感を持たれるのも、おそらく同じ理由からだと思います。私も同様に、障害＝脳多様性論には限界があると思っています。だから、今日はその先まで進んでいきたいと思っていますので、もうしばらく私の考えを聴いてください。

行動の構造再論

少しミラーニューロンの話に戻りますが、相手の行動を見たとき、自分もその行動と関係する部位の細胞が活動しているのに、なぜ自分は実際に行動するところまでいかないのかという疑問が、当然、生じます（美馬さんも、別の場所で、その点を指摘しています[12]）。

目の前にいるサルは、手を動かしてピーナツを取っている。しかし、それを見ているこっちのサルは、脳の同じ部位が働いているのに、実際の行動としてはまったく手を動かしていない。ピーナツも取っていない。だから、脳の同じ部位が活動しているということが重要なのではなくて、同じ部位が活動していながら実際は手を動かしていないのはなぜかが、重要なのです。

そのことに関連して、逆ミラーニューロン現象というものを扱った面白い論文があるんですね[13]。これは何かというと、ピーナツを取っているサルがいる。それを見ている別のサルには、見ているだけで同じような脳の活動が発現するんだけれども、その脳の活動をもうちょっと下のほう、つまり脊髄のほうまでたどると、行動をストップさせるような神経細胞の活動が見られるという研究です。

これを、逆ミラーニューロン現象と呼んでいます。そうやって考えると、真似をする細胞といった単純なレベルではなくて、真似をしないようにする、さっきの話の続きで言えば、ファシズムに同調しないようにするような、そういう働きというのが人間の中にあるのではないか。そっちのほうが重要になってくるのではないか、という話になってくるわけです。

ここから、一年前の集まりで私が話したことと、つながってきます。医学の教科書では、本能に相当するようなものを「欲動」と呼んでいますが、その欲動を意志でコントロールする。一方では、意志でコントロールできずに衝動的に行動してしまう場合がある。これが教科書に記されている「行動」なんですけれども（図２－１）、これでは何も言っていないのに等しいので、「行動」というものを本当はどう考えるべきかを、吉本隆明の「行動の内部構造」[14]を援用しつつ、述べた記憶があります。

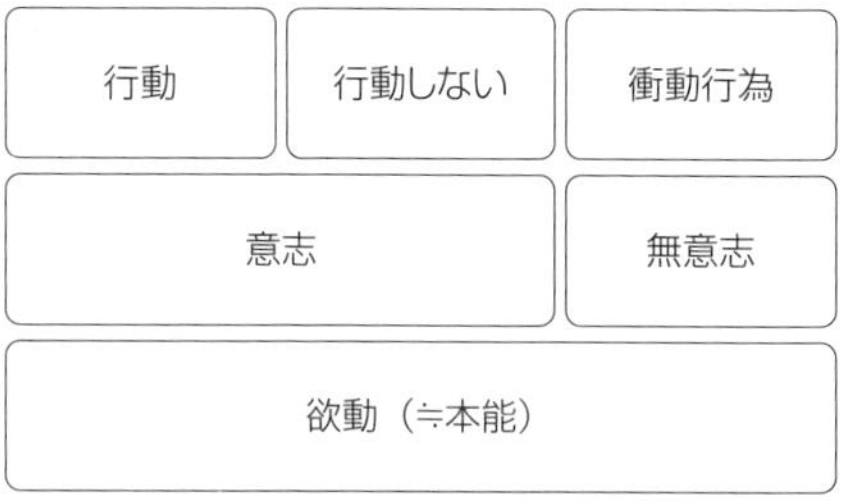

図２－１　医学の教科書に記されている「行動」

それをもう一度たどってみますと、行動というものの中には、第一に、ピーナツを取ろうか、それともやめておこうかといった、そういう心的な行動はあるんだけれども、結果的には何も身体を動かさなかったという場合があります。これを、価値的行動と呼んでいます。

第二に、ピーナツを取ろうか、やめておこうかという心的な行動がまずあって、そのあと結局ピーナツを取るという身体的な行動が生まれる、そういう場合があり得ます。これを、価値的―意味的行動と呼んでいます。

三番目に、先に身体的な行動があって、あとから心的な行動がついてくる場合があります。私なんかは特にそうで、先に考えずに行動してしまって、あとから屁理屈をつけるというふうなのですね。これを、意味的―価値的行動と呼んでいます。

第四に、身体的な行動があって、心的な行動を伴わないという場合があります。さっきの衝動行為なんかがそうですが、これを意味的行動と呼んでいます。

そうすると、ミラーニューロンなんかで、相手の行動を見て脳の同じ部位が活動するだけにとどまらず、同じ行動をとってしまったら、それは意味的な行動に重点が置かれているわけで、価値的な行動にはあまり重点が置かれていないということになります。逆に、相手が行動しているんだけれども、いろいろ考えた末に結局、自分は行動しなかったという場合は、価値的な行動に重点が置かれていて、意味的な行動は少ないということになってくるわけです。

このように考えるなら、今までのミラーニューロンの研究というのは、意味的な行動が本質だと思ってずっとやっているけれども、それは違うのであって、活動しないほう、価値的な行動のほうに本質を置いて研究を進めていく必要があるのではないかと思えるわけです。

文化多様性論

ここまでのところをまとめてみますと、機械の隠喩というのは、あまり実体的な根拠を持っていなくて、実際には証明されていないから、あくまで喩え話だということになってしまいます。他方で、先ほど「下からの医療化」という言葉が出てきました。それは、障害を持っている、つまり脳の多様性を持っている人たちが、自分たちで勝ち取っていくものを指していました。それをもっと広げていくならば、文化というものに行きつくのではないかという考えが出てきます。

つまり、自閉症スペクトラムなら自閉症スペクトラムを持っているということは一種の文化であって、そのような文化を含むいろいろな文化がある。それらがお互いに交流していく。そういうイメージでとらえたほうがいいんじゃないかという考えが、当然、出てきます。

このことについても、一年前のこの集まりで、私は少しだけ述べたことがあります。今日はその先まで行ってみたいと思うのですけれども、とりあえず一年前に述べた内容を整理しておくと、結局こういうことでした。すなわち、自閉症スペクトラムを持っている人たちの言語・歴史・習慣・風習といったものを、定型発達者――私は凡人と言っていますけれど――の言語や風習などと比べてみると、ちょうど日本と南アフリカとインドネシアといった、異なる社会に暮らしている人々の言語や文化や習慣が違っているのと、同様に考えられるのではないかということです。

異なる国や地域で暮らす人々が、お互いに理解しようと思ったら、その国の言語とか習慣とか、あるいは歴史とか、そういったものを知った上でならうまく交流できるけれども、知らなければ交流することができません。一方的に、日本なら日本という国の習慣に従いなさいとか、日本の言語に従いなさいという、そういうやり方をやっていくだけなら、植民地でしかないわけで、文化の交流とは言えないでしょう。

それと同じように、自閉症スペクトラムを有する人たちと定型発達の人たちとが交流するということは、一種の文化交流なのです。サポートという言い方をしてもいいのですが、一方が他方をサポートしているように見えながら、逆にサポートされているということもあるわけです。こういうことは、文化交流として考えるほうが妥当なんじゃないか。それが昨年、私が申し上げた内容でした。

「心の理論」の限界

昨年は、そこまででストップしておきましたが、これからその話をもう少し展開してみたいと思います。「心の理論」というのがあって、これはみなさん方も、よく耳にされた言葉だと思います。最近は、だいぶん下火になってきましたけれども、この言葉はおおよそ「他の人の考えや気持ちを推測する能力」というほどの意味で、使われていたわけです。だから、他人を騙すというようなことは、「心の理論」を持っていないとできないのですね。

たとえば、トランプのゲームをやっていて、「相手の子は、スペードのエースが欲しいのだろう」といったことを、表情などを見ながら推測する。それで、こっちはその裏をかいて、スペードのエースが相手の子に渡らないように、ハートの一〇だとか、何か違うカードが渡るように工夫をしていく。こういうのを「心の理論」というふうに呼んでいるわけです。

相手の考えとか、相手の気持ちを推測していって、その推測にもとづいて騙すとか、そういう行動ができることを、「心の理論」を持っているとか、変な日本語ですけれども「心の理論」を通過していると言うわけです。逆に、相手の考えとか気持ちを推測できないことを、これも変な日本語ですけれども、「心の理論」を通過していないと言うわけです。

「心の理論」に関連して、ある学会で、「ＡＳＤスクリーニングツールとしてのサリー‐アン課題の臨床的有用性について」という、非常に長い題の発表をしている人がいました[15]。ＡＳＤとは、自閉症スペクトラムのことです。その発表を、私はたまたま聴いたのですが、発表の主旨は別にして、そのなかに面白いエピソードが含まれていましたので、それを紹介してみたいのです。

その前に、「サリー‐アン課題」について、簡単に説明しておきます。サリーとアンという女の子がいて、たとえばボールをバスケットに入れたまま、サリーがどこかへ行ってしまう。サリーがいないうちに、アンはこっそりとバスケットに入っているボールを取り出して、箱に隠しておく。そのあと、どこかへ出かけていたサリーが戻ってきます。戻ってきたサリーは、ボールを探すために、箱を見るでしょうか、それともバスケットを見るでしょうか。そういう課題です。

サリーは、よそへ行っていたときにこっそりボールが移動されたことを知りませんから、当然、バスケットを探すというのが正解です。けれども、なかなかそれを正解できない人がいて、正解できないことを「心の理論」を通過していないと言うわけですけれども、自閉症スペクトラムを有する小さい子どもだと、通過できない子が多いことが分かっています。

さっきの長い題名の学会発表は、サリー－アン課題は大人の自閉症スペクトラムの場合でもけっこう使える、という内容でした。もっとも、大人の場合は当然、「バスケットを探す」と正解する人が、子どもに比べずっと増えてくるのです。でも、その理由を尋ねると、ユニークな説明が多いというのです。凡人だったら、なんとなくバスケットのほうを探すで済んでしまうところが、いろいろ面白い理屈をつけて説明してくれる。そういう結論なのです。

私が面白いと思ったのは、この結論自体に対してではなくて、自閉症スペクトラムを有する被験者が述べたいろいろな説明のなかに、こういう説明があったからです。すなわち、ある自閉症スペクトラムを有する大人が、「箱を探すかバスケットを探すかは、サリーとアンの関係性次第だ」と答えたというんですね。

なるほど、大変正確な答えだなと、私は思いました。サリーとアンがお互いに信頼し合っているのか、あるいは不信のかたまりのような人間関係なのか。不信のかたまりだったら、たぶんバスケットを探すより箱を探してしまう。人間関係次第だろうという答えを聞いたとき、これは大正解じゃないかと、私は感じたんですね。

そういうふうに考えると、「心の理論」には限界があって、サリーとアンのもともとの人間関係を前提にしないような説明は、正しい説明とは言えないのです。それを見事に、自閉症スペクトラムを持っている大人が、指摘したんじゃないかと思いました。

そこで思い出すのは、やはり故・小澤勲です。小澤さんは、こういうことを言っています[16]。

――必ず二人以上の人間がいて、その二人の人間のあいだにおこることとして、自閉的であったりするのであって、精神症状というのは所詮そういうものだ。

簡単に言うと、人間が一人だけいて、その一人が自閉的であるということはあり得ない。必ず二人以上の人がいるから、自閉的というふうにとらえられたり、そういうふうに記述されたりするだけの話だ。そういう言い方をしていることになります。つまり、サリーとアンという人間関係があってはじめて、バスケットを見るか箱を見るかが決まるというのと、同じことを言っているわけですね。

ロビンソン・クルーソーが、単独で無人島に暮らしながら自閉的であるということはあり得ないので、何人かの人間的なつながりのなかで、自閉的であったり自閉的でなかったりするということです。ですから、「心の理論」なんてものが、ある一人の人間の内部にあるとかないとかという考え方は、成立しないんじゃないか。それが、「心の理論」の限界じゃないかと思えるわけです。

「世界の理論」

それに対して、「世界の理論」ということを言い出した人がいるんですね。こっちは、「心の理論」に比べてそんなに有名になっていませんけれども、タンタムという人が二〇〇〇年に言っています[17]。

タンタムという人は、イギリスの児童精神科医ですけれども、精神医療のいわゆる改革派の人のようです。かなりラディカルな改革運動をやっていた方のようです。私はそのことは知らなかったんですけれども、たまたまある学会でタンタムの話をしようと思っていたら、いま獨協医大にいる井原裕さんという精神科医から、タンタムというのは改革派でずっとやっていた人なんですよと教えられて、そればかりかいろいろ資料を送ってもらったことがあります。

そのタンタムが、大人のアスペルガー症候群――アスペルガー症候群という言葉は、さっきも言いましたようにあまり使われなくなって、自閉症スペクトラムという言い方に統一されてきていますが、二〇〇〇年の段階ではアスペルガー症候群という言葉が使われていたものですから、ここではそのまま使います――について、「世界の理論」ということを言いはじめたのです。それを少し、これから紹介してみます。

ふつう自閉症スペクトラムの「三つ組」というと、一番目に対人関係の交流がうまくいかないことを挙げますけれども、タンタムはそれを「間主観性の障害」と呼んでいます。間主観性というのはとても難しい言葉ですし、日本の精神医学だと、こういう難しい言葉がたくさん使われています。でも、タンタムはイギリス人ですから、そんな難しい意味で使っているのではないんですよ。

彼が言っている間主観性とは、二人以上の人間がいて、そのなかで共通して、誰もが疑問の余地なくそのとおりだと思えるような事象を、そう呼んでいるだけのことなんです。たとえば、ロンドンでは曇り空が多いというのは、三人か四人いればみんなそう思っている。そういうのを、間主観性と言っている。あの人は汗をたくさんかいているから暑いんだろうとか、そんなことを「間主観性」と言っているに過ぎません。たったそれだけのことです。大人のアスペルガー症候群の場合、それが障害されているのではないかと、タンタムは述べているのです。

タンタムの挙げる二番目は、「非言語・言語コミュニケーションの障害」です。これは、子どもの自閉症スペクトラムの場合と同じです。言葉の使い方が独特であったり、話し言葉なのに書き言葉のように使っていたり、ひねった表現が苦手だったり、あるいは身振りや表情でのコミュニケーションが苦手だったりということで、それらが大人でも見られるということですね。

三番目は、「予測可能性による統御」です。子どもの自閉症スペクトラムの場合でも、こだわりのため、予告されているとうまくいくのに、突然の変化があると混乱しやすいということは、ご存知だと思います。大人の場合も、見通しがはっきりしていると何でもスムーズにこなせるけれども、急に予定が変わったり、あるいはいきなり何か新しい予定が出てきたりすると混乱するので、なるべく最初から段取りを決めておいて、その段取りどおり進めていきましょうというのが、「予測可能性による統御」ですね。

これらの三つ組を、大人の自閉症スペクトラムの指標だと考えると、「世界の理論」というものが導き出されると、タンタムは言っています。でも、「間主観性」が欠けていることが本質かというと、それは少し違うのです。「世界の理論」によりますと、

――彼ら自身の主観性が身近な個人的な他者だけに限らず、その住む世界によって覆われているのだと結論づけられる。

ということが本質になります。具体的にタンタムは、「スカーレット氏は、祖父は四二インチで叔父は四六インチだったと答えた。」という例を挙げています。

自閉症スペクトラムを持っている人がいて、姓はスカーレットというんですけども、そのスカーレット氏には、お祖父さんもいたし叔父さんもいた。お祖父さんというのはどんな人ですかと聞かれたとき、「お祖父さんは四二インチです」と彼は答えた。また、叔父さんはどんな人ですかと聞かれると、「叔父は四六インチです」と、大真面目に答えたのです。

四二インチとか四六インチというのは何かというと、腹囲です。お腹の回りをメジャーで計ったら、お祖父さんは四二インチで、叔父さんは四六インチだった。メートル法に換算すると、一メートルを超えますか

ら、ちょっと太めですね。いずれにせよ、そういう答え方を大真面目にしているのです。

スカーレット氏にとって、世界を把握するためには、「優しい」とか「おしゃれ」とかの曖昧な概念ではなく、計測可能な概念が必要だということですね。こんなことは大人でも子どもでもよくあることで、私自身が診察室で経験した例を、思いつくままに二、三挙げてみます。

たとえば、入学式が終わったばかりの、自閉症スペクトラムを有する男の子が私の外来にやって来たので、「入学式はどんなふうでしたか」と訊いてみたのです。「どんなふう」という言葉は曖昧なので、答えにくい訊き方なんですね。すると、その男の子は、大真面目に「いろいろな身長の人がいました」と答えました。いろいろな人を、顔のかたちとか着ている服とか考え方とか雰囲気とかいったもので把握するのは、難しいわけです。しかし、あの人の身長が一四五センチ、この人が一六三センチというのは数字で具体的に表すことができるから、非常に安心しやすいんです。だから、「いろいろな身長の人がいました」と大真面目に答えている。

また、拒食症じゃないかと疑われて、私のところに紹介された女の子がいました。でも、よくよく話を聴いていると、その女の子は、体重ではなく身長が伸びていくのが嫌なんです。中学生から高校生になるときには、当然、身長が伸びていくんですけれども、それが嫌だと言うんですね。

なぜ嫌なのかをいろいろ訊いてみますと、中学二年生より中学三年生の身長が高い、中学三年生よりも高校一年生の身長が高い、それが当たり前である。しかし、自分は中学二年生だけれども、近くにいる中学三年生より身長が高くなりそうで、それはおかしいんだと。だから、自分は食べないようにして、身長を伸ばさないようにしている。こういう説明なんです。つまり、数字に秩序が表れているものだから、自分がそれを越えてしまうとまずいという理由ですね。

それから、よくある例ですけれども、初対面の人に「何年何月何日生まれですか」と必ず訊く、自閉症スペクトラムを有する人がいますね。答えると、たとえば高岡という名前は憶えてくれないのに、生年月日だけは憶えてくれていて、半年経っても「何年何月何日生まれの人」とか言って挨拶される。そういうことは、よく経験します。

これも、本人にとって、数字で世の中を秩序づけていくと、非常に安心できるという理由があるからです。そういった計量可能な秩序で世の中を覆ってしまうことを、「世界の理論」という言い方で呼んでいるのです。だから、「世界の理論」と言うと非常に難しそうに聞こえますけれども、難しいことではありません。分かりやすい数字によって世の中を安定させる。それが自閉症スペクトラムの本質ではないかと、タンタムは言っているわけです。

「世界の理論」は比喩か

では、「心の理論」のほうは下火になり限界に近づいてきているけれども、「世界の理論」のほうは、まだ限界に達していないと考えていいのでしょうか。そのことについて、これから話していきたいと思います。言い換えるなら、スカーレット氏のお祖父さんが四二インチであるとか、叔父さんが四六インチであるというのは、単なる比喩に過ぎないのかどうかを、検討してみたいと思うのです。

ある比喩についての論文[18]からとってきたのですが、「太郎は亀である」というふうな言い方があります。これは、亀は足が遅いということを誰もが知っていますから、「太郎は足が遅い」という意味になるわけです。けれども、たとえば亀という生き物が棲んでいないような大陸とか島があったとしたら、亀は足が遅いということを誰も知らないわけですから、こういう比喩は当然成り立たないわけです。あるいは、亀を見たことがないような子どもがいて、知識としても亀というものを知らないなら、「太郎は亀である」という比喩は成り立ちません。

結局、「亀は足が遅い」ということは、「ロンドンでは曇り空が多い」というのと同じで間主観性ですから、それが間主観性として流通していないと、こういう比喩は成り立たないじゃないか、ということになるわけです。だから、「世界の理論」は比喩かと言われると、そうではなくて、比喩が成立するための前提についての話なのです。

それから、こんなことを言っている人もいますね。サットマリ(19)という自閉症の研究者が書いていることですけれども、ロバート・ライマンという、白い正方形の絵ばかり描いている画家がいるんです。その白い正方形の絵というのは、わりと有名なミニマリズムの絵なんですけれども、自閉症スペクトラムを持つ人たちが世の中を見たら、そんなふうに見えるんだと、サットマリは言っています。つまり、比喩というものが成立していない世界の例として、ロバート・ライマンの絵を挙げているのです。比喩を介さない世界だ、見たままなんだということを言っているんですね。

これも、本当にそうなのかというと、私は怪しいと思うんです。絵というのは表現だし、ある種の言語だという一面がありますから、必ずしも見たものと同じとは言えないと思います。あえて間主観性を表現しようと企図しない限り、ミニマリズムの絵でなくとも、絵画に比喩が含まれていないのは当然です。

さらに、同じような例を挙げてみます。話が少し飛んで申し訳ないのですが、私が挙げてみたいのは、「求心性統合」と言われる考え方についてです。これはどういうことかと言いますと、ある部屋のなかに椅子があって、テーブルがあって、灰皿が置いてあったとすると、その部屋全体は応接室と呼ばれます。上位概念としては、応接室ということになるわけです。

自閉症スペクトラムの場合、上位概念としての応接室という概念が成立していないのではないかという、仮説があるのです。灰皿ということは分かるし、テーブルということも分かるし、椅子ということも分かるけれども、上位概念として応接室という概念が成立していない。「木を見て森を見ず」という言葉があるように、木を見るのは得意なんだけれども、全体が森であるということを把握していないんじゃないか。自閉症スペクトラムの本質はそこにあるんじゃないかという考え方があって、求心性統合仮説と呼ばれています。

世の中には、森ばかり見て木を見ていない人もいますし、木ばかり見て森を見ていない人もいます。両方の人がいるからうまくいってるんだと思うんですけれども、求心性統合仮説によれば、とにかく森を見ることが正解で、木だけを見ているのは障害だということになります。しかし、「応接室」という概念がない貧しい家で暮らしていれば、テーブルや椅子しかわからないのは当然です。つまり、この仮説も「世界の理論」を構成している間主観性から考えてみると、ちょっと不十分なところがあるんじゃないでしょうか。

その点について、さらに説明を加えてみます。たとえば、同音異義語というのがあります。空から降ってくる雨と、食べる飴のように。そういうものが同音異義語で、音が同じで意味が違っているような言葉というのは、日本語でも英語でも何語でもあります。そういうものを理解しようと思ったら、文脈、つまり話の流れから理解しなくてはなりません。そういうのがなかなかできないのは、求心性統合が低下しているからではないか、という説があるんです。だけど、これもよくよく考えてみると、必ずしもそうとは言えないのです。

より説得力のある説明として、一般化の低下とか、類似性の処理過程の低下という言い方をする人たちがいます。一般的にこの文脈はこういうふうに流れていくんだといった、日本語の常識とか英語の常識とかがあって、それが低下しているからうまく流れていかないだけではないかという考え方があるんですね。言い換えると、固有の言語についての間主観性、つまり「世界の理論」が共有されていないから、同音異義語を理解できないという考え方に他なりません。

そういうふうに見てくると、「世界の理論」も不十分といえば不十分なのかもしれないですけれども、でも「心の理論」よりは普遍性があると考えられます。その最大の理由は、「心の理論」が個人の「心」に全てを還元した結果、「関係」を忘れているのに対し、「世界の理論」は「間主観性」を手放していないというところに求められるでしょう。

3　「感覚の理論」と人間の原点

「感覚の理論」へ

「心の理論」は、背景をかたちづくる人間関係を勘定に入れていませんでした。それに対し、「世界の理論」は、人間社会の間主観性を問題にしていたわけです。その意味では、「世界の理論」というものが共有されていないから、二次的な問題が起きるんだという仮説は、「心の理論」仮説よりも説得力があるようにみえます。

だったら、共通していない、バラバラの「世界の理論」を持っている者のそれぞれを文化として位置づけ、それぞれの文化が互いに交流し合うというイメージを描いていけばいいのでしょうか。それが、最後に残された課題になります。

同時に、先ほど小澤さんの「そんなのは個性とはよういいません」という言葉を引用しましたが、それぞれの文化を認めたうえで交流していくというのは、個性という言い方と同じなのか、それとも違うのか。そういったところも、解いていかねばならない課題になってくると思います。

それを解く鍵がどこにあるのかというと、自閉症スペクトラムを有する人たち自身の発言にあると、私は思っています。われわれが読める本で言えば、ドナ・ウィリアムズという人の著書に、なるほどと思われることが書かれています。

ドナ・ウィリアムズの有名な本としては、『自閉症だったわたしへ』という自伝が新潮文庫から出ていて、大変面白いです。その後も、彼女は何冊も本を出していますが、翻訳されていないものもあります。でも、ちょっと読みたいものだから、原書を買って読みだすのですが、とにかく英語の表現が難しいのです。私なんかの語学力では、とても歯が立たない。

だけど、そういうのでも訳してくれる人がいるから、有難い限りです。そのうちの一つに、『自閉症という体験[20]』という本があります。どんなことが書いてあるか、私なりの解説を含めつつ、紹介してみたいと思います。

さっき「求心性統合」仮説とか、「心の理論」仮説とか言いましたけれども、そういうもの以外に、「感覚障害」仮説というのがあります。感覚の障害が自閉症スペクトラムの原因じゃないかと、言われていたことがあるんです。今はなぜか、一時的に下火になっていますけれども、これから再評価の気運が高まるかもしれないと、私は思っています。

自閉症スペクトラムを有する人たちの感覚には独特なところがあって、たとえば音に対してものすごく敏感で、苦しい思いをする。また、味に対しても敏感で、野菜なんかを細かく切って焼き飯に混ぜておいても、それだけは取りのぞいて食べるとかですね。あるいは服なんかでも、肌触りが辛くて着ることができないとか、いろいろな感覚の敏感さ、過敏さがあります。逆に、痛みなどに対して鈍感な場合もあるのですが。

このことが自閉症スペクトラムの本質と、どこかでつながっているのではないかというふうな考え方は、昔からあったのです。私は、この考え方は捨てられるべきではないと、今も思っています。他の仮説が消えても、感覚障害仮説（もっと広くいえば「感覚の理論」）は残ると、思っているところがあるんですね。

「感覚の理論」の再構成（1）――「自分なし、他者なし」

ドナ・ウィリアムズは、彼女独自の感覚の理論を、『自閉症という体験』という本のなかで展開しています。それを紹介してみますと、ドナ自身の感覚の発展ということについて、自分が小さいころ持っていた感覚から、大人になった今の感覚までを、何段階かに分けて書いているのです。

いちばん小さいころの感覚については、「自分なし、他者なし」と書いてあります。どういうことかというと、自分と自分のまわりの世界が溶け合っているような状態、区別されていないような状態です。これが、生まれて間もないころの感覚だと言っているんです。

ＥＰＯの集まりでいつも使っている言葉で言えば、〈私〉と〈あなた〉とか、〈私〉と〈世界〉というものが混じり合っていて、区別されていないときの感覚です。自分と他者は区別されていないし、自分と世界も区別されていなくて、一体に混じり合っている。自分もなければ他者もない。世の中の始まりというのは、こんな混沌とした状態だったのかもしれませんけれども、そういう状態が、自分がいちばん小さいころの感覚だったんだということを言っています。

もう少し紹介すると、ドナ・ウィリアムズは、「悟性による歪曲がおこる前の〔世界と・引用者註〕一体化した状態」と説明しています。こういう言葉を使うから、英文でも翻訳でも、すごく難しく感じるんですけれども、悟性――原文では mind ――とは次のような意味です。人間の精神は、哲学者のヘーゲルのひそみにならって言えば、感性、理性、悟性という順番で発展していくわけです。ちなみに、その場合の悟性の英訳は understanding です。

ドナも、同じように考えています。しかし、違うところもあります。違いを私流に言い直すと、次のようになります。悟性（understanding）というのは精神が発展していった先端ですから、一見、高級なもののように映ります。でも、悟性を獲得するということは、立派なこと、高級になることだけを意味するのではなくて、一方では、どんどん不自由になっていくことでもあるのです。もともとは自由だったのに、悟性が発達してくると不自由になってくる。それが、ドナの言う悟性（mind）に他なりません。ですから、まだ不自由になっていない、自分とまわりが溶け合っている状態が、いちばんいい。それが最も幸せな段階なんだと、そういうニュアンスが込められているのです。

言葉もそうですね。言葉でいろいろ体系づけられる前の、自然と一体化した段階がよかった。まさに、詩人の田村隆一の作品の一節のように、「言葉なんかおぼえるんじゃなかった」というわけです。いずれにせよ、それが「自分なし、他者なし」の段階ということですね。

「感覚の理論」の再構成（2）——「自分のみ、他者なし」「自分なし、他者のみ」「解釈システム」

もう少し年齢が上になってくると、「自分のみ、他者なし」という段階が出現するようになります。自分が好きなもの、興味を抱くものとはこういうものだということが、はっきりと感じられるようになってきます。それを感じているときは、他のものは全然見えなくなっています。

また、〈私〉とは何かというテーマも出現します。ドナ・ウィリアムズの場合は、多重人格とでもいうべき状態が、とくに子どものころには、しばしば出現していました。ドナという人間じゃない、キャロルだとかウィリーだとかいった、そういう名前や性格が全然違う人格に、よく変わってしまったりしていました。だから、〈私〉とは何かということが、彼女の一つの重要なテーマになるんですけれども、それがテーマになっているときには、〈あなた〉とか〈世界〉とかいったものは後景に退いて、問題になっていません。そういう段階が、「自分のみ、他者なし」です。

一方で、その正反対の段階もあります。それは、「自分なし、他者のみ」という段階です。これは、周囲に紛れていくという意味です。「わずかな身体意識しか持たない」と、彼女は書いていますけれども、まわりにぜんぶ飲み込まれちゃって、自分が失われているような状態ですね。

自分とは何かどころか、自分が無くなってしまっていて、ひたすらまわりに合わせてばかりという状態です。ロボットとか、自動操縦とか、そんな感じのイメージですね。それが、「自分なし、他者のみ」の段階です。

さらに先に、大人になった自分の段階というのがあります。ドナ・ウィリアムズの説明によれば、――多様な自己認知《アイデンティティ》を得た人たちは、感覚システムと解釈システムを行き来することができ…（中略）…自身の独立を確保しながらそれでいて、援助を求めることができ、分離した存在として社会的交流を探求することができると同時に深く真実なる交感《エンパシー》を持つことが可能…（以下略）…。という段階です。

難しい文章ですけれども、原文が難しいので、翻訳もこんなに難しくなるんです。結局、どういうことかというと、「自分のみ、他者なし」と「自分なし、他者のみ」の段階から発展していくと、「自分もあるし、他者もある」というふうな、そうとう高度な段階になってくるということが、言われているのです。

こういう高度な段階になると、悟性によってコントロールされるようになると同時に、もともと持って生まれた感覚システムではない、後から獲得した解釈システムというものが作動しはじめる。言葉によっていろいろ解釈するシステムが使えるようになってくるのですが、ただし、それは必ずしも素晴らしいことではない。不自由なことでもあるんですね。

ドナ・ウィリアムズは、自分は解釈システムを使えるようになったけれども、いつでも出発点である感覚システムのところに戻ることができると言っています。行ったり来たりすることができるんだと、そういう言い方をしているんです。

彼女が言わんとしていることは、自分は行ったり来たりできるからいいけれども、多くの人は、不自由さが昂じても、なかなか元の感覚システムに戻れないでしょう、ということです。でも、本当は自由に行き来することが大事なんですよ、という言い方をしているんですね。

先ほども言及しましたが、「言葉なんかおぼえるんじゃなかった」という有名な詩の一節は、いかに人間は言葉による解釈をおぼえて不自由になったか、意味をなさない世界に住んでいるままだったなら、いかによかったかを表しています。それは、価値の世界ですね。意味の世界ではなくて、価値の世界に住むことができればいかによかったかを、表現した詩です。

それと同じで、悟性すなわち解釈システムによって、いろいろ理解できるようになるということは、素晴らしいことばかりではなくて、非常に不自由なことなのです。価値の世界を失って、意味の世界だけに生きていくことになるからです。そういうことを、ドナ・ウィリアムズは言っているわけです。

ここで皆さんに思い出していただきたいのは、今日の話の最初の方でふれた、石井桃子の資質についてです。とくに一人のときに「目の前のもの、または、自分をとりかこむもののなかにすいこまれて、短い時間、ぼうとなること」が、何度かあった。そして、自分の身体が空気と同じように透明になっていく気持ちになり、透明な身体の中の心臓から泉のようなものがこんこんと流れ出すという、あの資質です。

石井によるこれらの体験こそ、解釈システムから感覚システムへの回帰にほかなりません。その回帰を可能にしたものが、石井の資質だったのです。

石井桃子は、悟性すなわち解釈システムを、自在に操ることができる高度な段階を、身につけていました。だから、童話作家になる前には、有能な編集者でもありえたわけです。また、おそらく誰が見ても、自閉症スペクトラムを思わせる兆候は、彼女には見当たらなかったでしょう。でも、他の凡人とは違って、しばしば〈私〉と〈世界〉が溶け合う地点へと往還しうる資質を備えていたのです。

再びエイリアンの隠喩がダメな理由について

ここまでみてくると、だんだん結論に近づいてきます。『自閉症という体験』という本のなかには、こういうことを言っている箇所があります。

――人類は未知なる宇宙人《エイリアン》についての（解釈に基づいた）空想《ファンタジー》を創り上げました。…（中略）…このことは解釈的な人類をはなはだひとりよがりにし、主導権を握っていると感じさせるに違いありません。

これは、私が二つの映画に対して感じた違和感と同じですね。「シンプルシモン」とか「そばにいるよ！」におけるエイリアンの隠喩に関して、私が抱いた違和感を、的確に説明してくれていると思います。

宇宙からやってきたという比喩は、先ほど述べたインドネシアと南アフリカと日本とのあいだの文化交流というのと似ていながら、違うところがあります。それは、脳の配線とか化学物質の異常といった機械の隠喩と相即的で、どこかで脳が壊れているという「空想」とセットになっているからです。本来なら、せいぜい比喩でしかないものを、実体的な脳の説明として使っているがゆえに、どうも違和感が拭えないのではないでしょうか。

私の考えはそこまでだったのですけれど、ドナ・ウィリアムズは、これは、「解釈的な人類をはなはだひとりよがりにし、主導権を握っていると感じさせる」考え方だと、一蹴しているのです。主導権が、地球人の側にあることを疑っていないという批判ですね。そこが、相互交流に全然なってないよ、植民地だよ。そういう感じ方を、ドナは、エイリアンという言葉に込めて使っているのです。

じゃあ、エイリアンという言葉は排除されるべきもので、使わないほうがいい言葉なのかというと、ドナ・ウィリアムズはそれは違うとも述べています。私たち一人ひとりのなかに、エイリアンがいる。なぜなら、全員の出発点が感覚システムだから。悟性による解釈システムではなくて、「自分なし、他者なし」で、まわりと自分とが一体になっていた。溶け込んでいた。そこが、すべての人間の出発点で、本当は、全員がエイリアンというものを保持しているんだというわけです。

だから、これは排除すべき言葉というのではなくて、本来は全員が持っている資質というふうに認識すべきなのです。そうすれば、なにも排除するどころか、全員の共通基盤を表す言葉として、エイリアンという言葉が使える。でも、石井桃子のような人は別にして、たいていの凡人は、自分はエイリアンのような感覚システムは持っていないと、勘違いしているんですね。

そういう人たちが、感覚システムを出現させやすい人たちをエイリアンとして扱うから、変なことになるのです。でも、本当は自分が忘れているだけで、実際は自分も持っている資質が、エイリアンなのです。

自閉症論の原点

私は、ずいぶん前に、『自閉症論の原点[21]』という本を書きました。私自身は、ちょっと内容的にも小難しいし、単に学術的世界で主流になっていることを紹介しただけの啓発書でもなければハウツー本でもないので、あんまり受け入れられないんじゃないかと思っていました。でも、嬉しい誤算で、自閉症スペクトラムを持つ当事者や、あるいは老舗の親の会の方とか、また昔から自閉症のサポートに携わっている専門家の重鎮から、意外にもいい評判をいただきました。もちろん、お世辞も入っているでしょうが。

その本のなかで、私は、こういう発想をしていたんです。ドナ・ウィリアムズが言っている内容と、ずいぶん重なるんじゃないかなと思って心強く感じたので、そこを少しお話ししてみたいと思います。

私が言いたかったことの一つは、それ自体が比喩でしかありませんけれども、比較言語学でいう祖語に相当する概念についてです。いま、いろいろな言語が世界中で使われているわけですけれども、その出発点になっているものを祖語と言います。でも、そんな言葉は、実際は誰も発見していません。仮説でしかないのです。

しかし、仮説によると、いくつかの言葉の源流として、祖語というのがあったと考えられているのです。たとえば、インド・ヨーロッパ祖語というものがあり、そこからいろいろな言葉が枝分かれしていったと考えられています。祖語にいちばん近いのが、たとえばサンスクリット語だとします。もっとそこから離れていくと、アルバニア語があったり、さらに遠のくと英語があったり、なんとか語があったりというふうに、分かれていくのです。

出発点であるインド・ヨーロッパ祖語というのは、これは仮説でしかないから誰も見ていないんですけれども、それにいちばん近いサンスクリット語は見ることができるわけです、文献的には。もっと発展していったアルバニア語は今でも使われているし、英語も各地で使われているわけです。

そうすると、いちばん原点に近いのはサンスクリット語で、アルバニア語とか英語というのは原点からだいぶん外れた言語ということになります。このように、インド・ヨーロッパ祖語という元々の言葉は見つけられないけれども、そこに非常に近い言語は見つけることができるし、そこから外れた言葉というのも見つけることができる。

一方、人間存在の原点とは何かというのは、これはフランス啓蒙思想の時代に非常に議論されたことなんです。ちょうどその議論のころに、「アヴェロンの野生児」という、今でいう自閉症だろうと思える人が、フランスで見つかっているわけです。私見では、人間存在の原点とはあくまで仮説ですから、誰もそんな原点としての人間なんて見たことがないんですけれども、そこに近いところにいるのが、自閉症スペクトラムを有する人ではないだろうか。そこからどんどん外れていくと、凡人、つまり定型発達者になるのではないだろうかと考えています。

繰り返すなら、自閉症スペクトラムを持っている人たちは、人間存在の原点にいちばん近いわけであって、定型発達の人たちは、原点からずいぶん外れた人間として位置づけられるのです。それが、私の仮説でした。

今の世の中は、人間はどんどん発達していくのが正しいという風潮に染まっています。だから、発達促進的な教育とか、発達促進的なサポートとか、早期発見とか、いろいろやっていますけれども、あれは人間をどんどん不自由にさせていくことでもあるのです。不自由にさせていく哀しみを知ったうえで関わっているのだったらいいのですけど、無邪気に良いことなんだと錯覚しているだけだったら、やはりそれはまずいのです。

ドナ・ウィリアムズの『自閉症という体験』で用いられている言葉を使うなら、人間存在の原点という、誰も見たことのないものにいちばん近いのが、「自分なし、他者なし」です。そういう感覚システムを持っている段階が、原点にいちばん近いのではないか。そこからだんだん発達していって外れていくと、「自分

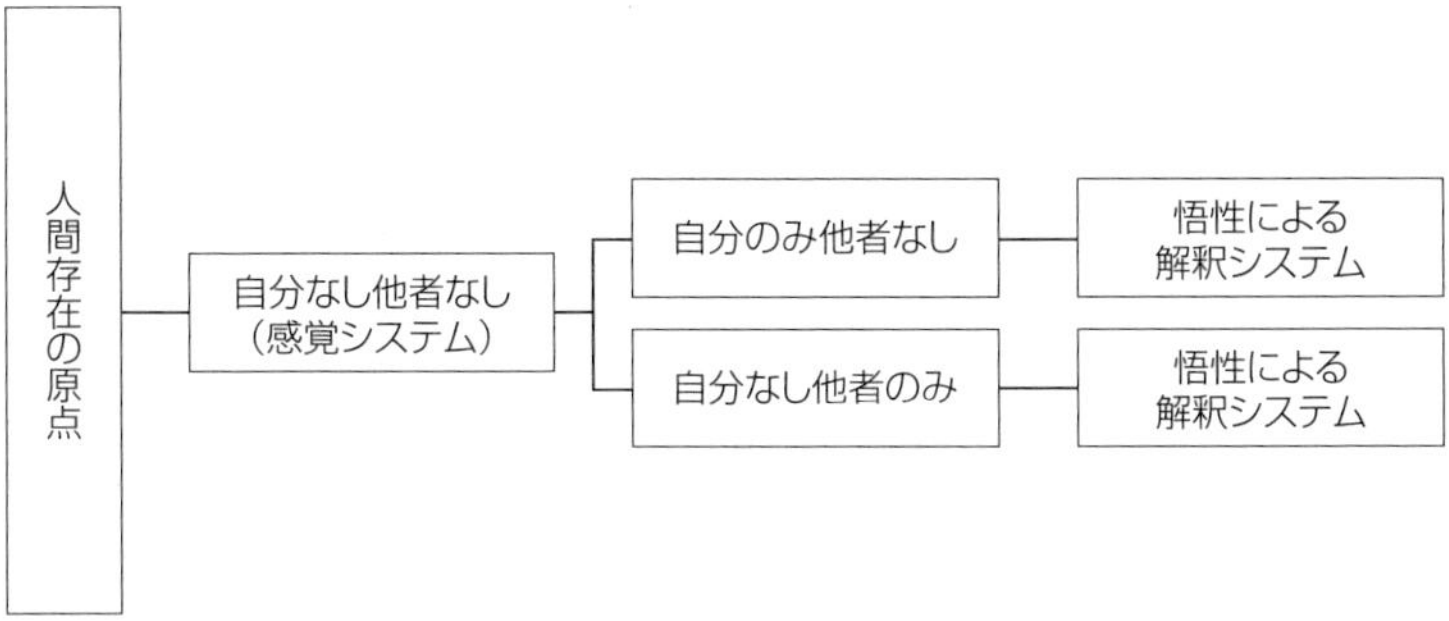

図２-２　ドナ・ウィリアムズの感覚説

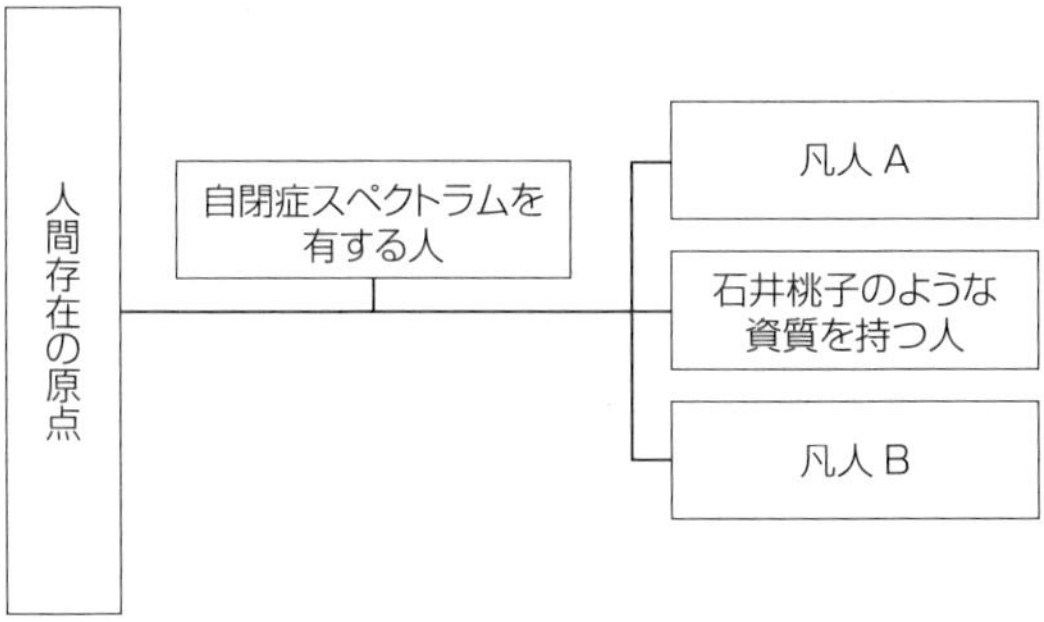

図２-３　人間の原点に近い存在としての自閉症スペクトラム

のみ、他者なし」が出てくるし、「自分なし、他者のみ」というものも出てくる。そして、ついには解釈システムとして、自分とは何か、他者とは何かという疑問が出てくる。

しかし、そういうレベルは原点からはるかに外れているわけですから、どんどん不自由になる段階でもあるのです。仮に、そこから原点に戻ることができて、また再び解釈システムに発展していって、そしてまた感覚システムに戻る。そういうふうに、行き来が自由にできるようになれば、それは人間の——意味ではなく——価値につながるのではないでしょうか。

だから、私の考え方は、ドナ・ウィリアムズの感覚説と、かなりの部分で一致することになります。私にとっては、心強い見解が得られたということになるので、こうやって紹介した次第です。それをわかりやすく示したのが、図2-2と図2-3です。

スペクトラムとは何か（1）——連続している「病理」

私は今日、「自閉症スペクトラム」という言い方をしました。これまでの翻訳用語だと、「障害」をつけて「自閉症スペクトラム障害」という言い方がされてきました（先ほどもふれましたが、最近は、「自閉スペクトラム症」という訳語も用いられています）。通常、われわれ業界人は、面倒だからということもあって、「障害」という言葉を省き、単に「自閉症スペクトラム」としか言わない場合が多いのです。

学術論文を書くときには、「障害」という言葉をつけるわけですけれども、普段は省略しているのです。このことについて、「障害」をつける場合と、つけない場合を、あえて区別して使っている人もいます。どういうふうに区別しているかというと、自閉症スペクトラムを有する人たちのなかでも、何らかのサポートが必要な人とか、あるいは社会資源の利用が必要な人については、「障害」をつける。

反対に、サポートも、社会資源の利用も全然必要ないという人がいることも確かですね。昔の頑固な職人さんで、腕がいいものだから金はどんどん儲かるし、人づきあいは悪いけれども、それに辛抱してでもその職人に接していたい人々に取り巻かれて暮らしている。そういう職人さんなんかは、オフィシャルなサポートは要らないわけですね。

あるいは、精神科医のなかにも自閉症スペクトラムの人がたくさんいて、でも自分の経験にもとづいて仕事もできるし、特別に社会資源を利用しなくても、精神科医としての職業を続けているかぎりは、別にサポートは要らないという人はいるわけです。

そういう人については、「障害」をつけずに、自閉症スペクトラムと呼んでいればいい。何か社会資源を利用する必要が出たときとか、サポートを提供したりされたりする必要が出たときにだけ、「障害」という言葉をつければいい。そういう区別をしている人もいます。

実用的にはそういう区別でいいのかもしれませんけれども、私は基本的には、そういうことは枝葉末節の問題で、本質的には自閉症スペクトラムの「スペクトラム」というのをどう考えるかが、いちばん本質的な問題だと思うのです。

通常、スペクトラムという言葉の意味には細かく言うと二通りあって、一つは自閉症スペクトラムと呼ばれている人たちは、きわめて特徴がはっきりしている人から、一部が曖昧な人まで、連続して存在しているという意味です。三つ組の特徴――子どもで言うと、対人関係とコミュニケーションとこだわり、大人で言うと、先ほどのタンタムの言葉のように、間主観性とコミュニケーションの障害と予測可能性による統御――が、きわめてはっきり揃っている人から一部曖昧な人まで、ひとつながりであるという意味で、スペクトラムという言葉を使う。

もう一つは、いわゆる凡人との境目ははっきりしないという意味です。凡人の中にも多かれ少なかれそういう特徴があって、その境目がはっきりしないから、そこはひとつながりであるという意味でスペクトラムという言い方をしている。要するに、自閉症スペクトラムというのは、幅を広くとることもできれば、狭くとることもできるから、本人の利益につながる場合は広くとって、不利益につながる場合は狭くとればいいという考え方が、もう一つのスペクトラムの意味です。

これらはいずれも、「病理」が連続しているという意味に他なりません。カッコつきの「病理」ですけれども、でも、これがいちばんよく使われている、スペクトラムという言葉の使い方です。これはこれで、大事な使い方だと思います。そういう二つの使い方を併せて、大きな一番目の使い方と呼んでおくことにします。

スペクトラムとは何か（2）――連続している「生きにくさ」

それ以外の使い方もあります。最近、立岩真也さんという立命館大学の先生が、『自閉症連続体の時代』[22]という本を書きました。私にも送ってくれたので読みましたが、題名だけを見ると、「自閉症スペクトラムの時代」というのを少しひねって、日本語で「自閉症連続体の時代」としただけかなぁと思えるんですけれども、でもそれだけではない。いろんな意味が込められているのでしょう。

立岩さんの本を読まれた人はお分かりでしょうが、とにかく独特のリズムで、慣れないとなかなか頭に入ってこないですね。立岩ファンにはすっと入ってくるんでしょうけど、ただの読者にはなかなかうまく理解できない点も残ります。あるとき、私が編集委員をやっている『精神医療』という雑誌にその本の書評を掲載することになって、石川憲彦[23]さんという方に、「書いてくれませんか、あなたの本もいろいろ引用されていますし」と依頼したのです。

石川さんは、さすがに賢い人だから、的確に読み取って、自閉症連続体の「連続体」、つまりスペクトラムとは何かを、解明してくれたのです。石川さんの結論は、この世の中における生きにくさが連続している、ということです。その書評を読んで、社会学者の本を読み取るとはこういうことなんだなぁと、感じ入った次第です。

自閉症スペクトラムを持っている人は、この世の中で非常に生きにくいけれども、自閉症スペクトラムを持っていない凡人も、今のコミュニケーション至上主義の世の中では、ものすごく苦労して生きにくい。生きにくさが共通しているので、それがスペクトラム、つまり連続体という言葉に込められているんだという読み取り方です。それを、大きな二番目の使い方として、押さえておきたいと思います。

スペクトラムとは何か（３）――連続している「自分なし、他者なし」の感覚

大きな三番目のスペクトラムの解釈は、ドナ・ウィリアムズの感覚説から敷衍しうる考え方です。「自分なし、他者なし」という、世界と一体化した感覚は、人間の原点なんだというところにつながってくるんですけれども、それをほとんど忘れてしまっている人が多い。しかし、それは忘れているだけであって、世の中と自分とが一体化した最初の段階は、じつはすべての人間が共通して通過したはずなのです。その点が連続している、つまり、スペクトラムだという考え方がありうるんじゃないかというふうに、私は思うのです。

ですから、そういう考え方に立脚すれば、自閉症スペクトラムを有する方たちと凡人とのあいだの文化交流を、想定しやすくなります。つまり、どこで交流するかというと、原点に近い部分ですね。世の中と自分とが一体化していたところに共通点があるのだから、そこで交流することによって、本当の交流に近づくこ

とができるんじゃないかということです。

もし、インドネシアと南アフリカと日本の交流というレベルだったら、まだまだ不十分な、悟性的な、あるいは解釈システム的な交流にとどまっていることになります。もうちょっと感覚システム的なところまで降りていかないと、やっぱり本当の交流というものにならないんじゃないか。そこが、とても重要なポイントだなと思っている次第です。

自閉症スペクトラムを有する人たちとの交流が、凡人にとっては心洗われる体験になる瞬間を、ご家族はもちろん、支援者の誰もが体験しているでしょう。だから、支援者は収入が少なくても、この仕事を続けていらっしゃるのではないでしょうか。

心洗われる瞬間がもたらされるのは、支援者を含むすべての人々が、かつて一度は「自分なし、他者なし」という原点に近い段階を通過しているからです。自閉症スペクトラムを有する人と接すると、石井桃子ほどの資質を持っていない凡人でも、忘れたはずの原点へ回帰することができるのです。それこそが、スペクトラムの本質にほかなりません。

注

（1）高岡健「診断と査定」（岡村達也（編）『臨床心理の問題群』批評社、二〇〇二年所収）

（2）Shea, S. E. et al., Pathology in the Hundred Acre Wood: a neurodevelopmental perspective on A. A. Milne. *CMAJ*, 163: 1557-1559, 2000

（3）尾崎真理子『ひみつの王国――評伝 石井桃子』新潮社、二〇一四年

（4）石井桃子『幻の朱い実』（上・下）岩波現代文庫、二〇一五年

（5）ポーランド生まれの女性革命家。スパルタクス団からドイツ共産党を結成。しかし、盟友リープクネヒトとともに

虐殺された。

(6) 石井桃子「太宰さん」(川上弘美(選)『精選女性随筆集八』文藝春秋、二〇一二年所収)
(7) 石井桃子「ひとり旅」(前掲書所収)
(8) Warren, Z. A Systematic Review of Early Intensive Intervention for Autism Spectrum Disorders. *Pediatrics*, 127: e1303-e1311, 2011
(9) 美馬達也「脳多様性論」『情況別冊 思想理論編3』八一-九九頁、二〇一三年
(10) De Dreu, C. K. W. et al., Oxytocin promotes human ethnocentrism. *PNAS*, 108: 1262-1266, 2010
(11) 小澤勲『自閉症論再考』批評社、二〇一〇年
(12) 美馬達哉『脳のエシックス』人文書院、二〇一〇年
(13) Baldissera, F. et al., Modulation of spinal excitability during observation of hand actions in humans. *European Journal of Neuroscience*, 13: 190-194, 2001
(14) 吉本隆明「行動の内部構造」(『詩的乾坤』国文社、一九七四年所収)
(15) 横田裕幸ほか「ASDスクリーニングツールとしてのサリー-アン課題の臨床的有用性について――成人期ASDへの適用」第五五回日本児童青年精神医学会総会(浜松市)、二〇一四年
(16) (11)に同じ。
(17) タンタム・D「青年期および成人期のアスペルガー症候群の人々」(クライン・Aほか(編)山崎晃資(監訳)『総説アスペルガー症候群』明石書店、二〇〇八年所収)
(18) 辻大介「隠喩解釈の認知過程とコミュニケーション」『東京大学社会情報研究所紀要』五〇号、二一-三八頁、一九九五年
(19) サットマリ・P、佐藤美奈子・門眞一郎(訳)『虹の架け橋』星和書店、二〇〇五年
(20) ウィリアムズ・D、川手鷹彦(訳)『自閉症という体験』誠信書房、二〇〇九年
(21) 高岡健『自閉症論の原点』雲母書房、二〇〇七年
(22) 立岩真也『自閉症連続体の時代』みすず書房、二〇一四年

(23)　児童精神科医。林試の森クリニック院長。著書に『こども、こころ学』（ジャパンマシニスト社、二〇〇五年）など多数。なお、書評は『精神医療』七八号（二〇一五年）に掲載されている。

第3章

自閉症という現象に出会って「私たち」の不思議を思う

わかりあうことの奇跡とわかりあえないことの自然

浜田寿美男

浜田寿美男（はまだ・すみお）

1947年生まれ。

京都大学大学院文学研究科博士課程修了。

現在，立命館大学特別招聘教授。奈良女子大学名誉教授。

発達心理学・法心理学・子ども学の問題領域で，学と現実との接点を求める活動を進めている。多くの刑事裁判における自白や目撃供述の鑑定を通して心理学理論の再構築を考える。主な鑑定事件は甲山事件，狭山事件，野田事件，自民党本部放火事件，袴田事件，富山事件，東住吉事件，名張毒ぶどう酒事件，布川事件，日野町事件，氷見事件，光市母子殺害事件。

主　著

『「私」とは何か――ことばと身体の出会い』講談社選書メチエ，1999年
『障害と子どもたちの生きるかたち』岩波現代文庫，2009年
『私と他者と語りの世界――精神の生態学へ向けて』ミネルヴァ書房，2009年
『子どもが巣立つということ――この時代の難しさのなかで』ジャパンマシニスト社，2012年
『〈子どもという自然〉と出会う――この時代と発達をめぐる折々の記』ミネルヴァ書房，2015年
『もうひとつの「帝銀事件」――二十回目の再審請求「鑑定書」』講談社選書メチエ，2016年
『名張毒ぶどう酒事件――自白の罠を解く』岩波書店，2016年

1　「当たり前」を疑うということ

現場からの生の声を聞くということ

この場では、いつも支援者の皆さんから現場での具体的な話を聞かせていただいて、そのなかで私たち講師が何かヒントと言いますか、一緒に考えることができる手がかりのようなものを提供できればという思いでやってきました。支援者の現場でのお仕事ぶりを聞いていますと、私などがやっていることは、じつに呑気というのか、少し遠いところから問題を眺めているようなところがあって、どこか後ろめたさのようなものがあります。それでも私のような理屈屋が現場とその問題意識を突き合わせていくこうした機会も、ときどき必要なことかなと思っています。

きのうの村瀬さんの話（第1章）でも話題になったのではないかと思うんですが、小澤勲さんという精神科医がいらっしゃいます。自閉症の臨床からスタートされて、最後は認知症の現場でずいぶん活躍されて、七〇歳で亡くなったんですが、この小澤さんは、私にとってもずいぶん懐かしい方で、私が自閉症の問題に関心を持ちはじめた頃に出会って以来、ずっといろいろなかたちで付き合っていただいたんですが、その小澤さんには『自閉症とは何か』という大きな本があって、しばらく絶版になっているということで、村瀬さんがそれを是非復刊したいという要請をされて、小澤さんの生前に、それが刊行されました。私も、復刊された本の「まえがき」と「あとがき」の部分を読ませていただいて思い出したんですが、小澤さんはその復刊を当初はすごく渋っておられたそうなんですね。あの本は、そもそも実践、臨床に根ざしていない、だから出したくないということで……。小澤さんはずっと臨床家としてやってこられた方です。それもたんに医者として人を診断し治療するだけではなくて、その人の生きている生活というところから問題を考えてこられた。臨床は同時に現場に根ざした実践でもあるというかたちで関わられた方で、だから臨床に根ざしていない本は復刊したくないというふうにおっしゃられたそうです。そういう意味で言いますと、私なんか実践家でもなければ臨床家でもない。そういう人間が、自閉症の問題を考えたり喋ったりするのはどういうことなんだろうと思うことがあります。

そこで、そのことの意味をあらためて考えたときに、村瀬さんが資料に書かれていましたけれども、自閉症という問題は、それをかかえた当人の個人の問題ではない、ということがあるように思います。自閉症を単に脳の問題とか、そのメカニズムの問題、あるいは個人の病理の問題というふうに見て、そういう観点から自閉症を論じるのではなくて、それ以上に、むしろこの社会のなかで、彼らがそういう診断を受けて、どういう暮らしを強いられてしまうのかという社会の側からの問題を含めて、自閉症を考えなければならない。つまり、個人の医療モデルで考えるのではなくて、社会のなかに位置づけて、言わば社会モデルで考えたときに、それは直接その人たちと出会ってその生活を支える臨床家、実践家の仕事とあわせて、社会の側で私たちがどういうかたちで彼らをとらえ、彼らと関わるのかということも欠かせない問題だということになります。そういう意味では、実践家、臨床家ではない私などが、こういうところで発言させていただくことにも、それなりの意味があるんじゃないかと思います。

「ゆうとおん」のYさんが起こした八尾事件（幼児投げ落とし事件）なんかも、私たちは、現場の人たちから生の話を聞いてはじめて、そこで何が起こっていたかを知ることができます。それがなければ、新聞やテレビやネットを通して、遠い世界で起こった他人事としてそれを知るだけです。その意味で、私にとっても、この場で現場の人たちから直に話を聞かせていただいたり、私自身が何がしか自分の思ったことを発言させていただくというのはいい機会だと思って、こういうかたちでの関わりを持ち続けているわけです。

冤罪事件との出会いと関わり

　私は、もともと発達心理学を自分の仕事の領域としてきたということもあって、子どもの問題とか、育ちの問題とか、障害の問題について考えてきましたけれども、たまたまそのなかで知的障害児の目撃供述が問題となった甲山事件に出会って、それをきっかけに刑事裁判の世界にどっぷりはまり込んでいます。間違って犯罪事件の被疑者、被告人の立場になった人たちの、とくに虚偽自白をどう考えるかということが課題の中心なのですが、それも、自白してしまう無実の人の心理だけでなく、そういう虚偽の自白をさせてしまう人たち、つまり取調官たちの心理状況とあわせて見ていかなければなりません。いったん自白してしまえば、いくら無実の被告人が裁判で虚偽の自白だということを主張しても、裁判官たちはそのことをほとんど聞き入れてくれません。いや、裁判官に限らず一般の人たちも同じで、理不尽にもそうした状況に追い込まれた人たちの現実が、一般にはなかなか理解されない。こういうことは冤罪での虚偽自白だけではありません。個々の特殊な状況に追い込まれた人たちの問題の背後には、社会の問題と言わなければならないようなことが、やはりある。ですから、冤罪事件をはじめとしていろいろなところに首を突っ込んでいるんですけど、その根には共通の問題があるようにも思っています。

浜田寿美男

　私がたったいま関わっているのが帝銀事件です。帝銀事件というのは一九四八年の事件。今年で戦後七〇年ですが、その敗戦から二年あまり経ったころ、文字どおり戦後のどさくさのなかで起こった大事件です。その自白の鑑定を今やっているのですから、何とも言えません。文字どおりの意味で「戦後は終わっていない」と言いたくなります。この事件で被疑者となり被告人になり、そして死刑確定後は再審請求人になったのが、当時の有名な日本画家、平沢貞通氏です。ご本人は一九八七年に獄中で亡くなっており、再審請求そのものが非常にきびしい状況のなかにあって、第一九次の再審請求が、平沢氏の養子となって請求を引き継いだ平沢武彦氏の急逝によって頓挫し、次の第二〇次再審請求を模索しているという状況です。

そんな大昔の平沢貞通氏の自白を、今あらためて読み込んでみると、それはまさに無実の人の虚偽自白としか言いようがない。しかし、それが見抜かれないままに、平沢貞通氏は死刑囚として獄中で亡くなり、その後二〇年を経ても、なお彼は汚名を雪《そそ》げていない。多くの人々にとっては、こんなことがあるんだということを、新聞やテレビでチラッと見る程度で、ふだんはほとんど目にすることがないかもしれません。しかし、冤罪事件の現場に足を踏み入れてみれば、そういうことがたくさん起こっているということを、あらためて突きつけられるわけです。

自閉症の問題というのは、こうした冤罪事件とはおよそ違うレベルの話に見えるでしょうが、ただどこかで共通の根を持っていると、私は思っています。同じように「社会のなかで生きる人間」の、ある特殊な条件下での問題ですから……。そういう意味で私は、自閉症の問題についても自分なりに考えてきたつもりです。実践家でも臨床家でもないけれども、自閉症の人たちの問題を考えながら、自分なりの理論化というのか、こういうふうに見たらもう少し分かることが広がってくるんじゃないかというようなことを、『「私」というもののなりたち』（ミネルヴァ書房、一九九二年）や『「私」とは何か』（講談社、一九九九年）という本にしてきました。

人の不思議に気づく

私が発達心理学という視点から障害の問題を考えはじめたのは、ある療育施設でのことです。重度心身障害児の療育施設で仕事をしていた友人から、重い障害を持つ子どもたちの育ちの問題について一緒に考えてみないかと誘われて、療育の現場に出向くようになったのがきっかけでした。そこで最初に出会った女の子は二歳でしたが、まだ一人で座位をとれず、ほとんど寝たきりの生活で、そのうえ起きて目を開けても、その目は物を見ていません。私たちは、目を開ければ外の世界が見えるのを当然と思っていますが、その子は目を開けていても、その目が物を見ていないのです。じつは、障害のない子どもも、生後一、二カ月までは、同じように目は開けても、その目が物を見ていませんから、誰もが最初はそうした状態から始まって、やがて、目を開けさえすれば、ただちに外の世界が目に飛び込んでくるようなところに至りつくわけで、そう考えれば、これ自体が不思議なことで、子どもによっては、その不思議がなかなか成立していかないということも起こるわけです。

この女の子の場合も、二歳一〇カ月くらいで、ようやく徐々に目で物を見るようになっていくのですが、その意味で、非常に原初的なレベルでの人の「生活世界のはじまり」のような出来事に出会わせてもらったわけです。まだ物を見ていない目をしている子どもが、ある時点から物を見るようになる、そういう瞬間に出会って、あらためて「人は外のものを外のものとして見ているのだ」と気づく。そんなところから障害の問題にかかわりはじめました。

自閉症という診断を受けた人たちとの出会いもそんな感じで、じつに不思議でした。人と人とが出会ったとき、目を合わせたり、表情を交わしたり、声をかけあったり、いろんなことをして、それが当然だと思っていますが、自閉症の子どもたちはそこがうまくいかない。そこで、ごく当然のことと思ってやっている人どうしのやりとりをあらためて見てみると、じつは当然のことではなくて、それが非常に不思議に見えてくる。

じっさい、自閉症の人たちと出会って、私たちの側では、なんでこんなにうまく通じないんだろうというふうに思ってしまいますが、それは、人と人が出会ったときには、何かしら通じるのが当たり前だと思っているからで、しかし実際は、人と人が出会って目が合ったり、表情を交わしたりできるということ自体が不思議なことで、この不思議がなかなか成り立たない子どももいるわけです。それは、先に見たように、目を開ければ外の世界が見えるのが当たり前だと思っていても、じつはその「当たり前」がまだ成り立っていない子どもがいるのと同じです。

私たちはこの世に生まれ、もう長く生きて、いわば人という生き物として出来上がってしまっていて、その出来上がった状態を当たり前だと思っています。いや、あまりに当たり前すぎることで、ですから、ふだんは「当たり前である」とさえ思っていない。ところが、その当たり前がまだ成り立っていない子どもに出会って、この当たり前のことが、自分のなかでは知らない間に成り立っていたのだと気づくわけです。そういうことを通してはじめて、この「当たり前」を疑うということができる。

「当たり前」を疑う

たとえば、私たちはもう言葉でコミュニケーションするのが当たり前になっていますから、三歳、四歳でまだしゃべれない子どもに出会いますと、「どうしてしゃべれないんだろう」と思います。そう思うということは、しゃべれるのが当たり前だと思っているということですよね。だけど、逆に、「私たちはどうしてしゃべれているんだろうか」と考えたら、これがよく分からないわけです。ただ口から息を出して、喉で声帯をふるわせて、音にして外に吹き出しているだけで、その音がなぜ意味を持って聞こえてくるのか。あるいは逆に、どうして私たちはこの声を意味のあるものとして相手に向けて発することができるのか。そう考えると、よく分からないわけです。

私たちは、育ちの結果として出来上がってしまっていて、その出来上がってしまった状態が当たり前だと思っているけれども、この当たり前がうまく成り立っていかないという人もいて、その障害ということを通してはじめて、私たちはこのことに気づいたりするのです。

そう考えたときに、私たちが障害を持った人と出会って、相手がなんでこんなことをするのか分からないなどと思ったりするとき、それはたんに相手の側の問題だということではなく、逆に、私たち自身がなぜこんなふうに当たり前に振る舞えてしまうのかという、私たち自身の問題でもあるわけです。

だから、育ちの問題というのは、私たちは「発達」というふうに言ってしまいますけど、出来上がってしまった大人のイメージを前提において、そこにたどり着いていく過程というだけのことではありません。大人になれば、いろいろなことができる、いろいろな機能を持ち、いろいろな知識を持つようになっていく。それで、これこれのことがまだできていない子どもが、やがてできるようになるというイメージで育ちを考えがちです。障害の問題も、裏返して言えば、まるまる完成した人間、つまり出来上がってしまった人間の姿をイメージして、そこから、これこれがまだできていない、あるいはこれこれが欠けた状態であるというかたちで、障害を考えてしまう。出来上がってしまえばこうなるという完成した姿をイメージして、そこからの引き算で障害というものを考えてしまう。

だけど、人生っていうものは時間の流れのなかで起こりますから、引き算はないはずです。ゼロから始まって、すでに出来上がってしまった私たち大人にとっては、そうして出来上がった姿が当たり前ですけども、これも長い時間をかけて形成された結果としてこうなっているわけで、最初から当たり前だったわけではない。

この当たり前を疑うということが、じつは「発達」を考えるうえでの基本中の基本だと思うのですが、いわゆる世間の「発達心理学」は、むしろ標準的に出来上がってしまった人間の姿を前提に議論を進めてしまっているように見えます。

「私がこの世界を生きている」という構図の形成と崩壊

たとえば、私たちは、私がここにこうして生きていて、そのまわりに世の中がある、世界がある、というふうに思っていて、「私がこの世界を生きている」という構図を当たり前だと思っています。だけど、過去にどんどん遡ってみれば、誰もが新生児だった段階があった。では、新生児の段階に「私がこの世界を生きている」という構図を持ちえていたのかどうか。目を開けていても、外のものを外のものとしてまだ見えていない新生児の段階に、「私がこの世界を生きている」という構図があったのかどうかと考えてみると、よく分かりません。赤ちゃんは、母親の体内からこの世の中に出てきてはいますから、外見上、「私」という何か人格の芽みたいなものを持っていて、「私」がこの世界に生まれ出たんだというふうに感じているんじゃないかと私たちは思いやすいですけれども、実際はどうか、よく分からないですよね。

あるいはもっと遡って、胎内にいるとき、「私」はいま胎児としてお母さんのお腹のなかにいるというふうに思っているかどうかとなると、これはもう相当にあやしい。さらに言うと、いちばん最初、母親の卵と父親の精子が合体した受精卵だったわけですから、受精卵が、「私」はいま卵ですと思っているはずがない。そう考えますと、「私がこの世界を生きている」と思っている、この当たり前の構図も、人生をずっと遡ってみれば、新生児であり、あるいは胎児であり、さらに受精卵だったわけです。いや、その受精卵でさえも、それ以前のいろいろな過程を経て構成されてきたということになりますから、「私がこの世界を生きている」という構図そのものも、遡ればほとんどゼロに等しいくらいのところにまで至って、雲散霧消するわけです。そこから私たちは始まって、今「私がこの世界を生きている」という構図にたどり着いているんですね。

「私がこの世界を生きている」という構図は、いわば形成されてきたものだという、ごく当たり前のことを、まずは確認しておかなくてはなりません。まるまる人間が出来上がってしまってから引き算で障害が起こるわけじゃないんです。ゼロから始まって、「私がこの世界を生きている」という構図が徐々に出来上がっていく。そのなかで人類として予定された構図はあらかじめあったとしても、現実の発達の過程においてそれがうまく整わないことも当然ある。人類の系統発生という自然の大きな支えを背後に持ちつつ、個々の発達のなかで、「私がこの世界を生きている」というごく当たり前の構図を形成していくけれども、場合によってそれがうまくいかないこともある。そういうふうになっているんだと思います。

もう一つ言うと、形成されてきたということは、やがて崩壊していくということでもあります。今は「私がこの世界を生きている」という構図を当たり前だと思って生きていますが、やがて私たちの誰もが時間の流れのなかで崩れていくわけですね。「私がこの世界を生きている」という構図を奪われていく。認知症の問題というのは、そういう意味で言うと、「私」が崩れていく過程であるし、そうして最後は命が絶えて、土に還っていく。

このように見ると、「私がこの世界を生きている」という当たり前の構図も、じつはゼロから始まって形成されていき、やがて崩壊して、また元に戻っていく。そのひとコマを私たちは生きている。こういうふうに確認して人の問題を考えれば、この形成の過程はいったいどういうものなのだろうかという視点で見ることになりますし、さらに形成という視点で見ていくと、形成しづらいということも当然起こるわけですね。人類としておおよそ予定された機能形成の過程があって、不思議なことに私たちの多くは「私がこの世界を生きている」という構図を当たり前のこととして生きているのですが、その構図がうまく整わないこともももちろんありうるということになります。

そういう視点で、私たちが育つということをゼロから発想して、見つめ直すという作業を、私自身は発達論的還元と名づけています。

2　人どうしのやりとりが成り立つことの不思議

人は個人で閉じていない

私は大学で発達心理学を専門に仕事をしてきた人間ですけど、今のように世の中で「発達、発達」とあんまり言われるとイヤだなぁという気持ちが非常に強くあります。私の若い頃から、障害児教育の世界では「発達保障」というかたちで、一歩でも半歩でも前向きに発達することを支えるというような考え方があって、そういう関わりを実践のなかでも求める流れがありました。それまでできなかったことができるようになることで、楽に生きられるようになることはもちろんあって、その意味で発達を保障しようという考え方は当然とも言えるのですが、だけどあまりに「発達、発達」と言われはじめると、まるで人は発達のために生きているかのように見えて、それではおかしい。だから私は開き直って、「人は発達のために生きているんじゃない」と、あちこちで言いふらしてきました。

発達心理学を自分の仕事の場にしながらも、しっかり発達批判をやっておかないと、世の中の流れに巻き込まれて、かえってしんどい思いをしてしまう人がたくさん出てくる。そういう問題にあちこちで出会ってきたという思いもあって、そんな皮肉も言ってきましたけれども、それはたんなる皮肉ではない。発達というと、とかく狭い意味で、個体のなかに人間に予定されているさまざまな機能が整っていく、出来上がってくる過程を考えますが、人はたんに個人で生きているのではない。もともと人がこの世の中に生まれて育っていくというのは、たんに個人が育つのではなく、生まれた周囲の関係とか社会とかを含めて、そのなかで育つわけです。その本来のところから人の「育ち」をあらためて問い直して考えていく、そういう発想で私自身はやってきたつもりです。

ただ、人間って、けっこうややこしい生き物で、簡単には分からない。そこで一本単純な補助線を引いてみて、周辺のいろいろなものをそこに整理してみていく。それをやり過ぎると、そこからはみ出すものを切り捨ててしまうこともあるかもしれないけれど、ともかく一本筋を通して「育ち」の過程を見てみたらどうだろうということを、いろいろ考えてきたわけです。その意味で、人間もまずは身体で生きているわけですから、身体っていったい何なのかというところから考えてきました。

図３-１　ファンツの顔様の図柄（Fantz, 1961）

目を見ることと、目が合うこと

ここにファンツという心理学者が、まだ生まれて間もない赤ちゃんに見せた人間の顔状の図があります。赤ちゃんが、人の顔というものを他のものと区別してとらえているかどうかということで、このような図と、他のまったくランダムに描かれた、たとえば新聞紙を切り抜いただけのような図を並べて、どちらをよく見るか、どちらに視線をよく送るかを調べたところ、生後三、四カ月の赤ちゃんでも、ランダムなものより人間の顔状のものをよく見るというんですね。人間の赤ちゃんは早い段階から、身のまわりにある人の顔状の刺激パターンを好んで見る傾向を持っているというわけです。

ここで注意してほしいのは、ファンツがこの結果を見て、赤ちゃんは早くから人の顔状の「刺激パターン」を他と区別してよく見るというふうに、その対象を単なる「刺激」として、あるいは単なる「客体」として記述している点です。科学として樹立されてきた心理学は、自然科学にならって現象を客観的に記述し説明することを目指してきたために、どうしても対象となる現象を客観の言葉で描こうとして、「赤ちゃんは顔状の刺激パターンをよく見る」というような言い方になってしまうのですが、もっと素朴に言えば、こういう刺激パターンを好むというより、その顔状の図からこっちに注がれてくる視線のようなものを感じる。相手がこちらに向かってきているという、相手の志向性を感じる。あるいは、向こうからこちらに向かってくる一種の主体性のようなものを感じると言ってもいいかもしれません。

こういう言い方をすれば、あまりに主観的な表現に聞こえるかもしれませんが、ここで顔状の絵ではなく、実物の人が目の前にいたら、その人のことを単に刺激対象とするのには抵抗があるはずです。しかし、科学としての心理学は、人間の行動を刺激と反応のかかわりとして記述してきたものですから、目の前の相手の顔さえも、客体としての刺激パターンとして描いてしまいます。それは、日常的にはむしろ奇妙ですし、そうしてしまうことで人間の現象の大事なところを見逃してしまいます。つまり、人間の身体は、自分の側から外へさまざまな志向性を向けると同時に、相手の身体がこちらに向けて発してくる志向性に非常に敏感にできていて、自分が主体ならば相手も主体なのです。私たちが人と出会ったとき、たんに相手の目を客体として見るのではなく、その相手の目が主体としてこちらに迫ってくるのを感じる。つまり、「目を見る」というより、むしろ「目が合う」。これは人にとって、いや動物にとってきわめて本質的な現象です。

志向性と相互志向性

目が合うというのは人と人に限らず、哺乳類どうしのあいだで共通して見られる現象です。私たちはネコと出会っても目が合うわけですね。どうしてネコと目が合うんだろうと考えると不思議ですが、哺乳類どうしはだいたいのものが合うようになっているわけです。ウシやウマなんかは目と目のあいだが相当開いていますから、両目が合うのは難しいはずなんですけど、それでも不思議に合いますよね。でも、哺乳類以外ということになると、ちょっと合いにくくなる。飼っている金魚と目が合うなんて人がときどきいるのですが、ふつうは合わない。よほど思い入れが強いと目が合った気になるんでしょうかね。

こんなふうに哺乳類どうしだと、こちらが相手に向かっているだけではなく、相手が向かっているのをこちらが感じとることができる。そういうところが、生き物にはごく自然に具わっている。どうしてかと言われたら困るんですけど、そうなっている。科学としての心理学では、主体が対象を認識するというように、自分は主体で相手は客体になってしまうのですが、実際のところ、私たちは相手をたんなる客体として見ることができず、その相手にもうひとりの主体を見てしまう。そうできてしまっている。先のファンツの実験でも、赤ちゃんが顔状の刺激パターンを好むのではなくて、赤ちゃんがまわりにある顔状のものにすらまなざしを感じて、そちらを気にしてしまうと考える方がよいのではないか。

人は何かに向かって生きている。それを私は「向かう力」という言葉で表現していますが、その志向性は自分だけでなく相手にもあって、互いがその志向性に敏感にできている。人はそうした身体の志向性を持って生きているのです。

「志向性」という用語は、もともと現象学という哲学の一つの流れのなかで使われてきたものですが、さきほどお話ししましたように、私自身、重度心身障害の子どもに出会ったとき、この言葉の意味を生々しく

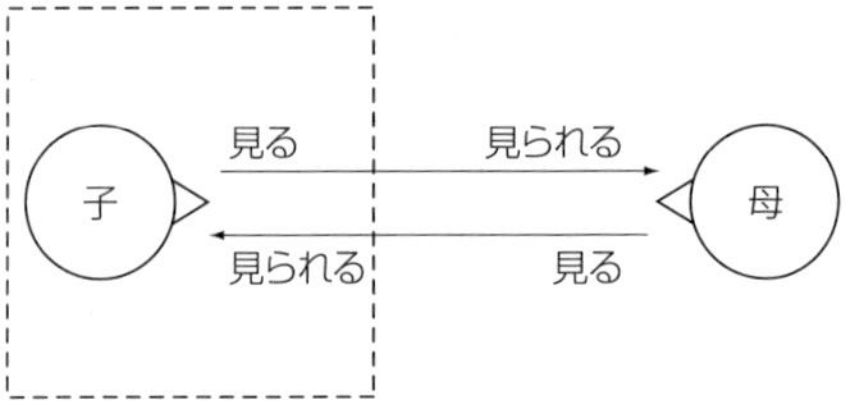

図3-2　相互志向性

具体的に実感できたということがあります。目を開けているのにものを見ていない目、つまりそこに志向性の感じられない目があって、ずいぶんと時間をかけて、ようやくそこに外のものに向かう目が育ってきた。そのことを通して、身体には「向かう力」がある、あるいは育ちの過程でそれが出来上がってくることを実感したわけです。先ほどの子どもは、生まれてから三年近くもかかってようやく志向性を形成したと言えるのですが、たいていの子どもは生後一、二カ月で身体に志向性が満ちてきます。そして、自分のなかに志向性が育っていくと、すぐに今度は、まわりから自分に向けられてくる志向性に気づいて、そこに自分の志向性を返すようになります。つまり、自分から周囲のものに向かっていく。そして、相手もその身体でもって何かに向かっている。その向かう者どうしが出会ったとき、そこに「向き合う」という現象が生じてくる。目の場合であれば、「目が合う」ということになる。それが相互志向性です。

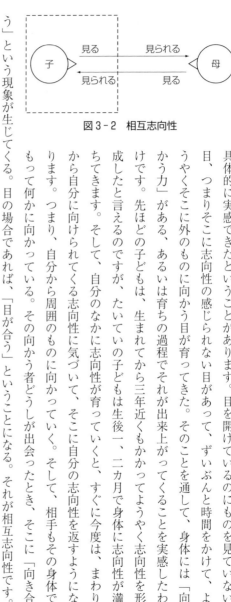

これを図で表すと、図3-2のようになります。目が合うというのは、相手をただ見るだけじゃなくて、相手から見られていると感じることです。ここでは母と子が〈見る—見られる〉という関係を生きていることを描いていますが、子が一方的に母を見ているのではなくて、あるいは母が一方的に赤ちゃんを見ているのではなくて、同時に相手から見られている。それがなければ、目が合うということにはならない。見るだけではなくて見られていると感じるということ、そこではじめて相互志向性が成り立つわけです。

ここで「見られている」ということは非常に興味深い現象です。「見られている」ということは、「相手が自分を見ているということを見ている」ということで、「相手が」というかたちで、相手がいわば「主語」の位置に立っている。つまり、自分が相手を客体として見ているのではなく、相手ももう一人の主体として見ているということです。こんなふうに「相手が自分を見ているということを見ている」ということを、私たちの日常語では「見られている」というわけです。

能動―受動のやりとりが難しい子どもたち

この目が合うという素朴な現象も、私たちにはごく当たり前のこととして自然に実現しているのですが、これもまた、最初からあるわけじゃなくて、形成されてきたものです。つまり、目が合うということも、形成のひとコマとしてある。逆に言うと、形成されないということもありうる。あるいは形成しづらいということもありうる。

私たちは、人と出会えば目が合う。相手が自分に向かってくれば、その向かってくる力を受けとめて、それに対して自分の向かう力を返す。あるいは、受けとめきれずに逃げるということもありますけれども、いずれにせよ、相手から自分に向かってくる力を感じとっている。この相互志向性は、私たちの身体のなかに、いわば根を下ろした営みで、それを当たり前だと思っていますが、身体に根を下ろしているということは、身体は壊れ物ですから、それが壊れてしまうこともある。あるいはうまく整わないということもありえます。つまり、私たちが当たり前だと思っている「目が合う」ということが、人によっては成り立たないということもありうるし、そういう子がいてもおかしくない。それが自然というものです。

自閉症の人たちは、そうしたハンディを持っている人たちではないかと、私は思っています。自閉症と一言で言っても、いろいろな人たちがいますので簡単ではないのですが、その一番根底のところにこの問題がある。そう考えることで、この人たちの行動の特性をよりよく理解できるのではないかと私は考えています。

自閉症という診断名が登場したのは一九四〇年代で、それからもう七〇年にもなるのですが、その間にさまざまな説が登場してきました。しかし、その基本的な症状特性は、この相互志向性の問題にあるように思われます。「育ち」の一つ一つを形成過程のひとコマと考えたとき、最初のころは、運動面の育ちにはとくに問題はないのに、言葉が出づらい子がいる、あるいは関係がうまくとれない、なついてくれない子がいる、ということで、赤ちゃんのころのことを聞くと、目が合いづらかったという。視線に敏感で、目を避けていると言われたりもしていたのですが、避けているというより、どうも目が合わない。合うことが難しい。

目が合うということで、視覚での特徴を挙げていますが、視覚はいちばん目立ちやすいというだけで、視覚以外のいろいろなところに問題はあるわけで、たとえば私たちが人と握手をしたときに、自分が相手の手を握るだけじゃなくて、相手から握られていると感じる。〈握る―握られる〉という相互のやりとりがあってはじめて握手が成り立つわけです。ただ相手の身体を対象として握るだけであれば、握り合うという握手にはならない。私たちは、人と手をつなぐときは、握りつつ握られてもいる。握られるというかたちで握る相手を感じているわけです。だから、目が合うだけじゃなくて、手をつないでたとえば散歩に行くというようなことができれば、それは相互主体的な、相互のやりとりが成り立っているわけです。この点も、自閉症の人たちを育てたお母さん方に聞くと、難しかったという人が少なくありません。

あるいは、だっこがしづらかったという話もよく聞きます。だっこというのは〈抱く―抱かれる〉ということです。一般には、お母さんが赤ちゃんを抱くのであって、逆にお母さんが赤ちゃんに抱かれるとは言いませんが、よく考えてみますと、抱くというのはただ荷物を持つように一方的に抱えているのではなくて、お母さんは赤ちゃんの側から自分に抱きついてくるのを感じているわけです。新生児のときには抱きついてくれませんけど、三、四カ月くらいの赤ちゃんを抱きますと、向こうから抱きついてくれる。赤ちゃんが抱きついてくれることをお母さんは感じている。大きいものが小さいものを抱くというのを抱くと言いますから、赤ちゃんから抱かれているとは言いませんけど、抱きつかれてはいるわけですね。そのことでお互いの相互主体性が成り立っているわけで、〈抱く―抱かれる〉という関係は赤ちゃんの時から成り立っている。

ところが、それが難しい子がいる。だっこしても身体を反らしてしまって、抱きつこうとしない。人間は自然の生き物ですし、身体は生身の壊れ物ですから、身体に備わったそういう機能がうまく整わないこともある。そうすると目が合わない子、手が握り合えない子、抱き合えない子、声や表情のやりとりができない子がいてもおかしくありません。自閉症の子どもたちとの付き合いのなかで、散歩に行くような場面で、なかなか手をつないでいけないという子が少なくないんですよね。お母さんは、車の通りの多いところなんかに行くとき、危ないものだから手首をつかんでいくと言うんですね。手首をつかむというのは、手首は握り返してくれませんので、手をつなぐことにはならない。そういう、私たちが当たり前にやっていることが成り立たないこともありうる。

私たちは、ごく当たり前のこととして、外のものに向かう、あるいは互いの向かう力をやりとりして、目を見つめ合ったり、手をつなぎ合ったり、抱き合ったりして日々を過ごし、そのなかで相互の関係性が育ってくるわけですが、そこがうまくいかないというハンディを持った子どもたちは、その関係性の育ちにおのずと問題を抱えることになります。

相互志向性というのは、この能動―受動のやりとりのことですが、ここでとくに強調したいのは受動性です。教育の世界などでは、子どもの能動性をどうやって育てるか、主体性をどう育てるかというかたちで、能動性、主体性がすごく強調されますけど、じつは受動性というのがそれと同じくらい重要な役割を果たしています。受動性というのは、相手の能動性を受けとめるということなんですね。そのことが私たちの人どうしの関係のもっとも基本にあって、そこに育ちにくさを持っている子どもたちを、大きくは自閉症の問題として理解していいように、私は思っています。

3　人と意味世界を共有できることの不思議

三項関係——経験を共有するということ

目が合う、手を握り合う、抱き合う、声や表情をやりとりする、そうした相互主体的な関係の上に育ってくるのが「三項関係」です。たとえば、目が合うようになりますと、逆に相手の目が自分からそれるというのも分かってきますし、まなざしが別のほうにそれるのを見て、どちらにどうそれて、相手が何を見ているのかに気づく。そして相手が何を見ているかに気づけば、自分もそれを見て、相手と「一緒に見る」ことができることになります。一緒にそのものを見るという、これも当たり前のことなんですが、そういう体験、それを三項関係と名づけたわけです。

相手と自分がまなざしを交わして目が合うという状態から、一緒に同じものを見るというのができるようになる。一緒にものを見るというこのことが、私たちがこの世界を生きているという構図を描くうえで非常に基本的なことじゃないかと、私は思ってきました。図3-3で示した場面で言えば、お母さんと子どもとがお人形さんをあいだに置いて、それを「一緒に見る」。そのことの意味を考えるには、「同時に見る」ということと比べてみればよい。たとえば、母と子のあいだにお人形さんがあって、その母と子のあいだに壁があれば、母も子もともにそのお人形さんを見ていても、それを「一緒に見る」とは言えません。壁の上からのぞいている人から見ると、壁をはさんで母と子がともに同じお人形さんを見ていることが確認できますが、これは一緒に見ているのではなくて、「同時に見ている」ということでしかありません。一方、壁をはずしたときには、お母さんは自分がお人形さんを見ているだけでなく、そのとき子どももまた同じお人形さんを見ていることを確認できる。子どもも自分でお人形さんを見ながら、お母さんもまた見ているなということを確認できるわけで、こういうかたちになったときにはじめて、「一緒に見る」というのが成り立つわけです。

じつは、このように「一緒に見る」ことを通して、お人形さんがお人形さんになっていく。ちょっと奇妙に聞こえるかもしれませんが、生まれてはじめてお人形さんを与えられてそれを見た赤ちゃんにとって、それがお人形さんだということが分かってはいない。私たちは身のまわりにいろいろなものを配置して、その世界を生きています。そして、その身のまわりにあるすべてのものに対して、「これは何だ」という意味づけをして、その意味に応じた振る舞い方をしているわけです。みなさんが座っているのは「椅子」ですし、横

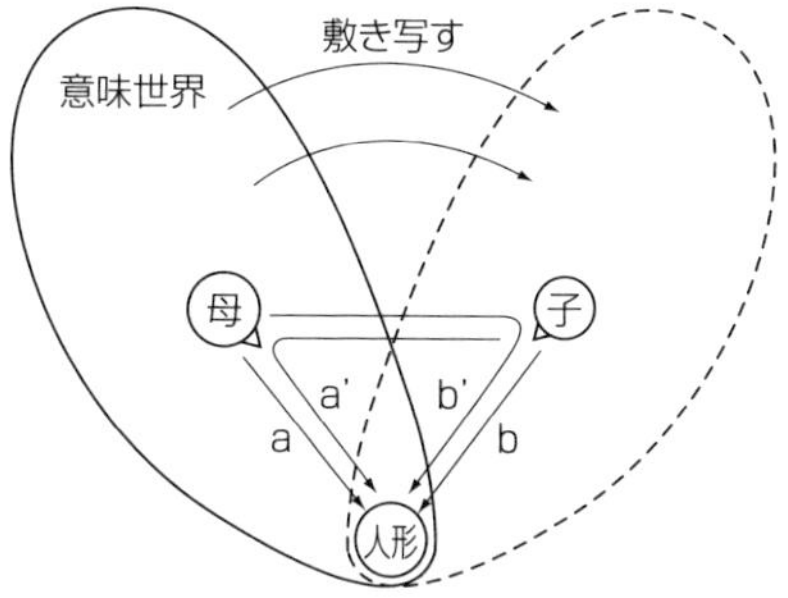

図３-３　三項関係

（出所）　浜田（1999）158頁（一部改変）

前にあるのが「机」、前に「壇」があって、私がそこに立っていて、横に「壁」があり、上に「蛍光灯」があって、下には「床」が……というふうに、身のまわりには無数のものがありますけれども、そのすべてについて、これはこういうものだということを分かって生きているわけです。何なのか分からないものは、逆にまったくない。あらゆるものに対して私たちは意味を与えて、これはこういうものだと分かったうえで、安心して生きているわけです。

それでは、生まれてはじめてこの世の中に出て、これらのものを見た赤ちゃんには、どのように見えているのか。たとえば、目の前の「鉛筆」は、もちろん赤ちゃんにも見えているはずですけれども、それはど

う見えているのか。私たちは鉛筆を見たとき、「鉛筆だ」と思って、その意味が分かって見ている。しかし、これをはじめて見た赤ちゃんが、私たちと同じように見えているのかというと、やはり違う。つまり、それは確かに物体としては見えているけれども、そのものが「何であるか」ということは、生まれてはじめてこれを見た赤ちゃんに分かるはずがないですよね。ガラスの「コップ」を見たときに、その透明のガラスを通して向こうを見れば向こうの風景がゆがんで見えるとか、落とせば割れるとか、陽の光にあたるとキラキラ光るとか、そういう物理的特性は分かりますけれども、コップが水を入れたりジュースを入れたりして飲む入れ物だということは分かっていない。ものとしては見えても、それがこの人間の社会のなかでどういう意味を持っているのか、これが文化のなかでどういう意味を持っているのかということは、これをはじめて見た赤ちゃんには分からないはずです。

私たち大人は、この世の中で長く生きてきて、身のまわりのすべてのものについて、これは何だということが分かったところで生きています。ということは、私たちにとって当たり前だと思っている一つ一つのものの「意味」も、じつは、育ちの過程でそういう意味のものだということを経験的に獲得してきたものであるわけです。コップが「コップ」になり、鉛筆が「鉛筆」になり、机が「机」になり、ドアが「ドア」になっていく……。こうして意味の世界が形成されていくうえで、周囲の人との三項関係が、非常に大きな役割を担っているんですね。

意味世界の形成

生まれてはじめてお人形さんを見た赤ちゃんも、目が見えているかぎり、その「もの」は見えています。見えてはいるけれども、その「人形」としての意味は分かっていなくて、握れば柔らかくて少しへこむとか、壁にごしごしこすりつけると面白い感触があるとか、床にたたきつけるといろいろな音がするとか、そんな感じで物理的な特性は確かめることができますが、お人形さんが「人形」だということは分からない。一方、お母さんにとっては、自身の子ども時代からすでにお人形さんというものを体験してきて、これが何だと分かっている。つまり、お人形さんは人のかたちをしたおもちゃであるということが分かっているわけですから、お人形さんをやさしく見つめてだっこしたり、お乳をふくませるふりをしたり、寝かしつけるふりをしたりして、そのお人形さんの意味にふさわしい振る舞い方をするわけです。赤ちゃんはそれができなくて、最初はただ「もの」として扱うだけですが、そういうところから始まって、お人形さんの意味をよく知っているお母さんと一緒にこれを体験する。そこのところで、お母さんの方は赤ちゃんにお人形さんを見せながら、赤ちゃんにはその意味がまだ分かっていなくて、ただの「もの」として遊ぶだけなんだなと思いながら、その様子を眺める。一方の赤ちゃんは、それをただの「もの」として遊びながら、目の前のお母さんはこの「もの」をこんなふうに扱っているという目で見て、それを一緒に体験する。

この「一緒に体験する」という三項関係を描いたのが先ほどの図3-3です。ここに実線で示しているのは、お母さんが生きている意味世界。お母さんは、自身が長く生きてきた人生を通して、自分の周囲をすべて意味で充満させている。そうして意味のないものは身のまわりにないという世界で生きています。一方、赤ちゃんのほうも、将来はお母さんたちと同じ意味世界を生きるようになるはずですが、生まれてまだ間がない今は、まだ一つ一つのものに意味を見出せていない。そういう趣旨で、赤ちゃんの周囲には点線で楕円を描いて、将来形成していくはずの意味世界を示しています。こういう配置のなかで、お母さんと赤ちゃんが、あいだにお人形さんをおいて、一緒に遊び、これを「一緒に体験する」。そしてそのことを通して、赤ちゃんにとってもお人形さんが、お母さんにとって同じ意味の「お人形さん」になっていく。つまり、お母さんの生きている意味世界から、赤ちゃんが、その意味の一つ一つを自分の側に「敷き写し」ていくのです。このように、まわりの人たちの意味世界が、この三項関係を通して赤ちゃんの側に敷き写されていく過程があって、その過程を通してはじめて、赤ちゃんにとってただの「もの」でしかなかったものが、やがて「人形」になり、「コップ」になり、「鉛筆」になり、「机」になり「椅子」になり……。そういうふうにして子どもは、その育ちのなかで、身のまわりの世界を、まわりの人たちと同じ意味のなかでとらえていくようになる。そういうプロセスが働いているわけです。

三項関係の形成が難しい子ども

ところが、さきほど言いましたように、目が合いづらい、だっこしづらい、あるいは手を握り合いづらいというかたちで、能動―受動のやり取りが難しいという子どもたちがいる。その子どもたちは、おのずと三項関係の形成が難しくなります。自閉的な障害を持っている子どもたちと一緒に遊ぼうとすると、やはり遊びづらい。「一緒に何かをする」のがすごく難しいことを痛感しますが、言い換えれば、この三項関係を結ぶことの難しさを持っている。では、こういう子どもたちはどうなるのでしょうか。

三項関係の形成が難しいということになると、周囲の人たちが生きている意味世界を自分の側に敷き写していくのが難しいということになる。コップが「コップ」になり、鉛筆が「鉛筆」になり、椅子が「椅子」になり、ドアが「ドア」になり、窓が「窓」になるのが当たり前だと、私たちは思っていますが、それがなかなかうまくいかない。私たちはなんとなく、誰もがこの同じ世界で生きていると思っていますが、それは私たちが生まれてこの方、三項関係を通して同じものに同じ意味づけをして、同じ意味世界を生きられるようになった結果なのです。その三項関係の形成が難しい子にとっては、私たちが周囲のすべてのものに張り巡らせて、当たり前だと思っている意味世界が、私たちと同じようには入っていかないことになります。これはもう私たちにとって当たり前すぎることで、この世界を前に、それが違うように見えるはずがないじゃないか、同じコップを目の前にすれば同じように見えているはずだと思いがちですけれども、じつはそれが難しいということがありうるということになります。

　では、その人たちには、世界はどう見えているんだろうか。自閉症の人たちも私たちも同じこの地球に生まれ、同じこの場所に生きている以上は、同じように見えているはずだと考えてしまいがちですが、じつは彼らには、私たちとは違うように見えている可能性がある。たとえば、砂場に座り込んで砂をすくってはそれをサラサラと落とすという遊びを、ほうっておいたら何時間でもずーっとやっている。よく、これだけ飽きずに続けられるなと思うくらいやっている子どもがいますが、その子にとって砂がどう見えているかというと、やはり私たちとは違うと考えざるをえないわけです。私たちの側の世界を大前提において、そこを軸にして見てしまえば、どうにも理解できない変な行動で、異常にしか見えないということになってしまいますが、当の自閉症の子どもの側から見れば、やはりそれなりの意味のある行動だということになるはずです。でなければ、あれだけ執拗に同じ行動をやり続けること自体が考えられません。

　きのうの高岡さんの話（第２章）でも、おそらくその人たちの世界からこちらを見たらどうだという話だったのではないかと思いますが、こちらの側にいる私たちは、自分たちの当たり前にとらわれていて、想像力が十分ではないものですから、彼らの世界を私たちの言葉で描くというのは難しいことです。私たちは、ふだん、身のまわりのすべてのものをお互いに同じ意味でとらえているものだと思い込んでいて、この同じ人間の文化のなかで生きているかぎり、鉛筆は「鉛筆」に見えるはずだし、コップは「コップ」に見えるはずだというところで生きている。そうして私たちは、あらゆるものにその文化共通の意味を与えて生きてい

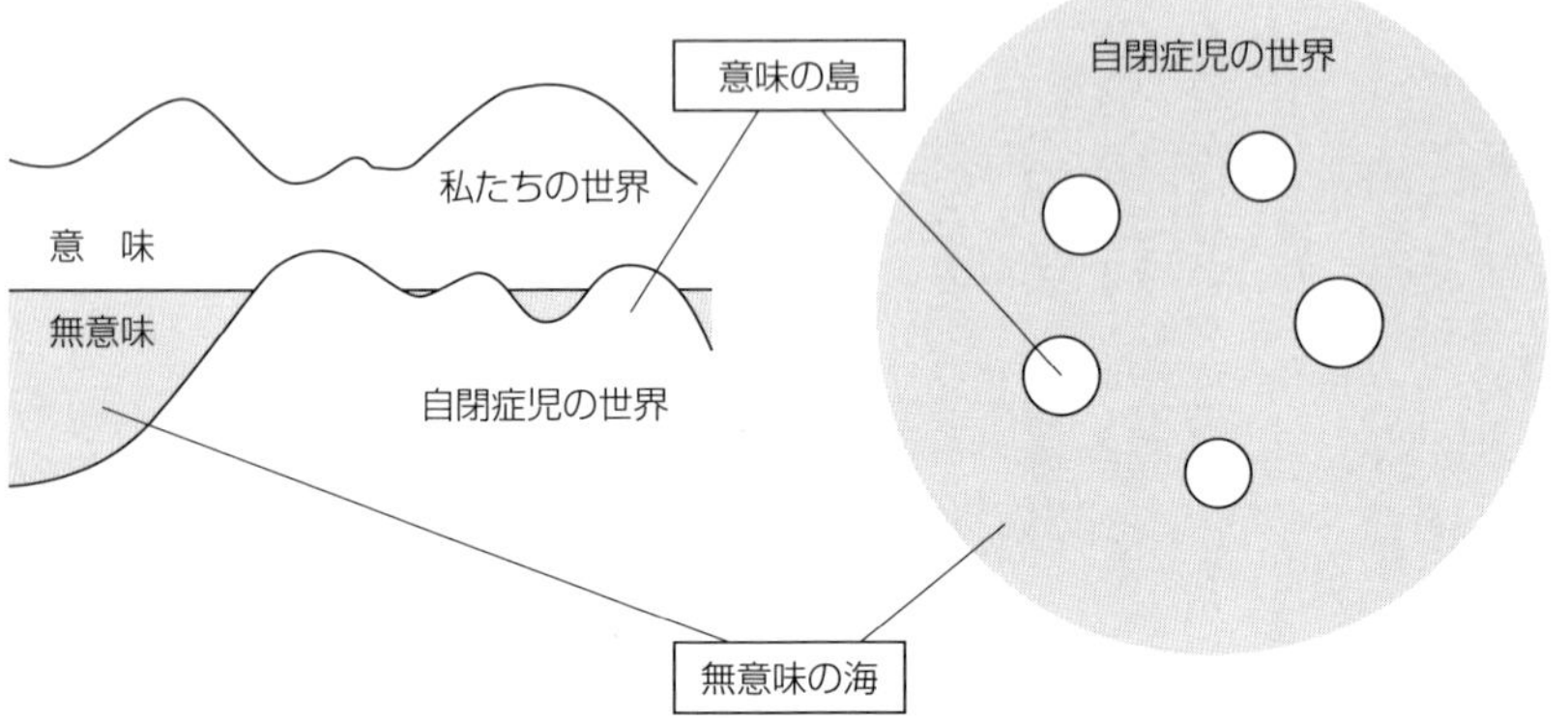

図3-4　意味世界のひろがり

るわけですが、自閉的なハンディを持っている彼らは、周囲にその同じ意味世界を張り巡らせていくことができないのです。

意味世界と無意味の海

そう考えたとき、では、彼らはどのような世界を生きていることになるのか。そのことを比喩的に図で描くと図3-4のようになるでしょうか。図の左側に、山並みのようなものを描いていますが、その水面の上に「意味」、下に「無意味」と書いています。そこを海だと考えるとすると、私たちは周囲の世界をすべて陸の上に立ちあげて、そこで生きている。つまり、自分たちが張り巡らせた意味世界のうえで、言わば陸地で地面に足をつけ、一つ一つのものに意味をつけて安心して生きているわけです。そして、私たちのもとに生まれてくる子どもたちは、最初はまだ意味を十分にとらえることができなくて無意味の状態にあっても、周囲の大人たちとの三項関係を通してその意味世界を自分たちの側に敷き写して、やがて私たちと同じ意味の陸地、意味の山並みを作り上げていく。そうしてたいていの子どもたちは、私たちと共通の意味世界に入っていく。現に、二、三歳にもなれば、周囲のほとんどのものが私たちと共通の意味づけのもとにとらえられるようになっていきます。だけど、三項関係を結ぶことが難しい子どもたちがいて、彼らはそれゆえに共通の意味世界を立ち上げていくことが難しく、一部は他者と同じ意味を敷き写せても、周囲の多くのものが「無意味の海」に沈んだままの状態にとどまるか、あるいは周囲には理解しがたい独自の意味を与えてしまうことになる。陸地と海の比喩で言えば、たいていの子どもは生まれてしばらくすれば、ほとんどのものを無意味の海から陸地へと立ち上げて、そこで安心して生きていくのだけれど、そうして陸地にまで立ち上げていけなければ、無意味のままにとどまるものが残ったり、他の人には通じない独自の意味に閉じてしまったりして、周囲との関係を安定したかたちで築けないことになります。

比喩的に描いた左図のこの陸地と海を上から眺めて平面図にすれば、私たちの場合は一面に陸地が広がっていて、どこへでも安心して足を運べるのに対して、意味を立ち上げることが難しい自閉症の子どもたちの場合は、右側の図のように、無意味の海が広がるなかに「意味の島」がポツポツと浮いている、そういうすがたとしてイメージできるんじゃないかと思います。この意味の島のなかには、まわりの人たちと三項関係的に共有できている島もあるけれども、まわりの人たちが共有しづらい意味の島もある。

たとえば、自閉症の子どもたちでも食事はとらなければ生きていけませんから、いかに三項関係の形成が難しいと言っても、食べ物については周囲の人との三項関係のなかで、食べ物だという意味づけを共有するようになるはずです。食べ物が「食べ物」であるという意味は、自閉症の子どもたちも身につけざるをえないわけです。ただ、自閉症の子どもたちの場合、偏食が非常に強いことが少なくありません。この子どもたちには味覚異常があるのではないかという議論もありますが、じつは、「食べるものだ」とか、「おいしいものだ」とかいうことも、人との三項的な共有関係のうえで意味づけられるという側面が強いものです。ですから、文化によっては、私たちからすればこんなものは食べられないというようなものを食べていることがありますよね。逆に、私たちが食べているものを見て、えぇ！こんなものがよく食べられるものだと思っている人たちもいるわけです。そんななかにあって、自閉症の子どもたちのなかには、偏食が強くて白いご飯しか食べないとかいう子どもがいたりします。その背景には、たんなる味覚異常ということではなくて、そもそも周囲の人と食事を共有するということの難しさがあるんじゃないかと思います。味覚というものは、たんに生理的なものではなくて、相当に共同的なもので、だからこそ自閉症の子どもたちには偏食が多いのではないかと、私は思っています。それでも、彼らも生きている以上、食べ物を食べないわけにはいきませんから、そこに「食べ物」として共有できる意味はあって、そういうものが意味の島の一つをなしていると考えることができます。

自閉症の人たちの常同行動やこだわり

その一方で、自閉症の人たちには、周囲の人たちとまったく共有できないものがある。たとえば、砂遊びを何時間も繰り返して飽きない子どもたちもそうですけれども、分厚い電話帳を持ってきてペラペラめくるだけの行動をずっとやっている子どもとか、くるくる回る円盤状のものが大好きで、とにかくくるくる回るものを目ざとく見つけてきては、それをしつこく繰り返す子どももいます。彼らが味わっているその意味は、私たちが共有しようと思っても共有しきれない。そういうものもやっぱりあるわけで、「意味の島」というときの意味は、社会的文化的に共有できている意味と、社会的文化的に共有できないけれども、そのものの物理的特性を独自の喜び方で味わっているような意味とがあって、三項関係的に周囲の人の意味世界を敷き写していくのが難しい子どもたちは、周囲の人と共有する文化的意味を獲得できないために、その部分に無意味の海が大きく広がっている。つまり、それが何であるかが見定められないもの、つまり意味のないものが目の前に広がっている。私たちにとっては、身のまわりで意味のないものを探しなさいと言われても、なかなか見つけられません。ゴミが落ちていても、ゴミには「ゴミ」という意味があるわけです。意味というのは、そのものに対する振る舞い方と言ってもいいもので、「ゴミ」ならばゴミ箱に捨てましょうとか、あるいは「ゴミ」と分かっているけど面倒なので無視するとか、その振る舞い方が決まっていますよね。そう考えれば、私たちにとっては、意味のないものというものはほとんど考えられない。意味のないものなどないというところで私たちは生きているわけです。だけど、その意味の世界も、周囲の人から三項関係的に敷き写され、つくり上げられていくものだとすると、それがうまくつくり上げられない子どもたちもいて当然だということになります。そうなると、意味の島がポツポツと浮いている一方で、そのまわりには無意味の海が大きく広がっていることになります。

「無意味のもの」というのは、私たちにとってはめったに出会えないもので、ほとんど想像できませんが、あえて日常的な比喩で言うと「真っ暗闇」の状態、何かがあるんだけども、それが見えなくて、手探りでしか動けない。手探りで探ったものが何か分からない。それは非常に怖い、不気味だということになりますよね。自閉症の人たちは、私たちが当たり前だと思っている意味の世界を、同じ意味のものとしてとらえることができず、暗闇で手探りしながら生きている。そこにポツンと光が見えて、その意味が分かるというところがあると、そこにしがみついて離れない、そこにこだわってしまうというのは当然です。無意味の海のなかにいて、不気味なものがあふれているなかで、意味のあるものがポツポツと浮いているような世界にいると、そこにこだわるのは当然と思えてくるわけです。

これはあくまで比喩です。ですから、文字どおりに取ってしまうと誤解を招くかもしれませんが、私たちには理解しがたい彼らの振る舞いを目の前で見たとき、奇妙だとか異常だとか言う前に、比喩的にこういう状況をイメージすれば、ある程度、それを理解することができるんじゃないかと思うんです。どうしてこんなつまらないものにしつこくこだわるんだと思ってしまうところで、こう考えれば少し分かるような気がする。私たちには分からなくても、彼らには彼ら独自の意味がある。そこを離れてしまうと無意味の海が広がっているとすれば、彼らがそこにこだわってしがみついてしまうのも当然です。

そういうこだわりが非常に目立つ子どもに対して、こだわりをできるだけ取り去ろうということで、たとえば、朝から晩まで電話帳をペラペラめくっているような子どもに対して、そんなものは身のまわりに置かないほうがいい、これがあるからこんなことばっかりしているんだということで、電話帳を目に触れないところにかくしてしまう。そうすると、その子はパニックに陥ってしまう。というのも、それはいわば意味の島にしがみついているところから、無意味の海に放り込まれることに等しいことだからです。そうしてみると、彼らのパニックにも理由がある。そういう目で見ることができるように思うんですね。

私たちの定型発達は、裏返して言えば、定型からはみ出せない「定型障害」だと、高岡さんは言われますが、その定型障害者の目で見ると、彼らのパニックはわけの分からない、ただの異常でしかない。でも、彼らの側にはちゃんと理由があるわけです。

4 言葉が生まれ、対話が成り立つことの不思議

言葉ができあがってくる過程

言葉ができあがってくる過程も、三項関係によるこの意味世界の形成の延長上にあります。図3-5は、言葉がどうやってできあがってくるかを描いたものですが、言葉というのは、たんに声が身のまわりの何ら

かの体験と一対一でつながるだけのものではありません。「犬」を見て「ワンワン」と言うという例を挙げれば、「ワンワン」という声でもって「犬」を名指すということになりますが、ただこの二つを対連合として結びつければいいということではありません。私たちが英単語を覚えるとき、「ドッグ」は「犬」だ、「キャット」は「猫」だというふうに、音声と意味とをつなげて覚えたらいいんだろうと思いがちですけれども、実際はけっしてそうではない。「ワンワン」が「犬」だという言葉が成り立つ過程を、もし私たちが英単語を覚えるみたいなものだと考えてしまえば、たとえば赤ちゃんをひとりで小部屋に置いておいて、犬を一匹放しておいて、テープレコーダーで「ワンワン」「ワンワン」と流せば、「ワンワン」が「犬」になるということになります。そんなバカな実験をやった人はいませんし、実際にそうやって、ひょっとしてそのつながりが身についてしまうようなことがおきるかもしれませんが、ただはっきりしているのは、赤ちゃんが言葉を形成していく過程というのは、けっしてそういうものではないことです。

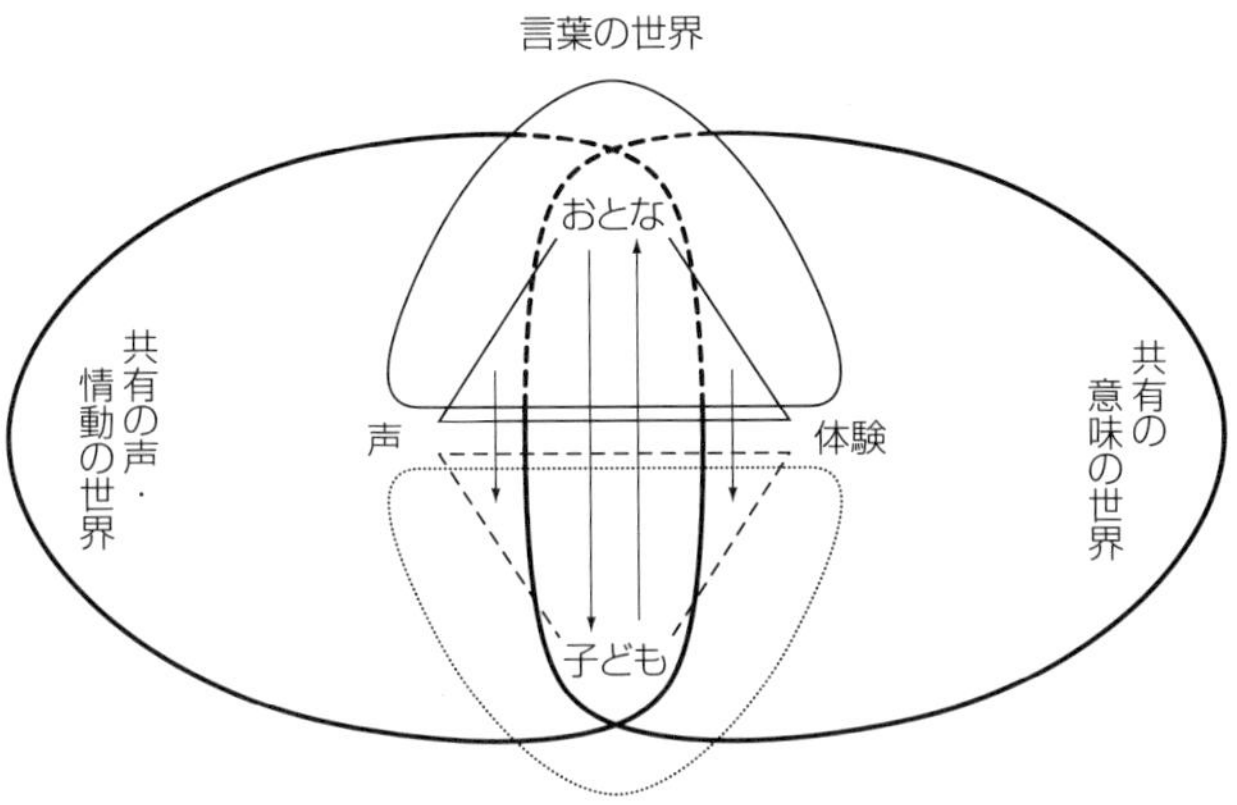

図3‐5　言葉の世界

（出所）浜田（1999）195頁

　言葉というものを、できあがった結果から見れば、たしかに音声と体験とが結びついたものですが、それができあがっていく過程は、そのような一対一の対連合などではなくて、そこには必ず、すでに言葉をしゃべっている大人との出会いがあり、そこでのやりとりがある。それは必須のことです。子どもは言に入っていて、何をするにもその言葉で語ってしまう。そういう人との出会いのなかで、はじめて言葉が成立するわけです。そのことを描いたのが図3-5です。これはハインツ・ウェルナーらが四項関係と名づけたものです。

ちょっと複雑な図になっていますが、ここでは子どもと、すでに言葉の世界にどっぷりつかっている大人が出会っている。上部におにぎり状のかたちを実線で描いて、「言葉の世界」と記しているのは、大人はすでにどっぷり言葉の世界のなかにいるということを表しています。一方で、子どもの側については、将来は言葉の世界に入っていくだろうけれども、まだその言葉の世界以前にあるということで、逆さまのおにぎり状のかたちを点線で描いています。この両者が出会うわけです。出会ったところで、子どもはまだ言葉の世界に入っていませんので、言葉でやり取りはできません。しかし、大人のほうは、相手がまだ言葉が分かっていない赤ちゃんだと分かっていても、自然と言葉で働きかけるわけですね。私たちは言葉の世界にどっぷりはまっていますから、赤ちゃんがまだ言葉を理解していないと分かっていても、それでも言葉でもって話しかけてしまう。そういう二人が出会うなかで、たがいに「声」のやりとりをし、「体験」のやりとりをする。これは、いずれも三項関係です。声のやりとりという三項関係と、体験のやりとりという三項関係、その両方の三項関係が重なり合ったところに四項関係が成り立つ。そこで赤ちゃんは言葉以前の声を発し、大人はどっぷりつかった言葉の世界の声を発し、その二人がたがいに一つの体験を共有し、やりとりをする。そういうやりとりを重ねるなかで、まだ言葉になっていない子どもの声が、大人の声にこびりついている体験の意味と結びつくことで、そこに言葉が成り立っていくようになる。言ってみれば、この四項関係を通して、大人がどっぷりとはまり込んでいる言葉の世界が、子どもの側に敷き写されていく。先ほど点線で描いていたものが、実際の言葉として実線に塗り替えられていく。こういうふうに言葉は成り立っていくのではないかと思うわけです。

言葉のやりとりと「私」が成り立っていく土俵

こうして言葉が成り立ったあと、その言葉をどんどんと増やし、それを文としてつなぐことも覚えて、人どうしが豊富な言葉を自在に用いて対話的なやりとりを重ねていく。そこに、いわゆる「私」が成立していく土俵があるのではないかと、私は考えています。言葉のやりとりをするというのは、これも私たちにとっては当たり前になってしまっているために不思議に思わないのですが、じつはなかなか複雑なものなのです。

図３-６に描いている対話的関係で言えば、手前に「自分」がいて、向こうに「相手」がいて、そこで言葉を使って話をする。このときに自分の側から相手に向かって言葉を発する、つまり「話す」。これが図中のａに当たります。このとき相手は聞く。これがｂです。また相手が話をするのをｃとすると、私のほうが聞くのがｄです。外見上で言えば、私が話をし（ａ）、相手がこれを聞いて（ｂ）、相手が話をして（ｃ）、私がこれを聞く（ｄ）。こういうサイクルを外側の弧状の二つの矢印で示しています。そんなふうに、こちらから向こうへ、向こうからこちらへという二つの矢印で会話が成り立っている。そういうふうに考えるのが一般的かと思いますけど、じつはそれだけではなくて、自分が話をしているときには、同時に自分がその自分の声を聞いてもいるわけです。自分が相手に向けてしゃべるとき、そ

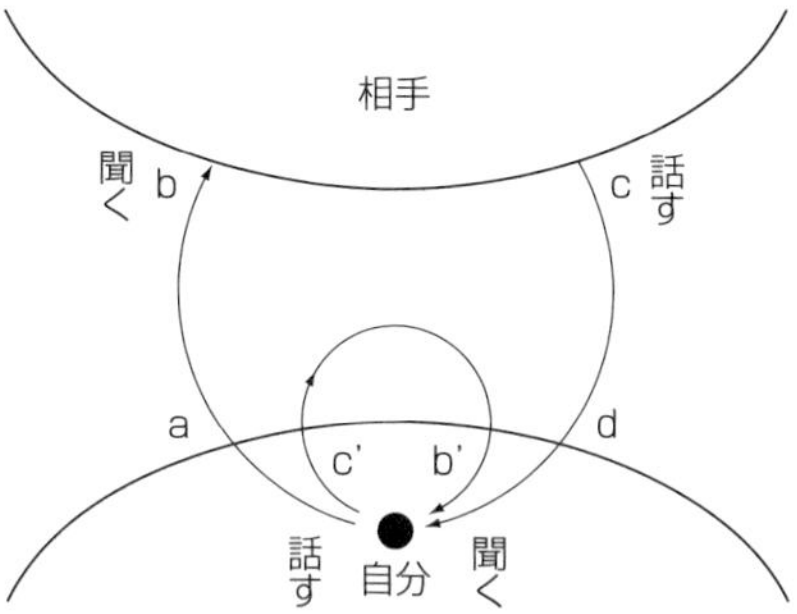

図３-６　対話的関係
（出所）浜田（1999）218頁

れは相手が聞いてくれる前提でしゃべっていますが、同時にその自分は自分の声を聞いてもいる。

自分が自分の声を聞くというのは、結果として聞こえるだけだと思いやすいのですが、それは結果として聞くだけじゃなくて、自分がしゃべっている声を自分が聞くというのは非常に大事なんですね。それだけ言っても分かりづらいかもしれませんが、たとえば耳栓をしてしゃべっていただくと、たちどころに分かります。もし私がここでいま耳栓をしてしゃべったとしても、皆さんの側はまったく差し支えないはずですよね。みなさんに声が届きさえすればいいのですから、私にそれが聞こえなくてもいいはずなんですけれども、耳栓をしてしゃべりますとたちどころにしゃべれなくなる。えっと思われるかもしれませんが、実際にやっていただいたらすぐ分かります。

私はこうしてしゃべるのが商売ですから、しょっちゅう人前でしゃべっているわけですけれども、以前、外耳炎になって、熱はないんですけれども両耳とも完全にふさがって、耳栓をしているような状態になったことがあるんです。耳がふさがっているだけで熱もないし、体調は悪くなかったものですから、しゃべるだけなら大丈夫だろうと思って、いつもの調子で講義に臨んだのです。ところが、しゃべりはじめてみると、しどろもどろになってしまって、全然しゃべれなかった。どうしてなのだろうかとあらためて考えてみたんですが、じつは、人に向けてしゃべるときには、その自分がしゃべった言葉を自分が聞くということが必須なんですね。耳栓をしてしゃべりますと、じつは自分の声は聞こえないどころか、かえって大きく聞こえる。私たちはふだん意識していませんが、自分の身体の内側の音も聞いている。口のなかの音も聞いているわけです。たとえば、耳栓をして食事をすればよく分かりますけど、どれだけ口のなかで音がしているか。キャベツなんか食べると、バリバリボリボリ、たいへんな音がしている。せんべいなんか食べようものなら、たまらないくらいの音がする。もちろん、耳栓を外して食べても同じ音はしているはずなんですが、耳栓をした途端にすごい音がしていることに気づきます。同じことで、耳栓をしてしゃべりますと自分の声は大きく聞こえます。それだったら自分にも聞こえているわけですから、よけいに差し支えないように思えます。皆さんは聞いているだけで、こちらがちゃんとした音量でしゃべるかぎり問題はありませんし、自分の方でも自分の声は大きく聞こえていて、自分が何をしゃべっているかのフィードバックもちゃんとできる。そうだとすれば、別に耳栓をしてしゃべっても大丈夫ということになりそうですが、ところが耳栓をしてしゃべると、たちどころにしゃべれなくなってしまう。どうしてか。

ごく直感的な言い方をすれば、耳栓をしてしゃべると、自分の声が相手に届かない感じがするんです。分かりますか。自分の内側に声がこもってしまって、相手に届かない。ふだん相手に声を届けようと思ってしゃべっている意識はほとんどないのですが、じつは、無意識のなかでごく自然に相手に声を届かせようとしている。いま私はマイクを持って、この広い部屋の一番うしろの人まで聞こえるようにしゃべっています。もし目の前の人にしゃべるのであれば、もちろんこんなしゃべり方はしないわけですね。目の前の人にこんな大きな声でしゃべれば、変に聞こえます。相手が近くにいたら、それに合わせて小さい声でしゃべる。

たとえば、電話でしゃべるときにこんな経験をしたことはありませんか。電話で受話器から聞こえてくる相手の声が小さいと、こちらの声が大きくなります。相手の声が小さいと遠く感じるんですね。だから、こちらは大きくしないといけないという気になります。ところが、こちらが声を大きくしますと、向こうの人は声が大きく聞こえますから、近くに感じてしまって、声をますます小さくしてしまう。そういう矛盾が起こるわけです。声というのは、こちらが出すというだけではなくて、向こうにいる相手に届かせようとするものです。そういう無意識の配慮があってはじめて対話は成り立つ。言い換えれば、話し手は話をするとき、じつは聞き手の視点に立っている。相手がどう聞いているかということをつねに意識しながら、私たちはしゃべっているんです。

自閉症の人たちの「場面にはりついた言葉」

これだけの話だと、何を言いたいのかまだよく分からないと思うのですが、このことの意味に気づいたきっかけが、じつは自閉症の人たちの言葉でした。自閉症の人たちのなかには言葉の獲得そのものが難しい人もいるのですが、一方で、言葉そのものはけっこうしゃべれる人も少なくありません。ところが、言葉はあってもそれがうまく通じない。聞いた人が、どうも変だと思ってしまう。

レオ・カナーが最初に「早期幼児期自閉症」という診断名をつけて症例報告をしたときも、彼らの言葉の使い方が特異であることに注目して、その部分を強調しています。同様の例は、この診断名がわが国に持ち込まれてからもいろいろ報告されています。たとえば、わが国でも自閉症が知られるようになった初期のころに、実践家として活躍された有名な方の一人に玉井収介さんという方がいらっしゃいますが、その方の『自閉症』（講談社現代新書、一九八三年）のなかに、自閉症の子どものことがいろいろ記述されています。

そこで紹介されているある男の子は、寒い冬の日、学校の運動場で長いあいだ遊んでいて、身体が冷え切っているところに、職員室から先生がその男の子のところへやってきて、手を握って声を掛けます。その先生は暖房のある暖かい職員室からやってきたのですが、男の子は長いあいだ外で遊んでいたものですから、身体が冷え切っているわけで、先生は男の子の手を握って「冷たいね」と言ったというんですね。その場はそれで終わったんですが、その男の子がしばらくして教室に戻って、そこにあったストーブに手をかざしながら「冷たい、冷たい」と言っていたというんです。暖かいストーブですから冷たいはずがないんですけど、「冷たい、冷たい」というんですから、それはおかしいことです。

では、彼はどうしてそんなことを言ったのか。彼の立場に立って理屈で考えれば、なるほどそうだったんだということに気づきます。暖かい職員室から先生がやってきて、彼の手を握って「冷たいね」と言ったとき、その男の子にとっては先生の手が温かかったんですね。手が温かくなったときに、先生が「冷たいね」と言ったものですから、ストーブに手をかざしてその温かい感覚を、先と同じように「冷たい、冷たい」と言ったのです。つまり、さっきは温かくなったとき「冷たい」という言葉を聞いたものですから、ここでも「冷たい」と言ったわけです。これは、私たちの言葉遣いからすると、もちろんおかしいのですが、この男の子の視点からすれば理解できる。

私たちなら、自分がもし子どもの立場で、長いあいだ運動場で遊んでいて、先生がやってきて手を握って「冷たいね」と言ったとすれば、それはただちに先生にとって「冷たい」のだと理解するわけです。自分の手は温かくなっているんだけど、相手の「冷たいね」という言葉を聞いて、相手の視点に立って理解できる。言い換えれば、相手が話すのを聞くとき、じつは話し手である相手の視点に立っているのです。私たちが話を聞くとき、じつは話し手の視点に立っている。

逆に、私が相手に向けて話をするとき、そこでは聞き手である相手の視点に立っているということも言えます。たとえば、先ほどの例で、今度は先生の立場に立って、外で長いあいだ遊んでいて身体が冷たくなった男の子のところに行って、その手を握ったとき、自分はその男の子の手が冷たく感じるのですが、その子に向けて「温かいでしょ」と簡単に言えるわけです。自分は冷たく感じているんだけれど、相手のその子には「温かいでしょ」と言える。私たちはこういうことを、理屈なしにごく簡単にやってのけている。つまり、話し手として話をするとき、人は聞き手の視点に立っているわけです。

聞き手として相手の話を聞くときは話し手の視点に立ち、話し手として相手に話をするときは聞き手の視点に立つ。私たちは、こういうことをごく自然に、当たり前のようにやってのけているのです。ところが、自閉症の人たちにはこれが難しい。

「温かい」とか「冷たい」とかは、たがいに手を握り合ったとき、表現がちょうど逆になるのですが、たとえば、「今日は寒いね」だったらまったく問題はない。「寒い」という意味では、その男の子も寒いし、先生も寒い。そこに食い違いは起こらない。そういうふうに食い違いが起こらない言葉も、もちろんたくさんあります。ミカンは誰がどう見ても「ミカン」ですし、リンゴは誰が見ても「リンゴ」です。でも、たとえば自分が相手に向けて「そこのものをとってください」と言うと、話し手の自分にとっての「そこ」が、聞き手である相手にとっては「ここ」なんですね。そういう言葉もたくさんあって、その理解が難しい人もいるのです。

場面にはりついていて、それでもそれなりに通じる言葉

「目が合う」、「手を握り合う」といったところで始まった問題を、ずっと引きずっている人がいて、そこでは言葉を獲得しても、その言葉がうまく使えない。その典型が人称代名詞です。人称代名詞である「私」、「あなた」という言葉は、これを誰が言うかによって指すものが違うわけです。私が「私」と言えば私ですけど、あなたが「私」と言えばあなたなんですね。私が「あなた」と言えばあなたですし、あなたが「あなた」と言うと私になるわけです。こんなふうに言うと、ややこしくなって訳が分からなくなる。こういう言葉を私たちは当たり前のように使い分けている。ところが、これが自閉症の人たちにはすごく難しくて、「私」と言うべきところを「あなた」と言い、「あなた」というべきところを「私」と言ってしまう。日本語はあまり人称代名詞を使わないので目立ちませんけど、英語なんかだと、つねに人称代名詞を使うもので

すから、すごく目立ちます。それで、レオ・カナーも自閉症の人たちの言葉の特徴として、人称代名詞の反転ということを挙げています。

日本語の場合は人称代名詞の問題はあまり目立たないのですが、同じところに起源があると思われる言葉の問題はやはり見られます。いちばん分かりやすいのが、相手に意向を尋ねる言葉です。たとえば、子どもに向けて「ミルクほしい?」と意向を聞く。それで子どもがミルクをもらうという体験をしていると、子どもの側で「ミルクほしい?」と言ってミルクを要求するというようなことが起こってくる。「ミルクほしい?」と言って相手の意向を聞こうとする言葉が、その話し手の意図を抜きに、その言葉が出ればミルクをもらえるというところに結びついて、ミルクがほしいときにその言葉をそのまま疑問の抑揚のままに言ってしまう。このような言葉の使い方はオウム返しとも呼ばれていますが、それはこの言葉があればミルクがもらえるというかたちで、ミルクをもらえる場面にこの言葉がはりついているわけで、やりとりの言葉になっていません。

私が大学に勤めているとき、ゼミに自閉症の男性がずっと来ていまして、その人は言葉をよくしゃべれるんですが、その言葉の使い方がまさに自閉症の人たちに見られる典型的なものでした。他の学生さんは、必須のゼミでもけっこうさぼるのですが、彼は無遅刻・無欠席です。それでゼミが始まるとコーヒーを淹れるのが彼の仕事で、コーヒーを淹れると飲まないといけない。当たり前と言えば当たり前ですが。彼はコーヒーを淹れて全員に配って、それで自分の分はすぐにほとんど一気に飲んでしまいます。だけど、他の人たちはいろいろしゃべりながらゆっくり飲みます。ところが、彼は他の人が飲まずに残しているのが気に食わない。淹れたら飲まないといけないということで、彼は気になる。それでまだ飲んでいない学生に対して、「○○君、コーヒー飲みたい」と言う。最初、それを聞いた人は、彼が彼自身のコーヒーを飲んで、もうなくなってしまったので、まだ飲んでいない自分のもほしいと要求しているのだと誤解して、「じゃあ、どうぞ」と言ってしまうんだけど、違うんですね。「〇〇君、コーヒー飲みたい」と言うのは、「〇〇くん、コーヒー飲みなさい」という意味なんです。

また、ゼミが面白くないものだから、退屈すると、彼は「タカシ、おしっこしなさい」と言って出ていきます。タカシというのは彼の名前です。これは自閉症の人の話し方の、もっとも分かりやすい例の一つですが、これも相手と自分のやりとりにならない、その場面にはりついた言葉です。また、彼は家にいるときは、夕方の四時ごろに散歩に出かけるのですが、そのとき見送ってくれるお母さんに、「気をつけて行ってらっしゃい」と言うわけです。「タカシ、おしっこしなさい」も「気をつけて行ってらっしゃい」も、お母さんが彼に言ってきた言葉ですが、それをその場面で自分の方から言う。言葉は身につけたけれども、その言葉の使い方が一般の人とは違っていて、やりとりの言葉にならず、場面にはりついている。それを聞く私たちも、最初は違和感がありますけれど、繰り返し聞いていると、別にそれで差支えはないわけですね。

定型発達の人からすると、言葉の使い方のゆがみということになりますし、だからなんとか直しましょうとか、ちゃんと教えないと困りますなんていう人もいるんですが、でも彼らの言葉はそういうものだと分かってしまえば、それで通じるわけで、全然差支えはない。こちらの側で、私たちが当たり前だと思っているのとはちょっとずれたかたちで言葉の世界が成り立っているんだなと思いさえすれば、それで十分に意思疎通はできるし、理解し合うこともできるのです。

ただ、このように彼らのことがある程度は理解できたうえで、それでも、大変な部分はもちろん残ります。私たちはやはり、自分たちの世界を当たり前だと思って生きていますから、彼らの世界が見え切らない。そのためにいろんなトラブルが起こります。その部分は、私たちの理解が届き切らないところとして、考え直さざるを得ません。

5 「私」というものが成り立つことの不思議

対話の回路と「私」の成り立ち

最後に、私たちが言葉の世界に入り込んで以降の問題にふれておきたいと思います。定型発達で生きて順調に言葉の世界に入った人でも、通じ合うようでいてどこかで通じなさをかかえ続けることがあります。私自身、刑事裁判の世界でそういうことを何度も味わっているのですが、ここで問題にしたいのは、そうした特殊な世界のことではありません。

先ほど言いましたように、言葉のやりとりにおいては、話をするときには聞き手の視点に立っている、話を聞くときには話し手の視点に立っているということで、対話をするものどうしが相互に相手の視点をとるようにおのずとできている。相手の視点に立ってみましょうというようなことを、わざわざ道徳的な規範として言わなくても、じつは誰もが基本的なところでそうしている。でなければ、対話そのものが成り立たない。そして、「私」というものが成り立っていくのも、じつは、こうして言葉の世界に入り、相手と言葉をやりとりして対話を重ねることによってではないか。周囲の人々と対話的関係を重ね、それを身の内に蓄積した結果として、「私」というのができあがっていく、そう思っているわけです。

人は言葉の世界に入れば、誰かとのあいだで、先の図3-6で書いたような対話的関係をしょっちゅう生きることになる。話をするときは聞き手の視点に立ち、話を聞くときは話し手の視点に立つことで、対話の外側の回路に加えて、内側でもう一つの回路をまわしている。外に声を出してやりとりしている部分に重ねるようにして、内側でもう一つの対話の回路をまわしていて、これが「私」というものを作り上げていく根になるのではないかと私は思っています。先の図3-6に示したように、外側の回路と並行して内側の回路がまわり、外側でまわる言葉が豊かになればなるほど、内側でまわる言葉も豊かになる。そしてさらには、目の前に対話の相手がいなくて、外に向けて声を発することがなくても、自分の内側だけで言葉の回路がまわるようになる。考えてみますと、私たちは自分一人になっても、自分の内側で言葉の回路がまわるということはしょっちゅうあるわけです。たとえば、相手からわぁーっと怒られたりすれば、その相手の言葉がしばらく頭のなかでぐるぐるまわる。あるいは、思わず相手に向かって何かを言ってしまって、しまったと思ったとき、あぁ言ってしまったと思って、それがまた頭のなかでぐるぐるまわる。相手が目の前にいなくても、私たちは内側の回路をまわすようにできてしまっている。たった一人になっても内側の回路はまわりつづけている、それが「私」というものの存在ではないかと私は思っています。

たとえば、統合失調症の人たちは、相手がいないにもかかわらず声を聞いたり（幻聴）、誰も聞き手がいないにもかかわらず一人でしゃべったりします（病的独言）。この人たちは外と内の境界が崩れていて、だから病的に見えるのですが、その構図そのものは私たちにも共通しているのです。つまり統合失調症の人たちも、私たちと同じ構図のなかで周囲の他者と対話を重ね、そのなかで「私」を形成してきたのであり、ただその外と内との境目が見えなくなったとき、内なる声が生の声として外から聞こえてくる、この幻聴は、私たちが生きている対話的関係の延長としてあると考えることができます。

「私」の成り立ちと羞恥心

自閉症の人たちが場面にはりついた言葉を身につけてしまって、そこに他者が組み込まれにくいのとは対照的に、自分が話し手でありつつ聞き手の視点にも立ち、聞き手でありながら話し手の視点にも立つということを通して、私たちは相手がいなくても自分の内側で言葉の回路をまわしてしまう。そして、その結果として誰もいなくても相手からの声が聞こえるというような状態に至りつくことにもなる。統合失調症の人たちと違って、私たちの多くは、内側の声が生の声としては聞こえてこず、自分の内側の声としてまわっているだけですんでいるんですけど、それでもこうした二重の回路を通して、自分の内側に「もう一人の自分」を作り出している。それは「内なる他者」と言ってもよい。目の前にいないけれども自分の内側に他者を抱えてしまっている。そうして自分の内側に他者を抱えているということを示すもっとも典型的な例が羞恥心なんですね。

羞恥心というのは、他者に見せたくない自分のいやな部分が露呈してしまったときに感じる感情だと定義されます。ですから、平たく言えば、人に見られたくないことを人に見られてしまったときに恥ずかしいと思うんだというふうに考えやすいし、また現にそうなれば恥ずかしいと思うのも事実ですが、問題は、実際に人から見られなくても、見られる可能性があるというだけでも十分に羞恥心を感じるということです。私は以前、花園大学という福祉系の大学にいましたので、さまざまな障害の人たちに出会って、そのことがすごく勉強になりましたが、そのなかに四肢欠損の学生さんが二人いました。ひとりは生まれたときから右腕がない。ほとんど根元からなくて、こぶみたいなのがちょこっと付いているだけの状態で生まれたそうです。いまだったらそうしないと思いますけど、もう四〇年近く前のことですから、親御さんが障害児・者の相談センターに行ったところ、義手を付けたほうがよいと言われた。しかも、小さいころから慣らしていないと難しいからということで、三、四歳の物心ついた時期から付けはじめて、身体が大きくなるつどそれに合わせて義手も作り替えるということで、大学に入るまでずっと義手を付け続けてきた。彼女はけっこう気の強い子で、そのことをけっして隠そうとはしなかったのですが、それでも義手は付け続けていました。

ところが、大学に入って福祉を勉強しはじめると、「障害受容」の問題が話題になったりする。そうなると、自分が義手を付けているというのはどういうことなんだという話になります。義足は実際に実用的な意味がありますけど、彼女の義手はいわば飾りなんですね。まったく実用的な意味がない。もちろん実用的な意味のある義手もありますけど、彼女の場合は、言わば化粧のようなもので、他の人と同じ身体つきに見せているだけです。それにもかかわらずどうしてそれを付けているんだということで悩みはじめて、いろいろな友達ができるなかで、いっそ義手を外そう、義手なしで生きていこうという話になって、最初は友達と旅行に行ったときなど、友達のまえでは外しておくという程度だったんですけど、やがてもういっさい外してみようということになりました。本人は強気なところがあって、それじゃいっそしっかり目立つところで外しましょうということで、友達と一緒にプールに行こうという話になったんですね。ただ、さすがにプールで水着だけで、腕の付け根をむき出しにしてしまうと、他の人を驚かせてしまって悪いからということで、水着の上にTシャツを着て行こうということになったのだそうです。そうして友達と一緒にプールに出かけた。本人も大丈夫だと思っていたんですね。ところが、更衣室で友達と一緒に着替えて、いざプールサイドに出た途端に、彼女は全身がこむらがえりを起こしそうなくらいガチガチになってしまったというんです。プールサイドに出たそのときは、まだ誰も見てないんですよ。出た瞬間に、まだ誰も自分のことを見てないにもかかわらず、見られる視線を感じてしまって、完全にガチガチになってどうしようもなくなったというんです。彼女には、そのことが非常にショックだったそうです。

何が起こったかというと、じつは誰かが見て、まわりからおかしいとか、醜いとか思われたり言われたりして、そこで恥ずかしいと思うのではなくて、誰も見ていないにもかかわらず恥ずかしいという思いが起こるということなんです。誰も見ていないにもかかわらず、生々しく見られていることを感じて羞恥心にとらわれてしまう。そこで彼女は実際に見られているのに等しいくらい「見られている」と感じているのです。では、そこで誰が見ているのかというと、自分のなかの「内なる他者」なんですね。それ以外にない。

小さいときから義手を付け続けて、その義手を通して周囲の視線を感じ続けて生きてきて、それを自分の内側にしっかり根づかせてきた。だから誰もいなくても「見られる自分」がいて、実際に見られうる状態になった途端に、身体が完全にガチガチになってしまった。つまり、自分のない腕を見る自分を自分のなかに持ち続けてきたということなんですね。言ってみれば「世間の目」を、義手を付け続けることを通して自分のなかに浸透させてきた。親は子どもを守るべく義手を付けさせたんだけど、じつは義手を付けさせるということは、「そのままの身体を世間にさらしてはいけませんよ」というメッセージを彼女に送り続けることでもあったわけです。義手を通して世間の目を自分のなかに埋め込みつづけてきて、それが「内なる世間」「内なる他者」として彼女を見つめ続け、それが羞恥心の核となったということでもあるわけです。

羞恥心が育たないことの問題

逆に言うと、自閉的な障害を持っている人たちは、この羞恥心を持つことが難しい。相手と能動―受動のやりとりが難しいがために、自分のなかに「内なる他者」が育っていかない。その結果、羞恥心が身につかない。人は羞恥心などなければどれほど堂々と生きていけるだろうかと思ったりしますが、じつは、羞恥心が身につかないということも大変なハンディなんです。人は羞恥心によって社会のなかでの自分の行動をコントロールして、それこそ社会的に恥ずかしくない生活が送れるわけです。

たとえば、私のゼミに来ていた先ほどのタカシくんの場合も、生活上はほとんど問題なく、ある意味できちっとした人だったんですけど、それは羞恥心によって自己統制しているわけではありませんでした。私のゼミに参加するようになって、最初のゼミ合宿に参加したときのことです。泊まり込みですから、ふだんのゼミと違っていて、そんなとき彼がどのようになるのかが分からなかったものですから、お母さんに何か注意しておいたほうがいいことがありますかと訊いたところ、お風呂に入るときには脱衣する場所をしっかり教えてほしい、でないとどこでも脱ぎますからと言われて、あぁそうですか、じゃ分かりましたということで、合宿先の民宿では、男子学生に頼んで、一緒にお風呂に入って、一緒に出てくるようにしました。おかげでまったく問題なく一年目の合宿は終わることができたんですが、二年目のゼミのときにちょっとしたトラブルが起こってしまいました。前年と同じように男子学生に頼んで、お風呂では気をつけてもらうように言って、数人の男子学生と一緒に脱衣場で服を脱いで、一緒に湯舟に入るところまではよかったのですが、ふつうはほとんど忘れ物などしないタカシ君が、バスタオルを持ってくるのを忘れたことを、皆が湯船につかったところで思い出したらしいのです。それで彼は、皆が湯船につかっているのをよそに、そのままお風呂場を出て、脱衣場を抜けて、自分の部屋へ真っ裸のまま行ったわけですね。他の男子学生たちはあっけにとられたまま、追いかけるいとまもありません。それでタカシ君は、たまたまそのとき廊下でたむろしてお喋りをしていた女子学生たちのあいだを真っ裸ですりぬけて、女の子たちはキャーと大声をあげる。そして自分の部屋でバスタオルを取ってきたタカシ君が、また前を隠しもせずにそのまま堂々と女子学生のあいだを通り抜けて、またキャーと大声があがる。ほとんど貸し切り状態の民宿だったから問題なかったんですが、そういう事件が起こるなかで、私は「あぁそうなんだ、彼は人の目を意識して自分の行動をコントロールするということが難しいんだ」と気づいたんですね。

私たちは羞恥心などないほうが楽だと思いがちですけれども、じつは羞恥心というのは、よかれあしかれ私たちが社会のなかで生きていくために必要な心理メカニズムなんですね。それによって誰もが一応世間で許容されるような行動をするようにできている。逆にそれが難しい自閉症の人たちの場合、この場所ではこうする、あの場所ではああするということを、いちいち教え込んでいく必要がある。羞恥心でもって内側から行動をコントロールできないわけです。

おわりに

こんなふうに見てきますと、私たち定型発達者が当たり前だと思っていることが、どれほど不思議なメカニズムの積み重ねによってできあがっているのかが分かりますし、定型発達からはずれた自閉症の人たちの振る舞いも、私たちからすると一見異常に見えるかもしれませんが、しかし彼らがたどった流れのなかに置いてみると、それなりに理解できます。

私たちはみなそれぞれに与えられた身体でもってそれぞれの世界を生きていますし、その身体は生身である以上、一つの壊れ物で、ときに整わない部分があったり、壊れてしまう部分が出てきたりする。そうして、それぞれがその身体に与えられた条件を背負い、それぞれに与えられた状況を生きているとすれば、そこで人々が生きる生活世界のありようは人それぞれに違ってきます。その意味で、私たちが、人それぞれの生活世界のありようを見定め、そこに成り立つそれぞれの論理をどう汲み取っていけるのかを考えていくというのは、とても大きな課題です。そのあたりのことをまずは理屈で考えぬいて、こうやって見ると、少しは彼らの生きている生活の流れが見えてくるかなといった話をしてきたわけですけれども、現実に起こっている個々の出来事をさらに理解しようと思うと、まだまだ考えていかなければならないことがたくさん出てきます。

自閉症の人たちの世界は、まだまだ分からないことだらけですが、彼らなりの論理を突き詰めていくことで、少しは分かるところもあるという気がしています。そのへんの話を、今後ともぜひ現場の皆さんとのあいだで話を突き合わせて行きたいと思っています。

引用文献

浜田寿美男『「私」とは何か』講談社、一九九九年

第Ⅱ部

事例編

第4章 まだまだ「あたし研究」中

本人が体験している自閉症の世界

小道モコ

小道モコ（こみち・もこ）
1970年生まれ。
高校２年の時に，１年間アメリカに留学。ICU（国際基督教大学）語学科卒業。
30歳を過ぎてから，自閉症スペクトラムとの診断を受ける。友人が立ち上げた，自閉症スペクトラムから考える会「くれよん」で当事者の立場から，定期的に話をする機会を得る（会で話をするためにイラストを描くようになる）。
現在は，英語を教えるかたわら，翻訳，講演，書く／描く活動を行っている（詳細は本文を参照のこと）。
主　著
『あたし研究――自閉症スペクトラム～小道モコの場合』クリエイツかもがわ，2009年
『あたし研究２――自閉症スペクトラム～小道モコの場合』クリエイツかもがわ，2013年
『自閉症スペクトラム“ありのまま”の生活――自分らしく楽しく生きるために』（高岡健との共著）明石書店，2014年

1 「あたし」はどんなふうに育ってきたのか

子どもたちと関わる活動のなかで

こんにちは。小道モコです。自己紹介を少しします。現在四四歳で、今年の五月で四五歳になります。仕事は、いろいろなことをやっているんですけども、英語を教えるかたわら執筆活動をしています。それに加えて、去年の五月から、大阪にあるＮＰＯ法人でスタッフとして勤務しています。そこでは「英語で遊ぼう」というクラブがありまして、子どもたちとまさに英語を使って遊ぶというクラブ活動のようなことを始めました。それで来年度も継続して勤務が決まったので、英語だけではなく、お出かけとかクッキングとか、余暇活動を中心に子どもたちと関わっていくことになる予定です。

最近大きく変わったところは、ＮＰＯ法人の勤務で、そこの子どもたちと関わりはじめてから、けっこう自分のことを客観的にとらえられるようになりました。それまでは、自分さえよければよかったというか、自分を始点として世の中を見てきた気がするんですけども、自分の担当日が増えていくと、この人（担当児）が高校を卒業したとき、何々をしたいと言ったとき、この思いは三年後、五年後、一〇年後どうなるんだろうということにすごく興味がわいてきて、それで自分のことだけではなく、ちょっと見る視野が広がったかなというふうに思っています。

自分の脳機能に名前がある

私自身、自閉症スペクトラムの診断がついたのは三四歳何か月くらいのときだったので、およそ一〇年前なんですね。それで、その診断がつく前とついてからとで何が大きく変わったかなぁというふうに考えると、単純に、入院する回数が減りました。診断がつく前はけっこう頻繁に病院のお世話になっていました。原因が特定されない症状が多く、過労とか自律神経云々とかいろいろ言われることが多かったんです。最近は、ここ五年くらい入院していないので、診断がつく前より体調を崩す回数が減っているのかなと思っています。でも、自分の脳機能に、名前があるというのはすごく不思議で、なんというか、なるほどなと思うんですけど。たとえば、自分の右手に名前があったりしないですよね。その右手は何々です、みたいな。自分の背中にも名前があったりしないですよね。そういう感覚で、自分の頭蓋骨のなかにあるものに名前があるというのはなんか不思議というか、えっ何で分かったんだろうという感じがします。でも一方で、なるほどなぁと思うところもあって、なるほどなぁというのは自分の特徴というか傾向みたいなのが少し分かったりするので、そういう脳機能という分類がされることの意味みたいなことを知ると、なるほどとは思うんです。でも生まれてこのかた、自分の脳機能を取り替えた記憶はないので、ずっとこの頭で考えて、ものを見て生活をしているので、ある日突然に名前がついても、ちょっとこう、本当かという、疑心暗鬼じゃないんですけど、そうだそうだと一〇〇パーセント思えずにいる自分もいます。でももう本に「自閉症スペクトラム」と書いちゃったし、そういうふうにタイトルにも書いて出版しちゃったから、もうやめますというふうにもいかないので、ひきつづきそういう傾向だというふうには思っていますけど、でもやっぱりどこかで、本当なのかと思いながら生活しています。

鮮明で具体的な記憶

このイラストは、『あたし研究』という本に載っているイラストなんですけども、学校にいたときの自分を思い出して描きました（図4-1）。まさにジャングルにいたような記憶なんですね。たぶんここにいらっしゃるみなさんご自身が小学生とか中学生だったときのことを思い返すと、楽しいこととか哀しいこととかつらいこととかたくさんあると思います。でも、私のものの記憶の仕方は、すごく鮮明で、具体的なんですね。たとえばそのときの湿度、気温、光の具合なども一緒に思い出せるんです。三〇歳を過ぎるまで、みんなそうやってものを思い出すのだと思っていたので、自分がとりたてて具体的に思い出せているとは全然気がつかなかったんです。多くの人たちは、自閉症スペクトラムじゃない人は、けっこうかいつまんで思い出せるというか、ＤＶＤを再生するようには思い出さない。写真のように思い出すのかな、二、三枚の写真みたいに思い出すのかもしれない。でも、私は、追体験というのか、もう一回体験するような思い出し方をよくするんですね。

でも、こうやってしゃべっていながら、かいつまんで思い出すってどういうことだろうと考えると、全然イメージがわかないので、やっぱりみんな自分と同じようにＤＶＤを再生するように追体験しながら思い出してるんじゃないかと思っちゃうんですけど、多くの人たちはそこまでリアルに思い出すのではないということを知ってびっくりなんです。忘れられないというのはけっこうつらいことも多くて、痛かったという記憶を、本当に記憶として思い出したときに、痛い感覚、実際に痛いわけではないんですけど、その感覚は思い出せるので、二〇年前に起きたことでもきのう起きたことのように思い出せます。つらい体験、悲しい体験は、忘れられないという点で考えると、本当につらいんですけど、でも、いいことも忘れられないんですね。たとえば、ある日突然、親戚のおじさんが家に来て、庭で遊んだときのあれは楽しかったということが、本当にあんまり色あせないまま、そのときの楽しかった思いに戻れるというか追体験できるので、すごく得している部分もあります。だからなんていうか、いろいろな経験を、鮮明に具体的にリアルに覚えていると

図 4 - 1　学校は Jungle のようでした
（出所）『あたし研究 2』42頁

いうことは、わるいことばかりではなくて、いいこともあります。たぶん他の人以上に、多くの人が楽しめる時間よりももっと長く、密度が濃く、本当に楽しかったと、今でも思い出して楽しいというふうに、二倍三倍おいしい感じがするんです。でも一方で、つらい体験が鮮明に残ってしまっているのも事実です。

漫然と時を過ごせない

小学校のとき、私自身どんなふうに過ごしていたかなぁと思い出すと、絵にしたらこんな感じで（図4-1）、ジャングルにいたような記憶なんです。ジャングルのようというのは、どこに向かっているのかが分からない感覚です。それまで幼稚園に行っていて、四歳、五歳くらいになると、もうすぐ一年生だねとか言われて、あれよあれよという間にランドセルが家に来て、これを背負って学校に行くんだということが分かって、学校に行き始めたら、幼稚園とはまるで違う場所で、通いはじめたら拘束される時間が長くて、なかなか帰れないな、と思いながら過ごしていました。遊んで、お弁当食べて、帰るというみたいなことの延長上にあると思ったらそうでもなくって、なんでこんな生活が始まっちゃったんだろうというふうに考えていました。でも入学した日からもうジャングル生活なので、それが学校生活だというふうに認識していて、他を知らないですから、どこへ向かっているんだろうと思いながら、迷い迷い歩いていくものなんだろうな、というふうに認識していったように思います。

何が起きるか分からない、どうしてその与えられたスケジュールどおりにしなければならないのか分からない。自分の時間の拘束だけではなく、空間的にも自由が効かなくなった記憶があります。一人に一つの机がありますよね、小学校って。そういう、エッ聞いてないよということが多かったんですよ。そこまでとは思っていなかったというか、生活が一変したなぁと思いました。文字を書いたりすることが圧倒的に多くなっているようだというふうに思って過ごした日々でした。

大人になってみて、小学生の子どもたちがどんなふうに学校で過ごしているのかなというのを垣間見ると、私が知っている自閉的傾向にある子どもの挙動は、ちょっと落ち着きがなかったり、うろうろしていたり、集団のなかにいても目立つというか、不安なんだろうなと思うような動きをしていたりします。じゃ他の人たちはどんなふうにしてるんだろうと見ると、わりと落ち着いた感じでそこにいるんですね、体育館とかで先生の話を聞くという場面でも。私はむしろ平気なほうがよく分からないというか、どうしてみんなが先生のほうを向いてこうやって不安なく座っていられるんだろうというふうに思いました。たぶん私自身も、体育館で行われている、朝の会とかの意味が分からないから不安になるわけなんですが、どうやら多くの人たちは、自閉症じゃない人たちは、そこまで深い理由とか、どこどこに向かってとか、先生がどういう意図で話を何分するとかいうことを知らなくても、そこにいることができるんだなぁって思いました。根拠のない安定感というか、そこに座っていられるという、それがなんでなのか私には分からないんですが、あぁこれが私にはないのかと、大人になってから小学校に行ってその様子を見てびっくりしました。

漫然と時を過ごせないんです、私は、意味とか、何時とか、何分とか、それをやる動機とか、自分のなかにそれをやる動機があるのかとか、明確ではない時点で落ち着いてはいられないのです。小学生のときの私を思い返すと、先生に質問をしまくって、先生から「質問は休み時間にしてください。」というふうに言われ、休み時間を待つのですが、休み時間でも、先生は忙しいので、なかなかチャンスがつかめずに、自分だけがおいてけぼりのまま、毎日過ぎていっている感じでした。でもそのときの私は、なんで国語の授業をするのとか、どうして漢字じゃなくてひらがなが最初なのとか、なんで聞きたかったのかというと、そのときその場でやっていることを好きになりたい、モチベーションをもって取り組みたい、という意図で意味を知りたかったのです。でも、先生としては、なんで漢字じゃなくひらがなが最初なのと言われても困っちゃうし、それに時間をかけて説明する余裕がないから、こういうものなんですよ、みたいなふうに教えられて過ごしてきたと思うんです。私はべつに先生を困らせる意図では言ってなかったんですね。そういう意図も少しはあったのかなぁ、でもたぶんなかったと思いますね、いま思い返してみると。でもいつしか、その質問がこの人の重荷になってるぞというのは、なんか分からないけどどこかで知るんですね。先生困ってる、みたいな。それは私の質問が多かったから、っていう振り返りはちょっとあったりして。そういうのを振り返って質問するのをやめたりするんですけど、だからといって、自分のなかで不消化感が消えるわけではないので、やっぱりずっと、なんで私はこれをやっているんだろうと思いながら生活していました。

見通しが立たないことに取り組むことの難しさ

この絵（図4-2）は『あたし研究』の2のほうに載せたイラストです。見通しの立たないことに取り組むということは私にとってどういうことなのかという疑問をイラストにしてみたのですが、ここをちょっと読みますね。

——見とおしがたたないことに取りくむということは、温かいのか冷たいのか、深いのか浅いのか、プールなのか沼なのか、温泉なのか河なのか、全然わからないトコロに飛び込むくらいエネルギーを消耗する。という文章をつけたイラストなんですけど。こっちに進まないといけないというのは分かっていて、それでなんとかこっちに進もうという意志はあるんですが、ここの状態がまったく分からないと、考えうる限りのありとあらゆる可能性を考え、もしかしたらこうかもしれないと考え続けてしまうんですね。ひょっとし

見とおしが
たたない　ことに
取りくむ　ということは
温かい　のか　冷たい　のか
深い　のか　浅い　のか
プール　なのか　沼　なのか
温泉　なのか　河　なのか
全然　わからない
トコロ　に
飛び込むくらい
エネルギー　を
消耗　する

図４－２　見とおしがたたないことに取りくむということ
（出所）『あたし研究２』48，49頁

てすごく浅かったら、あんまり勢いつけて飛び込んだらつま先をぶつけるとか、ひょっとしてすごく深かったらもっと深呼吸をしてから飛び込まなくてはいけないとか、すごく冷たかったらどうしようとか、逆に熱かったらどうしようとか、ここがプールとかじゃなくて川のように流れていたらどっち側に流されていくんだろうとか、いろいろなことを考えてしまって、考えすぎて取り組む以前にすごく疲れてしまうことが多いんですよ。逆に言えば、今から何々のどういうところに行って、何々を何時間しますよという見通しが立っていれば、そこまでエネルギーの消耗はないんですね。これは特定のイベントの前にこうなるというわけじゃなくて、毎日こんな感じです。たとえば、今この会場がどういう場所で、どんな目的で私はここにいるのか、分からなかったら、とてもじゃないけど、話などできないでしょう。これからどうなるということをイメージできて前に進むんだったら、そこまで思考のエネルギーを使わなくて済むんですが、分からないところに、イメージができないところに入っていく場合は、何にも考えずにそこに行くのではなく、考えられるあらゆる可能性を考えてシミュレーションをして、浅かったらどうしよう、深かったらどうしよう、流れていたらどうしよう、熱かったらどうしようということを一応考えてのぞむので、すごく疲れるんですね。

　幼いころと中高、大学のときは、人より早く疲れがくるというふうに自分で自分のことを認識していました。なんで人よりずいぶん早く疲れ果ててしまうんだろうと思っていて、それがいつも謎で、とにかく体力をつけなければ、と思って毎日四キロ走ったりしていました。体力をつけても、見通しが立たない場面を乗り越えられるようになるわけではないのですが、何か、自分にそのときにできる努力をしなければ……という思いで必死でした。今は、目で見て分かる見通しを提示してもらうことが、最優先だったな、とつくづく思っています。

2 「あたし」はどんな工夫をして生きているのか

得意・不得意の差が激しい

自閉症スペクトラムという名前の脳機能だと分かって、私が気づいたことは、多くの人のスタンダードと私のスタンダードは、だいぶ違うということです。自閉症スペクトラムじゃない人たちの得意、不得意って、差はあるけど、私ほどではない。私はすごく極端に、苦手なところと、得意なところと差が激しいんです（図4-3）。

それは多くの人と較べた場合、差が激しいというだけなんですけど、たとえば、言葉を使って何かをするのは得意だと思います。英語も話しますし、英語を教えていますし、言葉を道具としてあやつる、使うのは、たぶん多くの人より、よくできると思います。だけど数字をあつかうこととなると、ほんとにまるでできないんですね。

数字が苦手だということは、生活していく場面ですごく致命的なことです。会社に入らずにフリーランスで働いているると、すごく数字っていうのが重荷になるんだなというのを実感しています。たとえばスーパーに行って、何か食料を買わないと冷蔵庫にものがないという場面で、お財布に二〇〇〇円入ってる、じゃ何を買う?ってなったときに、スーパーってたいてい野菜コーナーが入口に近いですよね、そうすると、本当はお惣菜を買いに来たつもりなのに、なんか料理しなきゃなという気になるんですよ。最初は、お惣菜を買ってこれで急場をしのごうと思って入っていくんだけど、キャベツが安いとかいうのを見ると、買わないといけないというような気になって、作りもしないのに買っちゃってね。最近エコバッグ使ってるんですけど、

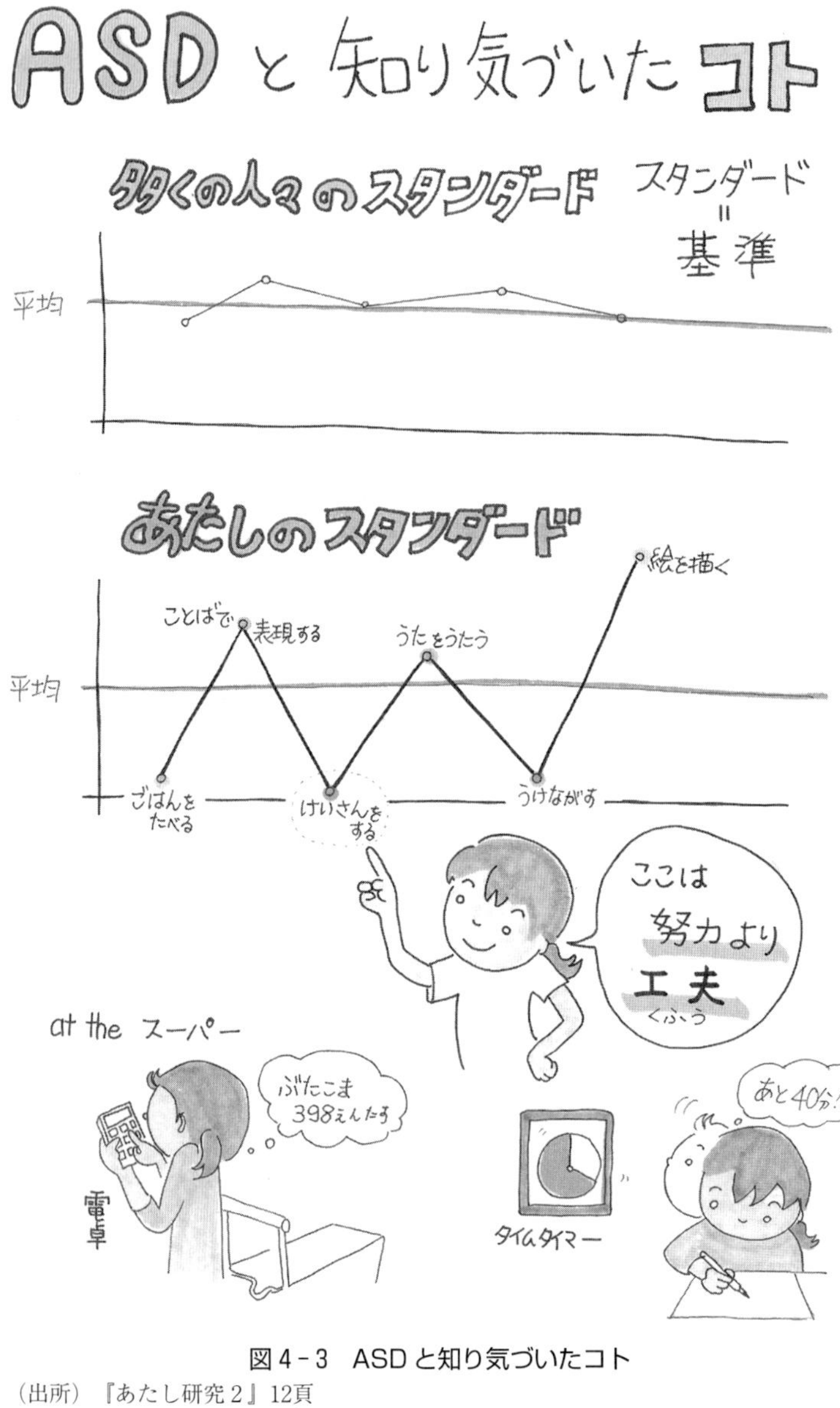

図４－３　ASDと知り気づいたコト

（出所）『あたし研究２』12頁

キャベツなんか買ったらもうすぐにいっぱいになりますよね、キャベツ大きいから。タンパク質として牛乳買わなきゃと、牛乳、牛乳と思ってると、キャベツと牛乳でどうやって今日過ごすんだろうと、あとカップラーメンくらいは買いますけれども、でもそういうことでは生活が立ち行かないっていうか、長い視野で仕事をしていきたいという願いを持っているなら、やっぱりそこはダイレクトにお惣菜売り場に行かないといけない。目先の白菜とか水菜とかああいうのに心を奪われずに、とにかくお惣菜コーナーに行って、チンして食べられるものを買うということができないと、栄養が足りないから体調不良にもなるし、体調不良になるとやりたい仕事が減っていく、自分で減らさないといけない、減らすストレスでまた食欲がなくなってと、わるい循環に入るときがあるんですね。

努力より工夫

買い物をするときは、電卓をかならず持っていくようにしています。漠然とお財布のなかの金額と、買い物カゴに入れる商品の値段を頭のなかで計算するのではなく、目で見て分かる状態でものを買うようにしています。食料品を買いに行くときは、どんな状況で食料が足りていないのか、把握してから買い物を始めます。料理する時間もエネルギーもないときは、野菜や生鮮食品を買うよりまず、すぐ食べられるお惣菜を買う必要があるので。視覚的な情報に強い私は、情報をあらかじめ絞っておく、というのも必要な工夫の一つです。

見えないことについて考えるのは難しい

このイラスト（図４-４）は「見えないモノはないもの⁉」というタイトルです。見えるのか見えないの

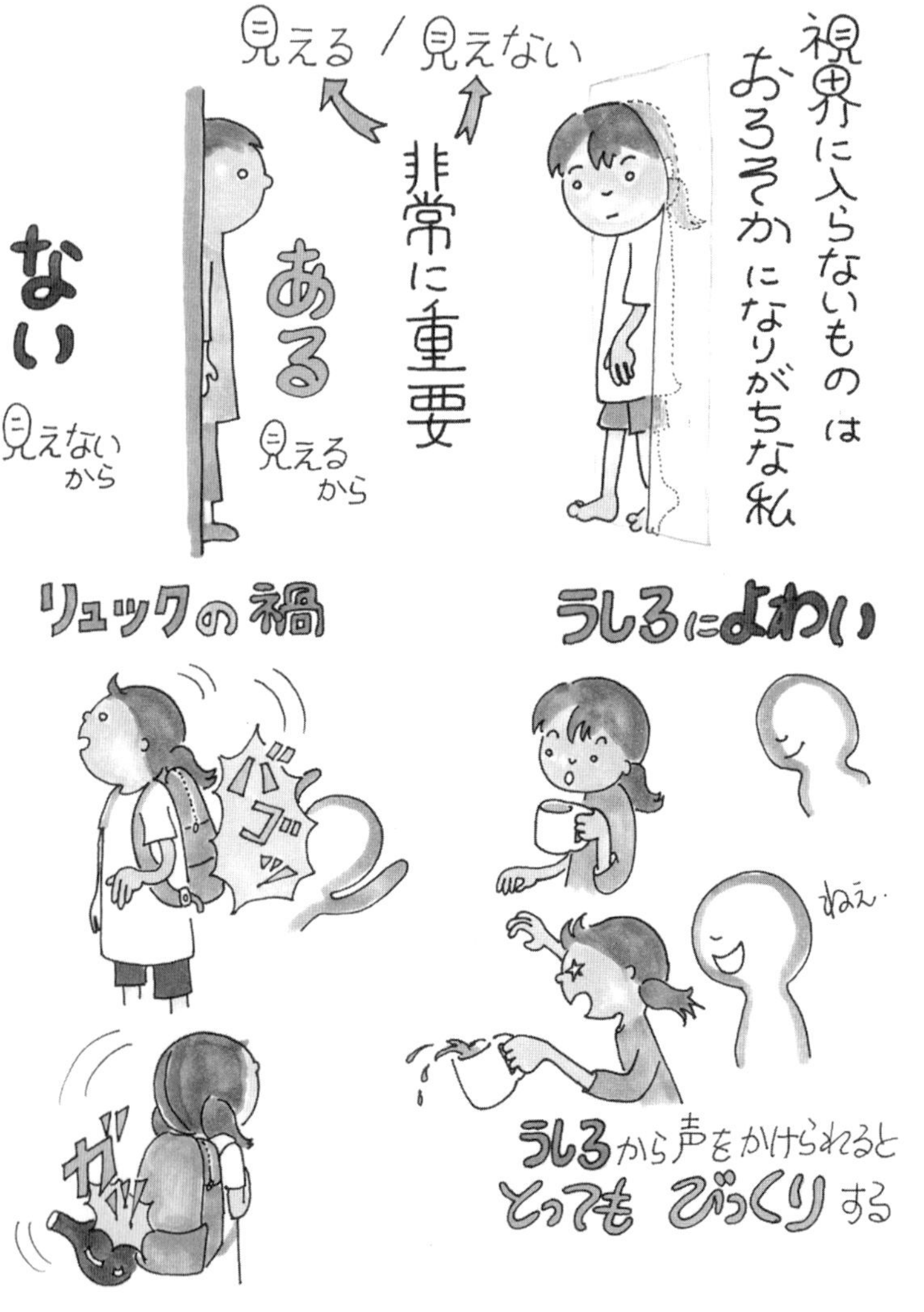

図４－４　見えないモノはないもの⁉

（出所）『あたし研究』21頁

かというのがすごく重要なことなんですけれども、見えるということは考えることができるんですね。見えないというのは思考にのぼりにくい、考える材料になりにくいんです。だから、視界にあるもの、見えているものを材料にいろんなことを考えるんですけど、たぶん自閉症じゃない人は、私が想像するに、見えていないことにも気が配れるというか、見えなくてもそのことについて考えることができるみたいです。

私は、見えないことについて考えるのは、自動的にはできないんですね。見えないこと、視界には入っていないことについて、「考えよう」と思って考えます。たとえば、リュックを背負う場面では、自分の背中は、いつもよりだいぶ後ろだぞと気をつけます。リュックを背負ったと同時に、見えていないリュックのことをわざわざ考えないといけないわけです。多分、多くの人は、そこまで気をつかわなくても、自然と背中に背負った自分のリュック分、いつもとは違う、と認識し続けることができるのでしょう。たとえて言うと、いつも乗らない車、大きめの車を運転する場面で、車庫入れをするとします。慣れていない分、自分の視界に入らないところのことまで、気にしながらバックで車庫入れしますよね。そのときはすごく配慮、自然な配慮じゃなくて、配慮しなければという配慮が出てくるんですね。

そんな感覚がけっこう頻繁に、日常的にあります。自分の視界に入っていないことについては、自覚をするところから入るから、手間が一つ増えるのです。目に見えているものはすごく簡単に思考にのぼりやすいんだけど、目に入らないことについては考える材料になりにくいのです。たぶん多くの人たちは、「見える」「見えない」がそこまで決定打にならないのかもしれません。でも、この目を誰かの目と交換して見てみない限り、ほんとに違うかどうかは分からないので、やっぱり検証の仕様はないんですけどね。

不思議だなぁと思うのは、私は、見えていることに関して考えることはできるけど、見えないことに関して、たとえば、貼り出されないスケジュールとかを把握することは難しい、とこのような感じで説明ができます。説明ができると、もう解決しているように思われることが多いです。説明すればするほど、「じゃあ、見なくても大丈夫ですね。」という解釈になってしまう。こんなによく自分で説明できているのだから「配慮の必要なし」と受け取られることがとても多いです。私から見える、私が感じている、経験したこととか記憶とかを一方的にお伝えしても、そうじゃない人の、ものの見方、記憶の残り方とかは教えてもらえないと、なんか一方的に言ってるだけでおしまいになるのかと思っちゃって、いつも、自閉症じゃない、定型発達とよばれる人たちの見通し方、計画の立て方とか、どうやって集団のなかで座っていられるのか、なんで、そうできるのか、をいつも知りたいと思っています。目に見えないことに対しても、不安なくいられるのは何でなのか、ぜひ教えてもらいたいと、もう何年も前から思ってるんですけど、なかなかかなわなくて、でももしかしたら誰かが教えてくれるかもしれないと思って、こういう「あたし研究」を続けているんです。

写生大会での挫折

これは「見ているトコロ」というイラストです（図4-5）。さきほど高岡さんのお話（第2章）にも出てきたと思うんですけれども、木を見て森を見ず、みたいな話がありましたよね。私は見ている範囲がすごく狭くて、なんというか、全体をざっと見ることがすごく苦手です。

たとえば小学生のときに、描く道具を持って動物園に出かけて、動物をよく見て描きましょうというふうな授業があったんですが、動物園へ行って、動物園の絵を一枚提出して、それが後ろに貼り出されました。私は、花を描きました。なんで花を描いたかというと、動物が描けなかったからです。動物園の動物って動くんですよね、生きているからね。そうすると、動くものを動かない紙に写すというのは難しいんですよ。よく見て描きましょうということは、その動物園の、特定の、そこにしかいない馬を描くという課題ですよ

図４－５　見ているトコロ

（出所）『あたし研究２』40頁

ね。私は動物のなかでも馬がいちばん好きなんですけど、馬の○○ちゃんのところへ行って、よく見て、こんな馬ならいいんじゃないかと思って見て、描けないことが分かって、どうしようかと迷いました。

さらに困ったことに、動物園に行って、動物をよく見て描きましょうという行事は、時間を過ぎると「お家に持って帰って思い出して描きましょう」というふうに変わるんですよ。今見ているこの光景をぜんぶ記憶して、それを家に持って帰って、再生しながらそれを二次元の紙に写すというのは、できないな、と思うと同時に途方もない、空虚感というか、人生が終わるぐらいの、どうしようという局面でした。毎年、この写生大会のたびに「どうしよう」と思う。小学生の私にとっては、人生をかけた大問題でした。そんなとき思いついたのが、「花を描く」ということだったんです。その日、私が立ち会ったその場に生えている花を描くんだったら、その場でよく見て描けるし、動くにしても移動はしない、風になびくところぐらいを追えばいい話なので、できるなと思って描きました。

挫折というか、どうしようという、迷路にでも入り込んだような途方もない課題に取り組まないといけない感覚は、今でも夢に見たりするんですけど、たぶんそこまでの苦悩を抱えているとは、誰にも気づかれなかったと思います。つらい思いをしている小学生には見えなかったでしょう。そこまでのジレンマがあって、花を描いて提出するに到ったとは誰も気づかなかったと思います。そういう小さな、人知れず重ねる苦労が突然の体調不良につながっていて、はたから見たら突然なんですけど、私からすれば、一個一個はけっこう小さいけれども、積み重なってしんどかったということは多かったように思います。

お弁当が食べられない

動物園でお弁当をひろげても、なかなか食べる気にはなれませんでした。動物園独特の臭いに鼻が慣れなくて、動物園の臭いとお弁当の臭いが混ざり合うのは、とても苦痛でした。喉を通らない感じで、ふたを開けるんだけど、あぁやっぱり無理だなと思って閉める、というのを何年も繰り返しました。でもなぜか、嗅覚がしんどくて食べられない、と当時の私は気づきませんでした。すごく細かいところだけを見ているから、人知れず自己完結していることが多かったんです。たとえばお弁当のふたを開けて、いつもは「おいしいおいしい」と食べるはずの卵焼きが、なんでか分からないけど口に入らない、だからふたを閉じる。

「臭いがしんどくて」と人に伝えるという選択肢が私の中にはなくて、ただ一人で困っていました。静かな自己完結が一日に何個もあると全部報告するのが難しくて、あまり親にも学校であったことを言いませんでした。なぜか突然体調を崩す子どもだというふうに認識されていたと思います。

思いと結果がかみ合わない

小学校二年生のときにお友達の絵を描くという課題があったんですね。その友達はその日に転校してきた子で、私はなるべく早くその人と仲良くなりたいなぁと思いました。いっしょうけんめい描いたら画用紙一枚ではおさまらずに六枚使っちゃったんです。描いて足して足して足していったら六枚になってしまって、結局その絵は教室の後ろには貼ってもらえなくて、自分としては、そのお友達となるべく早く親しい間柄になりたい、という思いを持ってのことなのですが、まったく逆のことになっちゃうというか、教室のなかに貼ってもらえない。自分の思いと結果がなんかどうもかみ合わないぞということは未だによくあります。小学校二年生の転校生の女の子、この子と仲良くなりたい、いっしょうけんめい描いた、だけど貼ってもらえない、なんでこうなっちゃうんだろうというのが分かりませんでした。思いがあれば通じると思っていたので、結果はどうあれ、思いさえ純真にそう思っていれば通じると思っていました。でも、結果的に通じないことの多い幼少期でした。

細かいところに着目するのはすごく得意なんですね。動物園の馬を見ると、馬の目のまぶたに生えているまつ毛がどういうふうに生えてるとかね、あと、目尻というのはどこでどういうふうに始まって、目がしらはどういうふうになってるとか、そういうところをよくよく見て、へぇーっと思ったりするのは得意なんです。でも、馬全体、一頭の馬にたどり着くにはかなり時間がかかるというか、目を見て、まぶたを見て、まつ毛を見て、その向こう側にある鼻に通じるところを見て、鼻先を見て、鼻のひげみたいなのがどう生えているかとかね、鼻の穴はあるけど鼻のなかはどうなってるとかいうことを考えたりして、その部分部分をつなげていってようやく面積になるというか、顔になるから、一頭の馬にたどり着くにもすごく時間がかかるんだと思います。

クラスメートはなぜ馬を描けたのか

多くの人たちは、自閉症でないと思われる私のクラスメートはどうやってこの課題を提出してたのかなと、いま大人になって考えると、たぶん一頭の個体にそこまで固執してなかったんじゃないかと想像しています。たとえば、馬を描くなら、一般的な馬、馬っていうのはこんな感じみたいな馬を描けちゃう。わざわざお弁当持って出向いていって、動物園に行ってそこにしかいない馬に出逢っても、だいたいの馬というか、世の中にある馬というのは、行く前から見た記憶が補ってくれるというか、だいたいの馬を描いて出すことができるのかもしれません。私のなかのストーリーとしては、そこにしかいないものをわざわざ見に行って描くわけだから、なんとなく頭のなかにいる馬を描くなんて、思いもしないわけです。みんながどうやって描けているんだろうなんていうことを気にしてる暇もなかったというか、気にする余裕はなかったんですけど、今考えると、だいたい馬ってこんな感じというふうな、ストックがあるんだと思います。そこにしかいない馬が目の前にいるとしても、頭のなかにいる馬を描くのはどうやったらできるのかということを、今でも考えるんですけど、なかなか説明してもらえないですね。いろんな場面でそこまで困らないで済むことがとても多い世界の人から見たら、私のように悩むことは、理解不能なのかもしれませんが、私からしてみたら、「困らないで済む」ことの不可解さを毎回突きつけられる以上、「困らない」その内容を説明してほしい、という気持ちは強くなります。

3　「あたし」はどのように自分と他者を見ているのか

人の顔がおぼえられない

このイラスト（図4-6）は「自分という器」というタイトルで描きました。鏡に映っている顔がなかなか自分とは思えなかったり、写真に写っている自分を見て、あらためてこれが自分なのかと、へぇーって思うんですね。録音したときに聞く自分の声が変に聞こえるというのは、みなさん経験したことがあると思います。頭蓋骨で響いて聞こえる自分の声と録音で聞こえてくる声とは当然違うので、違和感があってもおかしくないと思うんですけど、鏡に写っていたり写真に写っている自分が、なんていうかあまり、これがよその人でもおかしくないというか、それが自分だと思うのにちょっと時間がかかるんですね。

それでとくに私があまり興味がわかないのは、顔なんです。人の顔にあまり興味がないといったらなんか語弊があるけど、頓着がないというか、私のイラストといったらぜんぶこんなような顔をしているから、どういうことか分かっていただけると思うんですけど、表情にあんまり興味がないんです。興味ないというか、

図4-6　自分という器①

（出所）『あたし研究』54頁

優先順位が高くないんです。だから、あの人、なんか不満そうな顔していたねとか、イライラしているような感じだったねと言われても、私の場合、ほとんどそこから汲み取る情報はなく、そうだったっけということのほうが多いです。あんまり顔見てないんだなぁって、人との会話が合わないと気づきます。「あの店員さん、すごいニコニコしてたね」とか言われても、へぇそうだった？　と、あんまり見てないんですね、表情とか顔を。それよりもその人の感じを覚えてしまいます。すごく視覚優位だとか、見るものに強いと言っておきながら表情に関心がないというのはちょっと妙な話なんですけど、表情ってあんまり当てにならないと思っています。

たとえばＣＡ（キャビンアテンダント）さんとか素晴らしいですよね、完璧な笑顔で対応してくれるけど、まさか本当に、その一二〇パーセントの笑顔が本当かと考えると、毎日そんなに嬉しいわけないんですよ。だから、仕事上、笑顔でいるのだな、と思うとその表現がちょっと怖くなります。だったら、別に顔色変えず同じ仕事をしてくれたほうが変な解釈をしなくて済むので安心していられるんですけども、あんまりその人の表出というか、どんな格好をしてきたとか、どんな表情でそこに立っていたかというかが気にならないで、その人の持っている気配のようなものだけが残ります。

不安が強い人の近くにいると疲れる

これはほんとに漠然としたことなのでちょっと具体的に言えないんですけど、不安が強い人の近くにいるとすごく疲れるんですね。その人がたとえニコニコと、なんにも危害を加えるようなことはなくて、大人で社会性もある人だと分かっていても、その人に不安が強いと、すごく疲れちゃうんですね。自分でもよく分からないんですけど、見た感じがどうというのは私にとっては、情報として重要じゃない。それよりも、気配というか感覚というか、その人がそのままに持つ安定感みたいなもののほうに興味があるのかもしれないですね。

自分という容器に慣れない

見た目とか、表情とかに興味がないので、自分に対してもあまりどういうふうに見られているのか、自分がどんなふうに見えるかというのは気にしていません。極端な例ですけど、着ぐるみのなかにおさまっているような感じがするときがあるんです（図4-7）。

なんか、私っていうものと、とりあえず私がおさまっている器、容器ですね、身体というのがぴったりフィットしてない感じがあります。もう何十年もこの身体といっしょに生活しているはずなんですけど、なかなか慣れないんですね。

だから身体的にも精神的にも、成長をし続けている子どもたちを見ていると、これが自分なんだとみんないつごろ知るんだろうということにすごく興味がわいて、自分と、自分がおさまる容器のようなものがいつしか自分のものだと思い始めるものだと思うんですけど、それはいつごろからなのかなぁと思ったりします。ときどき今でも自分の足とかしげしげと眺めて、これが私の足なんだと思うときもあって、自分がコントロールできるものだという認識があんまり強くないというか、いつまで経ってもままならないものに宿を借りながら生きているような感覚があります。

何にでもなれるような気がする

まったく逆のことを言うようですが、何にでもなれるような気がするときがあります。たとえば私が好き

図４－７　自分という器②

（出所）『あたし研究』55頁

な画家にゴッホという、みなさんご存知だと思いますけど、画家がいるんですけどね、その画家が描いた絵を見て、その絵を描いたときのエピソードとか読んで知ったり、原画を見に行って、なるほどこれがそうなのかと思うと、その人、ゴッホの身になるといえばちょっと違うんだけれども、国籍とか時間とか、ゴッホはだいぶむかしに亡くなってますからね、亡くなって知らない人なんだけど、まるで自分の、すごく大切な親しい人のように思えるときがあるんですね。実際その原画に会って、その原画から勇気をもらったりとか、私もやれるとか、本当にエネルギーをもらったりします。その人の何かを受け取って（自分勝手に、自分が欲しいところだけを受け取って満足しているんだと思いますけど）、でもまるで本当に自分の親しい人のようにゴッホの原画を見たりとかできるんですね。

子どものころにヒーローを夢見たりとか、あんな格好いいウルトラマンとかいうのになるぞ、と思ったりしたことが、誰しもあると思います。でもみんなだんだん、そうはならなくなるようですね。どこかで不可能だ、そんなものにはなれない、と気づくのですかね。多くの人は、憧れのようなヒーロー、ヒロイン像が下がっていくらしいけど、私はあんまり変わらない。あんな格好いい人になってみたいとか、継続して思えるので、子どものころからあまり変わっていないのかもしれません。あんなふうなヒーロー、ヒロインになるんだっていう思いは変わらず大人になっても持っているような気がします。

音楽とか映画とかドラマとかから受ける影響がすごく大きくて、私もあんなふうな人になりたいというふうにスポンと思えると、絵を描くことに関して言えば、ああいう絵を描く人になりたいと思ったら、毎日絵を描いていくのはほとんど苦痛じゃないんですね。ああいう人になりたいと思ったら、映像としてのイメージ、画像としてのイメージがあるとしたら、そこに向けての一歩一歩、毎日一枚というのはほとんど苦痛じゃないですよ。そこに向かっていく一歩だから。だけど、毎日漢字を五つ覚えなさいとかいうのは、どこに向かってもいないし、憧れてもいないので、できないのです。漢字をいっぱい書ける人に憧れたら、書き始めるかもしれないんですけど。何に向かってこれをやっているのか、というのが動機づけにならないと、いつまで経っても苦痛で、身につかない感じがしています。それが、自分と自分の身体に慣れないこととは全然結びつかないかもしれないんですが、大人になった今でも、あの人のようになりたいとか、ああいうふうにいっしょうけんめい考えられる人になりたい、と思って取り組むことは、ほとんど苦痛ではないというのは特性なのかもしれないです。自分が自分自身に慣れることがないから、つまずくことも多いし、立ち止まって考えることもたくさんあるんですが、得るものも多いので、よかったな、とつくづく思っています。

しんどいときはふつうに見える

イラスト（図４‐８）、これが「超シンドい時のあたし」なんですが、友だちによると、なぜかほほ笑んでいて、肩にチカラが入っていて、フツーに見えるらしいです。全然しんどいように見えないらしいんですね。私はというと、アタマの中が忙しすぎて感情を表現する余裕がないんです、しんどいというのは。しんどいとクチで言うっていうのは、別なルートですよね、人に伝えるっていう他の目的があるから伝えるんだと思います。どういうふうに痛いなどということは、言わないと通じないんだなと、頭では分かっているのですが、実際に頭が痛いときに「頭痛い」と言うことが、できません。感覚に全エネルギーが向いている時点で、誰かにそれを伝えるのは、とても難しいです。だから、おそらく小学生の私も、いろいろこれがつらいな、あれがよく分からないなというふうに困ってはいたけど、はたから見たらそんなに困っている人には見えなかったんじゃないかなと想像します。

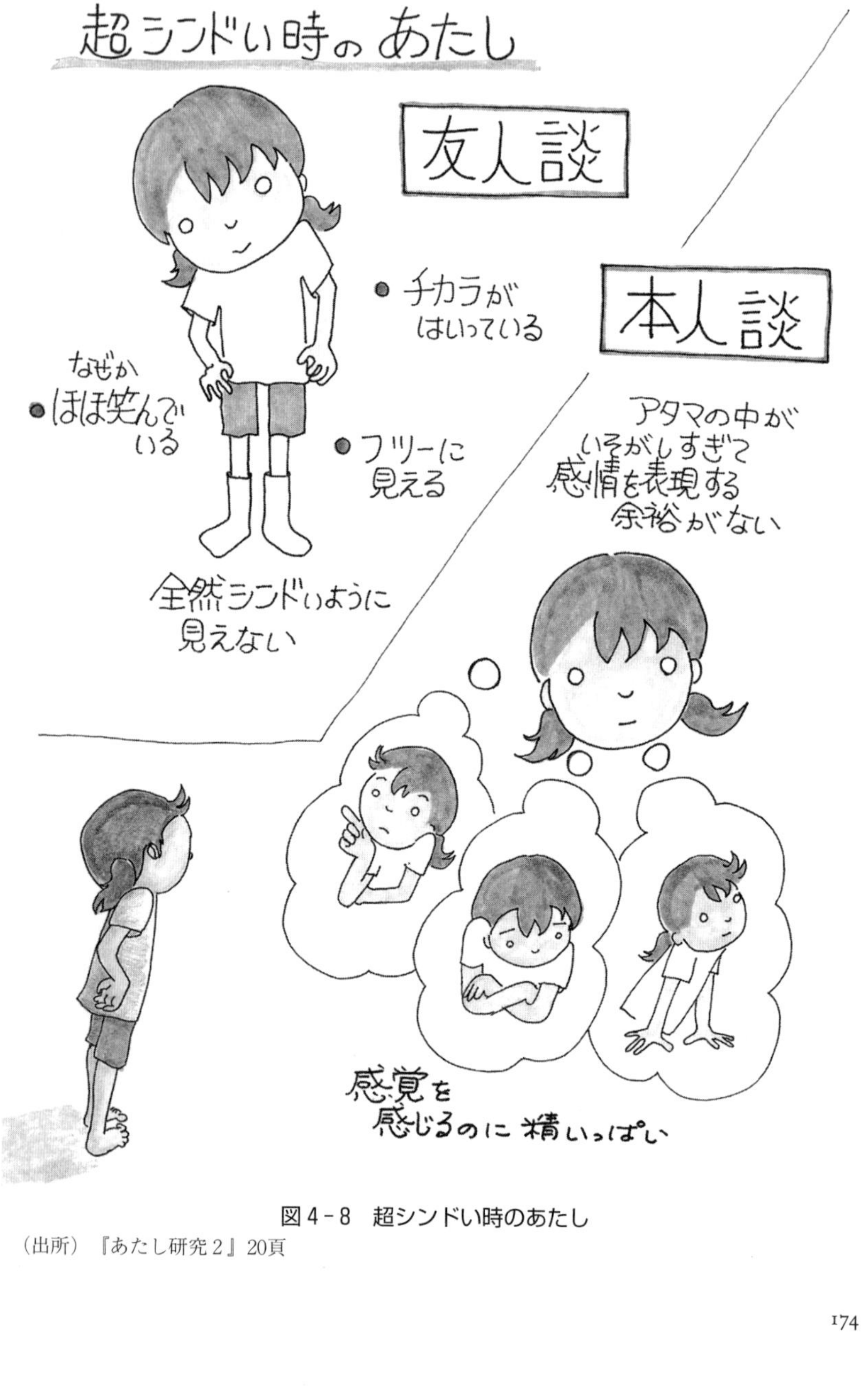

図4－8　超シンドい時のあたし

（出所）『あたし研究2』20頁

二つの世界

この絵（図４-９）を描いたころは、いろいろなことに迷っていて、当時は一日一枚描くって決めてたので描いたんですけど、描いたらこんな絵になっちゃって、これ（右側の崖を登る人物）は私なんですけどね、定型発達というのがあるということが分かり始めたというか、今でも分かってはいないんですが、こういう発達の仕方をしている人がいるらしいということを考え始めたときだったんで、私はこんな感じで、多くの人はもうすでに道があって、一歩一歩、歩幅とかも決まっていて、そこを前の人に続いて上がっていけばゴールにたどり着くのに対し、私は、フリークライミングのように、道なき道を歩いていかなければならないのか、と思って描き始めました。今は、当時のような迷いがないので、自分の歩む道と多くの人が歩む道のチガイに深くモノを想うことは、ほとんどないのですが、この絵を見るたびに、あの頃の私は、とてもつらかったなあ、と思い出します。

4　自分を始点として伸びていく道
――村瀬さん、高岡さんのお話を聞いて

セミナーや講演では、たいてい質疑応答の時間があると思うのですが、私は質疑応答は、おことわりしています。なぜかというと、質問してくれる人のことをよく知らないのに、その方の質問に答えることができないからです。何回か会ったことがある方でも、よく知らない時点でその方の抱えてらっしゃるモノに対して、私なりのお答えを出すというのは、とても難しいです。明日もあさってても会えるなら話は別です。その人の抱えるものに、ずっと向き合っていけるならいいのですが、一回限りで端的に何かを言うのが、できな

図4－9　崖を登るあたし

（出所）『あたし研究２』96頁

いので、質疑応答はおことわりしています。それで、今回は、質疑応答を受けないかわりに、村瀬さんと高岡さんのお話（第1章・第2章）の感想を言いたいと思います。

村瀬先生のお話はおもしろかったです。クリストファー・ロビンが「きみは世界一のクマさん」と言っていた場面が印象的でした。言葉がお互いの立場を救うなぁ、と思いました。この言葉には、読み手の数だけ解釈があると思いますが、「世界一」というのがキーワードだと思います。誰でもいいのではなく、「きみは世界一」世界に一人しかいない存在だと認めてもらえている体験は、クリストファー・ロビンとプーをつなげる言葉だったんだと思います。村瀬さんのお話を聞いて、これからも「クマのプーさん」の本を読んでみたいな、と思いましたし、そういう作品が、プーさんだけではなく、日本にはじつはたくさんあって、まだ出会っていないすばらしい作品に、目を向けていきたいな、と思いました。

高岡さんのお話についても、たくさん考えさせられました。『あたし研究』を出版したあと、小澤勲さんの『自閉症論再考』（批評社、二〇一〇年）を読んだのですが、そのときのことを思い出しました。世の中で、発達障害とか自閉症とか、脳機能云々について、いろいろなことが言われはじめて、だけど、自分についてはよく分からなくて、そのときの私は、自分がどんな道をどのように歩いていったらいいのか、とても不安に感じていました。けれど、一冊の本『自閉症論再考』に出会い、「ああ、そういうことなのか。」と垣間見ることができたんです。でも、小澤勲さんは、もうご存命ではなくて、とてもさみしく想いました。だから、この本に出てくる存命の人となるべく早く出会わなければ、と思ったんです。高岡さんにはじめて会ったとき、私がそんなことを思っていたとは、ご存じないと思いますが。

自閉症にまつわる本を読んだり、自閉症者に関わるさまざまな人々と出会い、私は私自身を知っていく道のりを歩いているように思います。自分を始点として伸びていく道は、思いがけないいろいろな出会いにつながっているので、これからもじっくりと向き合っていきたいな、と思っています。

引用文献

小道モコ『あたし研究――自閉症スペクトラム～小道モコの場合』クリエイツかもがわ、二〇〇九年
小道モコ『あたし研究２――自閉症スペクトラム～小道モコの場合』クリエイツかもがわ、二〇一三年

第5章　地域でともに生きるためにできること

事例報告「危ない橋を渡ってきて、崩壊してもおかしくなかった：独り暮らし」

長尾祥司
平岡美鳥

長尾祥司（ながお・しょうじ）

1965年生まれ。

現在，NPO 法人パーソナルサポートひらかた理事長。相談支援（相談支援専門員）等を行う。

中学１年生のときに養護学級に在籍していた生徒とかかわったのが，障害を持つ人とのはじめての出会い。「支援」「関係」ということを意識せずにかかわりはじめた。中学卒業後，地域の自立障害者の介護に入ったり，ハンセン病者の療養施設に行ったりした。その後，枚方市の無認可作業所「障害者労働センター」で賃金保障を重視した活動を行うようになり，現在の仕事にいたる。

平岡美鳥（ひらおか・みどり）

1967年生まれ。

現在，NPO 法人パーソナルサポートひらかた。相談支援（相談支援専門員）等を行う。

中学生のころから，当作業所の創設者の一人で，24時間介護が必要な脳性麻痺の男性の家に遊びに行っていた。そこには個性的な介護者が集まっていて学校よりも魅力的で，沢山そこで学んだ。学校を卒業し建築事務所で CAD（コンピューター支援設計）を10年した後，今の職場へ就職し，作業所で12年，就労継続支援Ｂ型で３年，相談支援員として１年勤務して現在にいたる。

＊ NPO 法人パーソナルサポートひらかたについては本文を参照。

1　事業の概要と和田さんとの出会い

三〇年以上前のスタート

長尾　大阪府枚方市の「パーソナルサポート　ひらかた」の長尾といいます、よろしくお願いします。事例報告ということで、事例、実践とかそんなにたいそうなものではなくて、ぶつかっては考えながら来たな、というお話を少しさせていただければと思っております。

はじめに、このタイトル（「結構危ない橋を渡って来て、崩壊してもおかしくなかった」）で打ち合わせをしたときに、「ようやってきたなぁ」という話をしていたら、こういうタイトルかなぁということになったんですけど、そうやって取り組んできたことをお話ししたいと思います。私は枚方でＮＰＯ法人の事業をやっておりまして、事業的には「相談支援」と、「就労継続支援Ｂ型」と、それから「ヘルパー派遣」の三つの事業をやっております。

もともとは八〇年代当初に無認可作業所として始まった地域の作業所で、そこでずっと活動をしておりました。ぼくはそのときまだ中学生でしたので、そこにはちょこちょこ顔を出していて、手伝いに行っていたらいつの間にか職員になっていて、法人の代表になったという流れがあるんです。ぼくはどちらかというと仕事で入ったというよりは、中学校に入学したときにたまたま知的障害の同級生がいて、当時は精神薄弱と呼ばれていましたけど、その彼との関わりから始まって現在に至っています。別にそんな障害者問題ということじゃなくて、毎日学校でいかに早く弁当を食べさせてやろうかとか、球技大会にどうやってちゃんと参加できるかとか、そんなことばかりやってたんですけど、いちばん覚えているのは、誰が迎えに行くかというのをみんなで話して、当番を決めるより、行ける人が行こうというのをいちばん初めにやったのを覚えています。彼が学校に行くという取り組みから始まったのかなと思います。もう三〇年以上前ですけど、それがぼくにとっての何となくのスタートなのかと思っています。

今は関係性より専門性が求められる

自分のなかでの最近の問題意識としては、いろんな福祉制度の問題等々たくさんあるんですけれども、そのなかの一つに児童デイの問題があります。最近地域では障害を持った子どもがたくさん支援学校に通っていて、支援学校からどこに帰るのかというと、最近は「放課後等デイサービス」に行って、それからドアツードアで家に帰っていくというのが非常に増えてきています。なんとなく地域で障害の人を見なくなったなぁという印象で、もうそこに入ってしまうと、気がつくと成人になって「放課後等デイサービス」と同じ法人がやっている「日中活動」に通っているという、すべてこういう専門職等々に囲まれた生活が最近当たり前になっているなぁと感じています。昔は、専門性ではなく関係性と思ってたけど、今は逆に、関係性より専門性が求められることが地域で目立ってきたというのが自分のなかで問題意識としてありますが、自分はそういう事業の関係者なので、どういうふうに考えを変えていかなければいけないのかという、変えていくという言い方も語弊がありますけど、こういう実践のなかで考えていければと思っています。

いかにお金を稼ぐか

先ほど述べたように、ぼくの活動は、もともと中学の同級生との関わりから始まって、進路問題があって、障害を持った人の進路ってどうなっていくのかなぁと考えはじめたのがちょうど八〇年代の真ん中ころ、ぼくが一六歳のころだったんですけど、それを機に、中学を卒業して、同級生でサークルをつくろうということになり、卒業してから今の枚方障害者労働センターに出会っていくんですけれども、そういうことをしながら現在の仕事に至るということです。今は「相談支援」という事業名になっていますけれども、当初の作業所って、みなさんご存知のように、いかにお金を稼ぐかという時代だったので、今みたいに事業をするということではなく、補助金を得て、その補助金のなかでみんなで活動をして稼いでいこうとしていました。ぼくはリサイクル担当で、ゴミをあさったりタンスとかを拾ってきてそれを売るという仕事をやったんですけど、それを今日報告する事例に出てくる和田さんと二人でトラックに乗って配達をして、一緒に賃金を稼ぐということをやっていました。それから、取り組みとしては、制度要求ということで、私が仕事を始めた三〇年くらい前のサービスというのは、今と違って知的障害者なんか当然サービスの対象に入っていなかったし、そういうことを拡げていくべきだと行政要求等々をやってきました。それは和田さんの事例にも通じています。

和田さんと両親について

事例報告ということで、当事者の和田さん（四二歳）と今日一緒に来ようと思ったんですけど、お母さんの家に行く日だったみたいで、今日は来ていません。知的障害で、また自閉症でこだわりが強い人です。彼とは小学六年か中学一年のときにはじめて出会いました。略歴で言うと、彼が地域の小学校に行ったころというのは集中校という仕組みでして、校区を越えて一つの小学校に集まって普通学校で学ぶということをやっていたんですね。彼は開成小学校という、校区としてはけっこう遠いところへ通ってて、当時はバスで通ったと言ってました。彼の大きな転機というのは、おそらく校区の先生との出会いです。もともとの地元の

平岡美鳥／長尾祥司

校区の先生が、校区に帰っておいでと呼んでおられたんですね。お母さんは、集中校にいたほうがいろいろな人に出会えるということで躊躇されていたんですけど、小学校五年生くらいのときに帰ってきたんですね。その校区の先生との出会いがもとで、今から報告するような取り組みが始まっていきました。

和田さんのご両親というのは活発な方たちで、お父さんとお母さんが金属加工の自営業をやっておられて、当然共稼ぎだから留守家庭児童会に預けておられました。ところが、枚方では留守家庭児童会は四年生で終わるんです。そのあとどうするかというので、行政要求をされて補助金を得て、留守家庭児童会のようなことを延長で続けていくんですね。そういったことに取り組んでおられるお父さん、お母さんで、はじめて会ったときものすごく印象的で、お母さんは将来施設に入れないといけないかなぁとチラチラ言っておられましたけど、お父さんは、自分の子どもは絶対預けないと、親が一生見ないといけないから地域で暮らすんだと、ちょっとどこまで本当か分からない話をしておられましたが、地域で何かするという意志が強かったのかなという印象を持っています。

仕事がうまくいかない

仕事としては、彼は支援学校の高等部を卒業したあと二年間就職するんです。両親の知り合いの金属加工の会社に入って、一年後に退職するんですね。なんで退職するかというと、ちょうどオイルショックか円安か何かで金属の仕事が減って、自分のやっている仕事が減ってしまったんですね。そうすると他の仕事をやってくれるかというと、絶対自分の仕事しかやらないということで、他の仕事を頼んだら逆に荒れてしまうということになって、辞めてもらおうかということでちょうど一年後に辞めました。二年目にも同じような仕事場に行って、大阪市内だったんですけど、そこも一年で辞めるんですね。そこは小さな町工場で、旦那さんが社長で奥さんと一緒にやっている会社でしたが、彼は、社長さんと奥さんが喧嘩しているような状況に弱いんですね。そうなるとワーッと荒れちゃって、ある日社長さんが奥さんにバーンと怒ったとき、彼が奥さんにハンマーで殴りかかろうとしたみたいで、それは社長さんの味方をしたらしいですけど、そんなことをしたらあかんと止めると、トイレを全部叩き壊したという事件があって、辞めました。そのあと作業所、今の障害者労働センターに、今までの地域のつながりや運動の流れで入ってきたのがちょうど八〇年代の終わりくらい（和田さんが二二歳のころ）だったと思います。

2　地域のなかでの独り暮らし

独り暮らしを始めるまで

今日お話しするのは、本人が独り暮らしをしているという話なんですけど、独り暮らしを始めたのがちょうど二四、五年前です。なんで始めたかという話はあとでします。彼の家庭はもともと自営業をやっていて、一階が工場で、二階、三階に家族が住んでいるというシチュエーションでした。どういう人が関わっていたかというと、継続した関係ということで、先ほど彼が地元の校区に帰ってきたという話をしたんですけど、そのときの小学校の先生が、卒業後も定期的に集まって食事をするなど、ずっと関わっておられました。また、そのときに彼のご両親がさっき言った留守家庭児童会の運動をやって補助金をとり、指導員を雇っていたんです。その指導員がちょうど浜田先生のゼミにいた人で、その人も卒業後ずっと関わっていて、彼らが和田さんの今後をどう考えたらいいのかと集まってたんですね。ぼくも作業所の一員になったので、そこに加わって、当時は三、四人でしたけど、どんなことをしていこうかというのを喧々諤々話していたんですね。とりあえずいろんなところを見に行こうということで、入所施設を見に行ったりとか、それから滋賀県にあった共同体を見に行ったりとか、当時、西宮にできはじめたグループホームを見に行ったんですけれども、なかなか本人の生活にマッチしないというかイメージできないということで、どうしたものかと思っていました。とりあえずできることをやろうということで、両親が旅行に行ったら本人と一緒に家に泊まったりとか、月に一回旅行に行こうとか、そういったことで少し環境を変えるようなことをやろうとかいうことを、当時、細々とやっていたように思います。

独り暮らしを始めてみる

いちばんはじめに独り暮らしというか、家を出ようという話になったのには、理由が二つあるんです。一つは、家のなかで両親との関係がよくなくなってきて、お父さんはわりと手を出されるほうだったのです。彼も自分の思い通りの予定で行動できないと、お父さんにバンと当たる、ひどいときは手が出ていましたけど、ものに当たったり、壁を壊したりして、家に家族と一緒にいるのはしんどいのではと、何か考えなければということになりました。そのころ、偶然、ご両親が、職場兼の家から離れた住居をもう一部屋借りようとして公団住宅を申し込んでおられたんです。その公団住宅がたまたま一発で当たって、家ができたんですよ。そのときに、先ほど集まっていた先生や私たちがいちど一人で住まわせてみたらどうかと提案したんですね。どちらかというと、サービスありきというのではなくて、家ができたので一人で住まわせてみようと、もし住んでみてうまくいったら、そのままいけるのではと、とりあえず引っ越してみようということで始まったのが今の生活のスタートです。二十何年か前なので、当時は公的サービスとか何もなかったので、介護者が交代で夜に行きました。当初は泊まるということはせず、はじめは六時に入ってご飯を食べたら九時に帰るというスタイルで始めてみました。

地域のなかで理解を増やしていく

（＊会場でビデオを上映する。）このビデオ、非常によくまとまっているんですけど、一五年ほど前に自治省の官庁ビデオを撮った際に、ボランティアを啓発するという取材があって、撮影してそれをまとめてもらったんです。(1) 一五年前と言えばだいぶん前ですけど、今も基本的には生活も変わらず一五年前と同じ家に住んでいて、変わったのはお父さんが亡くなられたことと、お母さんがご病気であまり家に出入りしなくなったことがいちばん大きな変化かなと思うんです。彼があの家（自営業の建物）に戻ったのは、もともとあそこにみんな住んでいたからです。最初は先ほどの公団住宅に一年間だけいました。当時公団は単身者所帯が住むには難しくて、家族で住んでいるように見せかけて住んでいたんですけど、近隣とトラブルを起こして、単身というのが分かってしまったので、出ようかということになります。そのあと、もともと作業所のあった近くのワンルームマンションに転居するんですね。そこでたくさんトラブルを起こしてしまいました。

トラブルとは具体的に何かというと、近隣のものを壊しちゃうとか、小さい子どもに手を出すとか、近所のパン屋に石を投げるとか、そんなことをやっていました。たぶんそれは何か理由があってそういう出方になってしまったんだろうと思いますが、やっぱり起こしてしまったことは片づけないといけません。とくに小さい子どもに手を出すことが多かったので、そういうときってだいたい子どもの親は、「誰がこの人を見ているんだ」ということから入っていくんですね。私どもがそういう話し合いに行くと、「お前は誰だ」から始まって、話を続けていって、「お前が責任を取るのか」「そういうことじゃなくて」となるんです。当時は、こういう人が住んでいるということを分かってもらおうと、地域の人との話し合いの場で言うとか、近所の食堂に食べに行ってその話をしたりするとか、介護者は交替でとりあえずそういうことをやる。対策的なことよりは、そういう理解を増やしていって、彼が来たらどう対処したらいいかを一緒に考えてもらおうという取り組みを、当時は真剣にやっていました。そういったことで、誰か送り迎えをしたらいいのではないかとか、見ていたらいいのではないかという話もあったんですけど、それよりは、住んでいるんだから、むしろそういった地域生活のことを取り組もうということで努力しておりました。

大きな事件

ただ、現在のように介護者が常時ついている生活になぜなったかというと、じつは一八年ほど前に、一つの大きな事件を起こしたんです。どんな事件だったかというと、当時は住んでいたワンルームマンションから作業所まで、あの人の足で小走りで行くと二〇分くらいで行けたんですね。ちょうど小学校の通学路だったのですが、ある日作業所に近所の人が入ってきて、じつはこの人が家のなかに戸を開けて入ってきて、うちの子どもを蹴ったんですと言いました。となると、「お前何してるんや」ということになりますよね。そして謝りに行って、「大して大きな怪我じゃなかったんで、これからは気をつけてください」となり、なんとか終わりました。ところがそのあと、通所している校区の小学校の先生から作業所に電話がかかってきて、たまたま知り合いの先生だったんですが、じつは今朝、通学時間に子どもが何者かに襲われたと、しかも一件ではなく、数件あるらしいとのことでした。それでどんな人がやったんですかと服装を訊いたら、どう見ても彼のようでした。これは大きなことになったなということで、私たちでその道中を歩いてみたんですけど、小学生だけではなくて幼児もふくむ計六人くらいが怪我をしていたようでした。考えることはたくさんあったんですけど、一つは、どんな事件か実情をちゃんと把握しようということで、警察に問い合わせをしたんですね。警察には通り魔的な通報があったらしくて、警察官もたくさん来ていて、私服警官がはりついていたらしいんですけど、まずは警察に行こうということで彼のご両親が警察に行かれたんですね。

行って聞くと、登校中の、もしくはそのへんに立っている六人の子どもに怪我をさせて、二人ほどは大きな怪我をしたという話でした。警察は一応、当時は民事不介入で、それぞれが示談できれば警察は手を出さないということで、それぞれ話をしていくことになりました。問題は、なぜこういうことが起きたのかということと、今後どうするのかという話ですよね。当時、誰も夜に彼についていなかったので、夜についていたらそれはなかったという問題でもなかったのですが、あのままワンルームマンションに住むことはできないということで、お母さんとワンルームマンションに行って荷物をまとめてさっと引き上げて、ご両親の家に帰っていったんです。

ご両親も、五年も六年も一緒に住んでいなかったので、また一緒に住むのはなぁということで、ご両親には別のところに行ってもらって、その日から介護者が泊まり込むことになったんですね。とりあえず泊まろう、と。誰かが見ていないとダメだろうということと、通所時の送迎は必ず車でしようということで、その日から始めたんですね。

泊まり込むことを決める前、なぜそういう事件が起こったのかということを考えました。事件の日の朝のことだったか、お父さんから私に電話がかかってきて、夜中に何回も電話をしてきていると言われました。

彼はしんどくなったら電話するんですよ。お父さんに訴えるんですね。些細なこともあって、切手がないとか、ハガキを買ってこいとか、そういうことはそれ以前にもあったんですけど、今回は何か様子がちがう、おかしいと。「でも大丈夫でしょう」と言っていたのですが、実際には事件が起こってしまいました。夜に何かあったんだろうなということが容易に想像がついて、何時何分に何をしていたか、本人の行動を訊いてみたんです。するとどうも、前の日の晩にある会合があって、そこにいつも本人も参加しているんですけれども、その日は作業所から一人で帰ったので、どうも会合の時間に間に合わないようなことが起こったようでした。ご飯を食べる時間がずれたというようなことを本人は言っていたような覚えがあるんですけど、それですべての予定がくるって、夜中に悶々として何回も電話して、朝、いつもより二〇分も早く家を出て、その事件を起こしているんですね。

とりあえずつながりを続けるしかない

そういうこだわり的なことが原因じゃないかなぁとぼくは今でも思っているんですけど、もしそのときに誰か泊まって夜にいたらその状態が分かっていただろうし、こういうことがあったから送って行こうとか対処できたのではないかということで、とりあえず泊まろうということにしたんです。当時、障害者の宿泊施設なんて当然ないし、かといって他の人に任せるわけにもいかないから、介護者が交代で泊まろうということで、多いときは週に二、三回泊まっていましたけど、そういったことで、今の生活を保とうということで始めたんですね。それは具体的に次の日のことからだったので、今後どうしようかということになりますよね。

あとで知ったんですけど、ご両親は施設に入れようと決めておられたみたいで、そのことが起こって、五年間独り暮らしやったんだからもういいじゃないかということで、頑張ったからもう施設に行かせようと、けっこう家族全体でその話が固まったみたいで、遠方の施設に見学に行っておられたみたいです。介護者のほうも今後どうしようかということを毎晩集まって一か月くらい話し合っていましたけど、どうしていいか分からないということを毎日話していたんですね。ご両親は施設に入れるつもりらしいということがちらちら聞こえてきたので、それだったら家を建てて地下室に入れたらいいとか、施設よりましだとか真剣に話し合っていましたけれど、最終的には、自分たちも泊まるから継続してみませんかとご両親に提案して、お父さんもそれならやってみようかということになりました。

泊まっているからといって、とくに何もしていなくて、一緒にご飯を作って、彼が片づけをしてくれ、布団も敷いてたたんでくれるし、彼が介護者を朝起こして、早く帰れと言います。今の制度的に言うと、彼みたいな人への介護ってなかなか必要な支援に該当しないんです。介護者というのはサービス事業でやるものでもないし、ヘルパーでもないので、とりあえずやらなければいけないというので泊まりを始めたのですが、自分的には、正直、もうはっきり自信がないと言いました。もし誰かが介護者を辞めたら、みんな辞めようという話をしたんですね。みんな辞めなかったんで、そのあとも続いたのですが、とりあえずつながりを続けることがいちばん大事かなと当時は思っておりました。

サービスではないから続いてきた

あそこ（自営業の家）に戻ったときは、当然下に工場があって、家族は作業をしておられたんですが、上に彼が住んでいて、介護者が夕方に来る。そうすると、仕事が終わると家族が上がって来られるんです、疲れたなぁという感じで。どうも家の延長みたいだから、本人の生活とは言い難いなということで、ある日思いきって、ご両親を前に、介護者の先生とぼくが並んで、本人のためにあの家をくださいとお願いしたんですね。そしたら、分かりましたとみんな出て行かれたんです、みんな。で、今は家族は誰もいない、本人の家になっています。一階は倉庫になっており、まわりは工場街で、夜は誰も人がいなくて、子どもさんもいないので安心なんです。

彼の生活は、家ができてそこに行ったという流れが多くて、ここも家があって独り暮らしができるということで、今はそこに住んでいます。何年かあとに生活保護を申請して、制度的に他人介護料を取って介護者の費用を賄っています。今日のテーマである「崩壊しても」というのは、まさにこのときのことで、たぶんサービス事業制度だったら何か足りない支援を埋めていこうとするかもしれない。おそらくそこで誰か介護者が辞めると言ったら、たぶんみんな辞めたんじゃないかと思うんですね。でも逆にサービス事業制度じゃないから続いてきたのかなということと、彼にとってよかったなと思うのは、サービスだけで行なわれているのではなくて、いろんな取り組みの関係が続いてきたということです。だから次へ行ってみよう、あれをやってみよう、これをやってみようということがなんとなく続いてきたのかなと思うんです。

ともかくやってみて、要るものを足していこう

話が戻りますけど、二十何年前に、ひとりでやらせてみたらと言われたのがビデオに出てきたあの先生なんですけど、「ひとりで置いたことがないだろう、ひとりでやらせてみよう」と話したことがあるんです。当時は、けっこう時間にこだわりが強かったので、まずスケジュールを決めるんですね。朝何時に起きる、何時に家を出る、夜は何時に帰って来てご飯は何時と決めることで、こだわりが強くなってくるかなとあとで思ったんですけど、九時に必ず寝ると決めると、かならず布団に入るんですよ。それを確認して私たちは

帰ったんですが、そのあと夜中に車で走っていたら、本人をよく見かけました。あぁ、ウロウロしているんだなと思いましたが、ま、いいかと見ていたんです。当時からこれまで、必要な対応をいろいろ付け足してきて今のスタイルになったんだなと思っています。

今は、わりとこういった人の生活を考えるときに、どういったサービスがあるかと、私たちは仕事のなかでそういう見方をします。でも当時はともかくやってみて、要るものを足していこうとやってきたのかなというのが、今となっては印象的です。もし、二十何年前のぼくが今ここにいて、これをやると言ったら、止めておけと言いますね。たぶんその時は、まずやってみよう、やってみて考えてみようということでやってきたけど、今はそういうことは考えないだろうなと思います。思わないこともないんですけど、そういうふうな見方になってきているのかなと少し感じております。先ほどの話と矛盾しますが。

施設に行くか地域に残るか…〝こだわり〟がなくなった

もう一つ、ちょっと印象的だったことがあって、その事件を起こしたあと、家と作業所の間を送迎するようになったんですね。今は違いますが、当時は必ず誰かが待っていたんですよ。誰かが、彼が帰る時間にちゃんと送っていって、必ず誰かが交代で家に入っているという状態にしていたんです。事件を起こしてまだ間もないころのある日、ぼくが送っていくと、先生が待っておられたんですね。そうすると、ただいまと入っていって、何を思ったか、ぐっとお金を握って表へ出ようとするんですね。それでムカッとして、どこへ行くねんと首をつかんだら、ジュースを買いに行くと言うんです。お前、事件を起こしてそんなことをしてる場合か、という話になって、今こんな状況やぞと言いました。彼は子どものときに、ショートステイに預けられた記憶があるんです。それが鮮烈に残っていて、その施設に行くのがいまでもイヤだと言うんですね。

だから、そのときに、お前、施設に行くか地域に残るか二つに一つやぞ、金が大事か生活が大事かどっちやねん、たぶんそんな言い方をしたと思うんですが、彼はお金を全部出してきて、隠しているお金もぜんぶ出してきて、差し出したんですよね。こんなに持っているのかと全部回収したのですが、それをきっかけに彼の〝こだわり〟がなくなったのです。

そのときなんとなく自分の頭にふっと浮かんだのは、彼は時間とお金のこだわりが強くて、お金なんか年数によって、何年の金は要る、何年の金は要らんと言うんです。要らないお金は自動販売機で使ってお釣りも取らないで帰ってくるんです。そういうことをやっていたんですけど、それから、それがピタッとなくなったんです。そのときに、こだわりは、ふくらんでいって、その瞬間ポカッと割れたのかなというイメージがありました。時間についても、同じ時期にこだわりが見られなくなりました。今はまただいぶうるさくなっているみたいですが。当時はぼくは夜の一一時ころまで仕事場で仕事をしていたんですけど、当番の日は九時まで彼の家でずっと一緒にいましたから。彼が自分に起こったことをすごく肌で感じていたのかどうかは分からないけど、まわりの介護者はかなり真剣だったのじゃないかと思うんですね。やっぱり毎日時間を使って、夜来て泊まって、延々話をしましたから、そのなかで彼の時間へのこだわりがなくなったのかなと思います。

彼に合わせることがこだわりを強くしていた

もう一つ思ったことは、作業所に来たときは、時間に対するこだわりがものすごく強かったので、やっぱり彼に落ち着いてもらおうと思ったら、まわりも時間を守らなければいけないということで、一生懸命やってたんですよ。一二時にご飯、五時には帰宅ということでやっていました。でもなんとなく、それでこだわりがかえって強くなって、どんどん時間に細かくなっていって、しんどくなって。それが、この事件を起こしたことでバーンと崩れる（こだわりがなくなる）んですけども、こういう変化ってなんだろう。よく分からないけどそういうことが起こって、こだわりって雪だるまみたいに大きくなって、何かの事情でパンと割れたのかなと。また今は大きくなっていますけど、そういった関係を繰り返すことで生活の中身が変わっていくのかなと、そのとき非常に思いました。

それではここで、うちの作業所の職員から、今の彼の日常ということで少し話をしてもらいます。

3　現在の和田さんの日常と今後の課題

彼との関係のなかで自分にできること

平岡　平岡です。よろしくお願いします。彼が独り暮らしをしていた一五年前ごろに、私は作業所に入ったんです。少しは理解していたつもりだったんですけど、こういうビデオを撮られて、先輩方がこういう取組みをしてこられたんだと知ることができるのは、新しい職員としてはすごく大きなことなんですね。大きな事件を起こしたあとではありますけど、かたちとしては安定し、自立生活のかたちもできたなかで、私は入ってきたわけです。

彼との関係をつくっていこうと模索をしているんですけれども、やっぱり作業所のなかで働くと、彼のこだわりの渦のなかで時間がすごく決まっているので、ひと悶着あったり、彼と一緒に配達に行くたびにここに日付を書かないといけないとひと悶着あったりしました。昔からいる職員と入りたての職員という差もあるのかと思い、あとで他の職員に聞いたら、私のときはしないとか言われて余計あせるわけですね。ベテランの職員の真似もしたりしていたなと、このお話をする前に振り返ってみると、自分でいろいろ思うんですけど、彼との関係について何回も模索を試みるんですね。彼も私を試しているんだろうなと思うことがいくつもあったんですけど、そういう押したり引いたりをお互いしながら、でも仕事はしなければいけない、カレンダーの年末配達とかありますし、やらなければあかんことがいっぱい詰まっているので、彼はこの作業をしたいと思うけれども、「ごめんやけどこれやらなあかんし一緒に行こう」と言って、くるくる回る彼と一緒に行くわけですよね。で、私の下にもまた若い人が入ってきて、「どうしたもんかな」と言いながら、彼といろいろやり取りをしながら仕事をしていくんです。

けれどももう一つ、ちょっとやっぱり私のなかで、彼と長尾さんや他の職員との厚い信頼関係、自分との関係以上の絶大なる信頼関係を思うと、私は同じようにはできないなと思ったんです。けれども、完成されたなかでも何か自分ができることはないかと。それは本人やお母さん、介護者からの信頼とまではいかないとは思うんですけども、私が探したことは、作業所での金銭管理、作業所のなかだけで四万とか五万とか預かって、それを彼とともに一緒に使うとか、それから、服の管理、それがちょっと大変で、彼は四月一日になったら、一〇月一日になったら、絶対、寒くても暑くても衣替えをされるんですね。ただ、しわしわのま、破れていてもそのままで、そういうことが続いていたので、彼と一緒に、これは捨てようとか、これは買い換えようとか、そういうやり取りを重ねてきました。

小さいことなんですけれども、そういう自分でできることを探しながら、彼とお母さんとか介護者の人とも話しながらやってきたんですね。いろんなことがあるなかで、六人の子どもたちを叩いた大きい事件ほどではないんですけど、作業所のなかで彼のストレスがたまっていたのかなぁとあとから思うことも多いんです。家のドアとかトイレを壊したり、工場地帯のようなところにお家があるのですが、よその工場の前の花壇の花をぜんぶ摘んで、野菜もぜんぶ引っこ抜いて、怒られて謝りに行くとか、いろんな悪さをされるもんですから、最終的に、カメラを設置されました。彼と、「ほらカメラ設置されてんねんで」と話をして謝りに行ったりとか、そういうのを繰り返していたんです。

「絶対行かんとこ、あんなとこ」

あるとき、私より若い職員に彼の手が出たときがありまして、それもまた作業所内でいろいろ話し合いがなされまして、私はその職員よりちょっと前に入っているから上司になるんですね。上司といってもちょっと先に入っただけなんですけれども。和田さんと私はいま四七歳で同い年なんです。若い職員は一〇歳下だったんですけど、私から見て、一〇歳下なのに、ちょっと上から目線という感じだと思ったのです。そんな偉そうなこと言えないんですけど、手が出たときに、上司としてその若い職員に、やっぱり彼が手が出る原因もあったんじゃないかと考えてみてほしいと投げかけたんですね。偉そうなことを言ってるなと私も思いながら、反面、和田さんに対しても、手を出すということは仲間として許されないと言いました。それで彼と話し合って、介護者とも話し合って、内部でも話し合って、先ほど施設が嫌だと彼が言ってたという話が出ていましたが、彼がいちばん嫌なその施設に短期入所の契約に行こうと言いました。いちばん嫌なことをしようと思ったんです。で、すごく嫌がっていました。ずっと「バツ、バツ」と手でバツの仕草をしていました。毛頭入所させる気はないんですけれども、仲間として私は許せないということを彼に伝えたかった。彼と一緒にその施設に行ったんですが、私も初めてのところだったので、彼はずっと「バツ、バツ、バツ」と手でバツの仕草をしてましたけど、契約をしました。中を見学させていただきました。本当に古い建物で、殺風景で、ここでみなさんくつろがれますと言われた部屋が、畳がもうボロボロで、畳しかなくて、エッ？

どうやってくつろぐんやろ？　というような部屋で、終始アンモニア臭がしているんですね。みなさんはいろいろな施設を見学されているのかもしれないんですけど、私にはとても衝撃で、そりゃあ彼が嫌がるのも分かるわと思って、その見学を終えました。で、二人で「絶対行かんとこ、あんなとこ」と言って、彼がどう思ったか分からないですけれど、もう私にはかなりの衝撃だったので、「絶対行かんとこな」と言って帰ってきました。

本当に地域で生きなくてはいけない

介護者の安野さん（ビデオに出ている）にも、その施設の契約に行こうと思うんですけどと相談したら、「ま、行ってきたら」と軽く言われました。報告したときは、「ひどいところでした。あれ、絶対行かせたくないですわ」という話をしたら、安野さんが、「それが分かっただけでよかったやん」と言われたんです。さすがだなと思いました。そのとき実感したのは、言葉では、自分は地域で生きているのだから、障害のあるなしにかかわらず、地域で生きて暮らしていくのが当然だと思って仕事をしていたんですけど、本当に地域で生きなくてはいけないということを、和田さんのお陰で実感できたんです。先ほど長尾が話をしたいろいろな経過がたくさんあるんですけれども、それは経過として話を聞くだけで、物語というか歴史になっていて、なかなか自分のなかで実感できないんです。かなしいかな、その経過のなかに自分が入っていないので。なんとかこう自分のものに、彼との関係を自分のものにしたいと思っていろいろ模索するんですけど、結局は本人とぶつかったり、向き合ったり、トラブルがあったときに先輩方から「ここの作業所は面白くてよかったやん、考えるチャンスをもらったね」とか言われたりするんですけれども、そういう時間が、自分がいろんなことを問い直すことに繋がってきたんだなぁと思っています。

浜田先生が、今起きていることの意味は、あとで考えて分かるとおっしゃったんですけど、なんか毎回そういうことの連続で、今も若い職員の下には、また若い職員が入って来て、一緒に彼と、彼のこだわり、彼の強い思いのかたまりをどうしようかと、まだまだ模索しているような状況です。

いろいろな人との関わりをどうつないでいくか

長尾　今後の課題は、介護者の世代交代で、和田さんは四〇代後半で、介護者も本職（会社や学校勤務等）を退職されている方がほとんどなので、当然、退職前に介護（ボランティア）も辞める方もいらっしゃいます。サービス的にはヘルパーに週三回ほど夕食づくりなどに入ってもらっていて、泊まることなどはサービスには一切入っていなくて、今は介護者がいないときはひとりの夜もあるような状況なんです。今後サービスを追加していくかどうしようかという話になっていくかもしれないし、人は変わるけれどもサービスは続くと思うんですね。でも介護者がいなくなると、介護者の代わり手を見つけるのはなかなかむずかしいので、新しいものを受け入れるストレスを彼が抱えるのか、人がいないというストレスを抱えてこれから生きていくのかという選択が近々来るのかなと思います。なんとなくこういうかたちでやってきて、できたら同じような環境のなかで続けられたらなと、なんか埋めなあかんということでは今はないのじゃないかと思っているのかなと思うんですけど、今はとりあえず、彼を中心にやってきた介護者のグループを中心にしながら、ます。今後は世代交代が課題かなと思いますが、そういった議論をどこでしていくのかというのも課題となるのかなと思うんですけど、今はとりあえず、彼を中心にやってきた介護者のグループを中心にしながら、彼の日常活動を支えています。関係的には、サービスだけじゃなくて、いろいろな人が関わって意見を言い合ってかたちをつくるというのが、どうつなげるかというのが、たぶん大事なのかと思います。けっこうそのなかで彼は今の生活に自然に至ったのか、獲得したのかよく分かりませんけれども、そういうことが今後の課題かなと思います。

4　時代を越えて大事にしたいこと

何かあったら自分でやらなければいけない

（以下、質疑応答）

フロアA（男性）　堀智晴です。訊きたいことは一つなんですけれども、結局、長尾さんたちが、長尾さんの世代の人たちが、こういう時代にそういう地域で生きていこうということを大事にしてやってきたということにね、ぼくは時代を感じました。そういう、その当時の時代の空気というのが、今ガラッと変わっているよね。その当時の時代というのは、どうしてそういう時代になったんですか。

長尾　個人的な意見ですが、ぼくとしては、入口は仕事ではなかったので、地域で出会った障害を持った人がいて、その人とずっと一緒にいたので、そういうことが自然に仕事になったんじゃないかと思うだけなんですね。別に福祉の仕事を目指してきたというのでもないし、別に介護の問題と取り組もうと思ってやってきたわけではないので、彼らと関わることで、なんかウン？と思ったことを一緒に考えていかなければいけないのかと、そしてたまたま出会った人と活動しているうちに、こういうかたちになったのかなという感じがします。ただ、さっき時代という話をされていましたが、当時八〇年代は本当にそういう時代だったのではないかなと思うんですね。何もなかったら自分らでつくらないと仕方がない、何かあったら自分でやらなければいけないというのがいちばんはじめだったので、いちばんはじめに作業所を作ったときも、補助金を得てそのお金を使ってやろうと自分らで組み立てていったのが今日のスタイルになったかなと思います。

この世界だけではなくて、社会全体がそういう時代だったかもしれません。

むしろ今はたくさんのサービスがあって、たくさんの介護者が関わっているけど、そのなかで、何を本当の目的にしているのか。大きな目的はあるかもしれないけど、個別に言ったら、自分はどのような関わりをしようとしているかとか、それが仕事としてなのか、自分の本心、本音なのかということって、誰からも問われませんけど、自分のなかでは考えていかなければいけないのじゃないかとどこかで思います。そんなに別にたいそうに、彼のことを一生面倒見るというようなことは一切思っていません。次にわるさをしたら施設に入れてやろうとかどこかで思ってるかもしれないし、作業所でこだわっているのを見たら、またこいつやってるわと思いながら、そういうときは二人で配達に行って、その途中で、「ええ加減にせえよ」とか言うんですけれども。そのような日常のなかで、自分なりに関わりを考えていきたいなと思っています。仕事では今は理事長だったり管理者だったり、いろいろ役職がついていますけど、それは仕事上のことなので、自分のなかでは関わりをどう持っていくべきなのかということは考えていかなければいけないことだと思っています。最近肩書に邪魔されているので、個人的には面白くないんですけれども。ザクッと言えば、そういう時代のなかでやって来たからかなとぼくは思います。

何もなくてもみんなで集まろう

浜田　矛盾しているかも、今だったらそうしなかったかもしれないと言われた、事件を起こしたあとの対応の仕方に関して、その時代だったから、今の時代の目で見たらそうしないかもしれないと言われたところについて、もう少しお話しいただけますか。

長尾　ぼくの肩書が邪魔しているからかと思うんですけど、今だったら、職員がそれをしようとしたら、

「やめとけ、責任は誰がとるんだ」と言うと思うんです。でも、当時は責任なんてなくて、本人がやりたいと言うんだったらやったらいいというのが基本でした。でも事業所として、彼が何か起こしたら誰が責任とるんだと問われると、ウン?となっちゃうのが今で、たぶん二〇年前のぼくが今のぼくにそう言ったら、やめとけと言うと思うんです。だけど、二〇年前だったら自分はやろうと思う。たぶん当時、何か起こったらどうしようという話ってなかったと思うんですね。何か起こったらどう対処しようという話はたくさんしましたけど、起こったらどうしようという話はあんまりなくて、何か起こったら集まって話をしようというのが当時のスタイルでしたから。

事件って並べるときりがなくて、それだけで話し合いに半日かかるくらいたくさんあります。でも一回、何もないから集まらんでもいいかと、やらないときがあったんですよ。そうするとボーンと大きな事件を起こしたりして、やっぱり何もなくても集まろうと毎月一回飲み会をすることにしたんですね。飲み会も初めは彼の家の近所にしていたんですが、だんだん遠方に行ってミナミやキタまで行きだして、当時は彼は一人でウロウロしていたので、現地集合、現地解散だったんですよ。自分で来て、帰りたくなったら自分で帰るという、今だったら考えられないですが、当時は自分で帰りたかったら帰ったらいいと、たぶんそのときはそれでいい選択だったと思うんですね。みんな集まって、みんな帰るという、当然彼を中心に集まるグループだったけど、そういったことでいいのかなと思います。

今って、必ず誰が送って誰が迎えに行って誰がどうするかということを決めます。それも大事なことではあると思います。ぼくは今の事業所では、必ずそのことを指摘します。でもそれが、本人の生活のなかでは面白くないだろうなと思うし、もし自分だったら、誰かに送り迎えされて、誰と何時に帰ると決められるというのはイヤだろうなと思うけど、きゅうくつだろうなと思う反面、今はそうしなければいけないのだということだと思うんですね。今の自分だったら本人がやりたいと言ってもやめろと言うのは、今の事業とか肩書が言わせているんだろうと思っています。昔はみんなで負担し合おうということがどこかであったので、それでそういうことをやってきたのだと思います。

わりと怖れ知らずだったなと個人的には思っているんですけど、ぼくは一度、介護が終わったときに、そのときヘルパーが週一回くらい彼の自宅へ来ていたんですよ。どうも和田さんがヘルパーさんと相性がよくなかったみたいで、私が帰ったあとよく問題を起こしていて、ある日あんまり心配だから、ヘルパーさんの帰りを待ってたんですよ。ヘルパーさんが九時に帰って、しばらく経って帰ろうかなと思ってふっと後ろを見たら、包丁を持って出て来たんですね。「何してるねん！」と言ったら、パッと部屋に入っていって、もう出てこないから、いいかと思って帰って、次の日の朝に行ったら、前に置いてあった車のタイヤにプスッと穴が開いてたんです。誰も見ていなかったからいいかと知らん顔しましたけど（笑）、そういうこともあるさとそのとき思ったんでしょうね。今だったらものすごく考えると思うんですけど、当時はそれでいいかと。たぶん今のうちの職員がそんなことをしたら、無責任だ！　と言うと思うけれども、たぶんそのときはなんとなく、事がバレたら対処しなければいけないし責任をとらなければいけないと思っていたと思うんだけど、そんな感じでした。

当事者の声を届けたい

平岡　どちらも難しい質問で、先ほど堀さんが「時代」とおっしゃったんですけど、私は相談支援の仕事をしていまして、当事者と一緒に地域の小学校、中学校に講演をしに行くんです。それは続けたいなと思うんですけど、訪れた学校にはたいていの場合、障害者がいないわけですよね。だから、あるＰＴＡの保護者は、二四時間テレビでしか障害者を見たことがないですと言ったりとか、なんか講演に行くたびに不安になって危惧することがすごく多いんです。近くに相談支援のセンターがあるわけだから、そこに当事者の人もいるから、なんとか声を届けたいと思います。頑張って当事者と講座に行かないといけないと思いながら、焼け石に水だなと思いながらもやっています。

ですから時代の差というか、私が通っていた枚方の小学校、中学校のときは、やっぱりまわりに障害を持った友達もいましたし、先生方もとても熱心でした。時代が本当に違うなと、小学校、中学校をまわって実感します。どうこれを変えていったらいいんだろうと思いますけど、なかなか変えられずにいます。

注

(1) ビデオ「ボランティアわ・は・は」(経済企画庁・ボランティア推進事業、一九九九年)
(＊以下は、ビデオの紹介文) 知的障害者・和田義久さんと、彼を支援をする人たちの紹介ビデオ。和田さんは、地域の作業所に通う、知的障害者。年齢は四八歳。彼は、十数年前から独り暮らしをしています。その生活は、両親や介護者、作業所の職員等による、二四時間の支援で支えられています。介護者は、彼が卒業した小学校の先生やその知人、作業所等の支援団体、両親など。公的なヘルパーも少し使っていますが、介護者は全てボランティアです。映像は、彼の日常を追いかけながら、なぜその生活を始めたのか、どうやって継続してきたのかを介護者のコメント等で紹介しています。

第６章　落ち着いて日々を過ごせる環境をつくる

事例報告「晴れのち晴れ」

福　寛
荒川輝男
高橋道子

福　寛（ふく・めぐむ）
1981年生まれ。
現在，社会福祉法人そうそうの杜ウエストグループ統括管理者。
保育士を目指して，社会福祉の専門学校へ入るが，実習で障害者支援施設へ行き，ボランティア活動を通してそうそうの杜と出会う。卒業後，同法人のデイサービス部門へ配属。のち，自身の特性から，自閉症の方々メインの作業所『座座』へ異動となる。現在も十数名の自閉症の方々と一緒に日々，生産活動を通し城東区を拠点として地域生活支援に携わっている。

荒川輝男（あらかわ・てるお）
1951年生まれ。
現在，社会福祉法人そうそうの杜理事長。
大阪の夜間大学に在学中，障害児施設（盲児施設）へ児童指導員として就職。その後，視覚障害者リハビリテーション施設に15年勤める。1995年には大阪市内３か所目の知的障害者入所施設の立ち上げを行う（これが知的障害者福祉との出会いであった)。同時に大阪市城東区に無認可作業所創奏（社会福祉法人そうそうの杜の前身）をプライベートで立ち上げ，現在に至る。

高橋道子（たかはし・みちこ）
事例に出てくる青年，高橋飛鳥の母。

＊社会福祉法人そうそうの杜，就労継続支援Ｂ型事業所〔座座〕については本文を参照。

1　事業の概要

迷惑をかける前提で地域のなかで支援する――そうそうの杜について

荒川　社会福祉法人「そうそうの杜」の荒川と申します。

まず、そうそうの杜の紹介を少しだけさせていただきます。そうそうの杜は、平成七年に無認可作業所からスタートして、平成一三年に社会福祉法の改正によって法人化しました。法の根幹はどうであれ、私たちのような弱小の所は、いずれ見捨てられるかもしれない、そしたら法の中身とか問題はあるけれども、とも かく早め早めに事業展開していこうということでやってきております。現在、大阪市城東区をエリアとしてやっています。利用者は区内の方を中心に三〇〇名くらいです。

事業内容は、障害者総合支援法による入所支援以外の日中活動の部分はほぼ全てにわたって実施しております。特徴としましては、城東区内の三十数か所の賃貸物件で事業を行っています。そのうち、障害福祉サービス事業所は一三か所です。一か月の家賃が合計で四〇〇万円以上になり、金額としては大きいのですが、地域に還元するということで、小さな資源を身近なところでたくさん増やしていこうという思いで拡げてまいりました。財政的に箱物を作るのは可能なんですが、もともと無認可作業所からスタートしていますので、地域に根ざしていくためには、箱物の施設は持たないことにしております。

二つ目に、城東区内に七十数名の方が地域で生活されています。もともとのスタートは平成一五年一月が第一号ですが、それから法人独自の取り組みの中で増えてきました。当初は、独り暮らしはいいことだということで増やしてきたのですが、途中から独り暮らしの人の問題というのがいろいろ出てきました。とくに、

荒川輝男／高橋道子／福　寛

一人の時間を過ごすこと、夜の時間を過ごすこと、あるいは土日の空いている時間を過ごすということがとくに知的障害のある方にとっては大きなテーマだということに気づきました。たとえば、寂しさから夜中に携帯電話をずっと触っていて、知らぬ間にどこかのサイトに入り込んでしまって膨大な請求がきたり、精神的に不安定になったりというようなこともありましたので、以降は独り暮らしから、二人〜四人暮らしへと方針を変えて、その人その人なりの思いや希望を入れながら選択してもらう地域生活へと支援の中心を変えてきました。

三つめは、発達障害への取り組みをやっていきたいということです。そのことを事業のなかで具現化する場所として、就労継続支援A型事業をやっています。二年半前にKawasemiというレストランを作りました。ここで発達障害の人たちを雇用し、彼らが働く場として位置づけています。まだまだ赤字なんですが、地域の人たちの口コミで少しずつお客様が増え定着してきています。レストランを作った理由は、申し上げたわれわれ法人の支援で地域生活している人たちがいるため、地域に根差した法人の運営を目指そうとしたことです。地域の人たちとのトラブルがあれば、理事長としての私の役割は、ともかく頭を下げてまわることです。

知的障害のある人たちが地域生活のなかでトラブルを起こす。これを先回りして問題を起こさないようにするということは難しいと思います。むしろ生活に関しては、問題が起こって当たり前だし、地域社会では、住民に迷惑をかけるという前提で、その結果に対して、われわれがどういうかたちで支援し続けていくかということがいちばん重要だと思っています。われわれは、迷惑をかけない障害者を支援するのではなく、迷惑をかけるような人を支援するというか、地域では迷惑をかける前提で支援し続けます。

もちろん、地域の皆さんが無条件に障害や障害者のことを理解してくださるとは思っていません。何も関係ない人たちに障害を理解してくださいとか、知的障害とか精神障害とか言ってもたぶん分からないですね。簡単に理解してもらえるとは思っていません。地域に迷惑をかけることで、はじめて接点が出てくる。その接点が出てきたところでようやく対話が始まる。あ、こういうことなんだという気づきがある。頭を下げに行きながらも、言うべきことは言う、そして少しずつ理解していただくというようなことを考えています。地域のなかで迷惑をかけて当たり前ということが、われわれの地域生活での戦略です。

そうは言っても、われわれが地域の人たちに迷惑をかけているという認識はほとんどないんですけれども、われわれが地域の方にお世話になっているとすれば、その戦略として、逆にわれわれが社会福祉法人として地域に還元していくべきことは何かということで、A型事業レストランを利用して、食の面から地域の人たちに健康について伝えていくことを目的としています。

このような法人の取り組みをやってきました。地域で生活する人たち、障害のある人たちの生活を支えながら、一方では、われわれなりの戦略として地域に対していろいろなものを打ち出し、そこでの融合をはかっていけば、結果的に地域生活というのが拡がっていくであろうし、自然なかたちで理解も広がっていってほしいと、このような思いで法人の運営を行っております。

就労支援事業所「座座」について

福　「そうそうの杜」の福と申します。よろしくお願いいたします。まずはじめに、私が所属している事業所の紹介をさせていただきます。社会福祉法人そうそうの杜の創奏座座という事業所は、就労支援の事業所で「創奏」と「座座」と、先ほどのレストラン Kawasemi の三か所で、ひとつの事業所の形態になっています。そのなかで、今回は、「座座」という事業所の利用者さんの事例を発表させていただきます。

「座座」は、城東区の、JR鴫野駅から徒歩三〇秒ほどの場所にあります。駅から近く、近隣にはパチンコ屋や居酒屋があります。といっても、事業所は住宅街にあります。建物は四階建てで、その一階部分が「座座」、二階から上は一般の人向けのシェアハウスとして使われています。昨年（二〇一四年）一〇月に引っ越しをしたんですが、いまのところに移って、近隣の人たちも抵抗なく受け入れてくださっているので有難いと思っています。

座座は、主に自閉症の人がメインの就労支援事業所で、とりわけ強度行動障害をともなう人がほとんどの割合を占めています。なおかつ男性ばかりで、とてもむさくるしい、たとえて言うなら体育会系の部室のようなところです。かなり個性的というか、キャラの濃いメンバーさんが多いので、おそらくはじめて来られた方は異様な雰囲気だと感じると思いますけれども、また機会があれば来ていただきたいなと思います。

作業内容は、金属のプレートにシールを貼ったり、箱詰めをしたり、という内職の作業から、奈良で田んぼと畑を二年前にやり始めたので、その農作業まで幅広く取り組んでいる事業所です。作業のやり方にも少しだけ工夫があります。だいたいどこの作業所も、テーブルを真ん中に置いてみなさんで囲んで作業されているかと思うのですが、ここでは部屋の四方に長机を置いて、みなさん壁を向いて作業しています。これもおそらくけっこう異様な雰囲気ですけれども、個人個人で取り組む作業から流れ作業まで、個人の特性を最大限に生かせるような環境づくりをしています。それぞれ自分に必要なアイテムや安心できるようなものを持ち込んでもらったりして、安心して活動に臨めるよう試行錯誤を繰り返しています。

その一環として受注関係の内職作業では、東大阪のほうの工場地帯まで納品と引き取りに行くのですが、引き取りと納品も利用者さんと一緒に行くことで、社会とのつながりの場面をつくったり、仕事の全体像をとらえながら、そのなかで自分が担っている役割というのをより認識しやすくすることも大切にして、仕事の一連の流れを重視してやっています。ときには作業の稼ぎよりもトラックの燃料代のほうが高くつくこともあると思うんですけど、利用者さんもスタッフも一緒になってやっています。

先ほどお話しした畑と田んぼですが、収穫した無農薬野菜と米は、レストラン kawasemi で使用しています。これは宣伝になるんですが、店は城東区の蒲生四丁目から歩いて十分くらいのところにあり、発酵卵という特別な卵を使った薬膳料理を提供しています。

高岡先生の講義（第2章）で、個性をとらえることについてふれられていましたけれども、ここではあえて個性と言わせていただくのですが、かなり個性的な人たちのなかでメンバーさん同士の暗黙のルールとか、タテのつながり、ヨコのつながりがあって、みなさんすごい個々の世界観を持っています。お互いにその部分を認め合う、つながっているようでつながっていないような独特な世界と社会がそこには広がっています。そこに自閉傾向の強い私などが加わって、毎日同じようで全然同じではない日常生活があります。余談かもしれませんが、たぶんこの話を聞いているみなさんに、どれだけ座座のことをイメージしていただけているのか想像しきれないところが、私自身の特性です。

これからご紹介する高橋飛鳥さんの事例は、「結果」というよりは、「見立て」・「経過」に近い報告になると思います。いくつかポイントを絞って話をしていきたいと思います。その一つとして、『心地よい時間と空間を連続していくことと積み重ねていくことで、環境は飛鳥さん自身がつくっていくこと、選んで組み立てていくこと』これが一つのポイントで、あとは、『心地悪さを知っているが故に、心地よさも知っている』

ということですね。取り立ててなんの取り組みもしていないですが、これらのことを常に意識しながら日々出会って、それを飛鳥さん自身が積み重ねている段階です。飛鳥さんの説明をぼくからしても、あまり伝わりにくいかと思ったので、お母さんに助っ人をお願いしました。ここから、家族から見た高橋飛鳥ということで少しお話をしていただきます。

2　飛鳥さんの育ちと困難

飛鳥さんの生い立ち

高橋　高橋飛鳥の母で高橋道子といいます。よろしくお願いします。まず、飛鳥に関して、生育歴というか、どういう環境で育ったかについてお伝えしたいと思います。飛鳥が生まれたのは平成三年八月二日で、主人が三〇歳、私が二五歳のとき第一子として生まれました。そのあと妹二人が生まれています。三人兄妹のいちばん上になります。二つ違いで妹が生まれ、そのあと私が仕事をしていたのもあり、二歳児のときに保育園に入ったんですけれど、二歳児なんで三歳になる年なんですが、その年に保育園のほうで、ちょっと団体生活が難しいところがある、指示が通らないのと、勝手なことをすると保育園の先生に言われました。そのときは園長先生に、どういう指導をしていったらいいのか知りたいので、児童相談所に行ってきてくれないかというお話をいただきました。そこでの検査の結果、自閉傾向があるという判定が出ました。私はなんとなく自分で分かっていたのかもしれません。私自身、六歳下に先天性の心臓病の弟がいて、この子は高校二年のときに亡くなりましたが、昭和四八年生まれで、当時はまだまだ病弱児とかの教育支援がない時代で、うちの母親も小学校にあがるまでずっと家で面倒を見ていたというか、家にいました。小学校に上がるときに、地域の小学校しかうちの母親は考えていなかったみたいですが、地域の小学校に行ってから養護学級に入りなさいと言われました。自分の家族とか親戚のなかに障害のある人がいたので、ちょっとそのような傾向があるかなぁとは思いました。とはいえ、そんなたいそうなことではないだろうと、保育園の先生の指示は通らないけど、私の言うことは確実に分かっているし、理解できていると思ったので、ただ関係性の問題かなと思って、大きな問題とは思っていなかったんです。それでも指導内容を考えるためにと行った判定検査で、判定をもらいました。そのときはＢ２の判定で、自閉的傾向があるということでした。行動的にもたしかに多動ではあったんですけど、とくにまだ大して問題もなくすごしていたので、そんなものなのかと思って、私もそんなに大きく受け止めていなくて、ちょっと様子を見たほうがいいんだろうなと思い、療育手帳を発行してもらうことになりました。その年が明けて二月に、二人目の下の妹が生まれました。

旭区との境目になるんですけども、城東区の古市というところで、飛鳥は生まれて育ちました。飛鳥が地域の保育園に入って年少のころから、主人の仕事が単身赴任が多くなり、父親との接触がだんだん少なくなってきました。本人は電車や車が大好きで、バスにも乗りたい、電車にも乗りたいということで、自閉的な傾向の子はパターン化が好きで、というようなことをみなさんから教えられるんですけど、彼は逆で、行き方と帰り方を変えて同じ方法では帰ってこない。行くのをこのバスで行けば、帰りは違うバスで戻ってくる感じで、その頃から自分で選択して、「こうしたいああしたい」と意思表示は言葉でしていました。「バスなら三六番」とか。記憶力がすごくいいので、すぐ覚えてしまって、小学校の中学年くらいではバスの路線とかをなぜか知っていて、電車の私鉄関係、ＪＲ関係も、どう行ったらいいかすごく分かっていた。一度行っただけで理解するという、目に見えるものに対してすごく強い部分は小さいころからありました。目に見える部分が強いので、駅や電車・バスに乗ることで、ひらがなや漢字も読めるようになっていくんですね。とくにひらがなを教えなければとか、こんなのを教えなければとかいうことは、彼が小さいころから私自身にはまったくなくて、彼が自分の経験のなかから、いろいろなことを情報として取得していったような気がします。

中学・高校時代の様子

飛鳥が小さいころは、ものへのこだわりというのは、先ほどのバスや交通網の話のようなことはほとんどなくて、問題行動もほとんどなくて、本当に自閉症なのかなぁというくらいで小学校時代をほぼ過ごしていました。地域の小学校の特別支援学級に在籍して、まわりのみんなともなかよくやっていました。小さいころから体格は大きかったんですが、大きいけれど可愛がってもらえて、地域の小学校ではちゃんと受け入れてもらって本人も楽しく過ごしていたような気がします。

中学から旭区にある思斉養護学校に行くようになりました。最初はバス通学でしたが、ちょうど中学三年生の一二月に今里筋線が開通して、二駅で通える距離になったので、それをきっかけに、本人も地下鉄に乗りたいので、自力通学の練習をして、徐々に進めていきました。ルートはよく分かっているので、問題なく迷わずに行くんですが、途中で寄り道をしたりしていました。家の近所ではほとんどの人が彼のことを知っているので、「あっちのほうにおったで」と教えていただいて済みました。太子橋今市駅を降りて思斉の学校まで一〇分か一五分くらいかかるんですけれど、その途中でよく、当時好きだった時計を見に散髪屋さんに行ってみたりとか、よく分からない生命保険会社の事務所に行ったりとか、商店街をウロウロしてみたりとかいろんなことをして、なんでこんなに遅く帰ってくるんだろうという感じでした。そのたびに、旭区の方や思斉養護学校の近くの方から、「こんな子がいたよ」と連絡をいただいていました。飛鳥自身も、行ったのがバレてるなと分かったら、もうしませんというような反省した様子を見せましたが、しばらくしたらまたどこか行くということがくりかえされました。

思春期を迎える中高生時代くらいから、ちょっとずつ飛鳥もこだわりが強くなってきました。好きな時計を見に行くとか、この人はこの時計をしているから毎日見せてほしい、だんだんそういうこだわりが大きくなっていって今につながるというか、こだわりはそのとき出てきていたのかなぁという気がします。高校のときは単純に身体を動かすのが好きで、バスケットボールをドリブルするのが好きだったので、バスケット部に入れていただいて、とりあえず練習のときは楽しそうに参加していました。ドリブルしたり、シュートしたりするのはなかなか難しいんですけど、強くボールを投げて「バン！」とシュート、ゴールの後ろの方からボールが飛んできたりどこかへ行ったりするのをよく見ていました。

通勤時にでてきた問題

高校を卒業後、作業所に通うようになりました。大阪市内の作業所を何軒か見学に行ったのですが、やはりどうしても狭い感じのところが多くて、きゅうくつそうな気がしました。そのときはまだ身長が一七三センチくらいで、体重もたぶん七〇キロ前後だったのでそんなに大きくなかったんですが、上背はしっかりあるほうだったので、広いゆったりしたスペースのほうが気持ちがゆっくりするのではと、今考えると私の勝手な思い込みで、ちょっと遠い東大阪市の荒本にある事業所のほうにお世話になることになりました。そこも電車・バスで通うということで通勤も練習して、それはスムーズにいったのですが、時間が経つとまた彼自身の変なクセが出てきて、いろいろ問題を起こしてしまいました。通勤に使っていた近鉄電車の駅は、ホームのところになんの壁もないのですが、じつはレーザービームが通っていて、電車が近づいてきているときにそのレーザーにふれると危険察知で電車が止まってしまうという安全装置があります。電車が見たいがために、来る電車を見ようと思って前に出ると、それが反応して電車が止まってしまうということが何度かあって、近鉄の駅の駅員さんのほうから事業所に連絡があったので、作業所の誰かがフォローしますということで行っていました。やはりいろいろな禁止事項とかここを出たらあかんというのは、目に見えないことなので、理解できなかったのだと思います。それまで使っていた地下鉄は壁があったり、通学の時間とかは駅員さんが何人かいて、たぶん注意を促されたりもしていたんだろうと思うんですが、そういう状況の変化もあってか、いろんなことで問題が出てきました。禁止事項が多くなってきてきゅうくつになってきたのかもしれません。そうしたなかで、徐々に他害的な行為が出てきました。高校時代から若干、よく見てくれている先生をつねるとか腕をつかむとかがあったんですけれど、それがだんだんエスカレートしてきました。それで結局通学は私が送り迎えをしていたのですが、その途中の電車のなかや駅のホームでも、私に対して他害行為をするようになりました。たぶん、同じ時間帯に同じ電車が来ない、違う車両が来るといったことが彼のストレスとなって、他害行動となって現れたかと思います。

「そうそうの杜」との出会い

事業所まで連れていくと、行くまではそう大きい声も奇声も発しないのに、入ったとたんに奇声を発している様子を見ていると、何かちょっと違うのかなぁという思いがしてきました。そこで一年九か月お世話になって、年度末までという話もあったんですが、本人の状況を見ていると少しでも早いほうがよいと思ったので、一二月に城東区の相談窓口に行きました。その相談会で、「そうそうの杜」の方とお話しする機会がありました。相談員が二人おられたのですが、その一人が「そうそうの杜」の方で、もう一人は「すみれ共同作業所」という地元にある古い共同作業所の方でした。その方も地域の人として飛鳥を知っていたので、相談の内容を聞いて、「飛鳥くん、そんな状態なん」と心配してくださいました。飛鳥はかなり荒れた状態になっていたので、もうどこか他に変わりたいですと言ったところ、自閉症専門でされているところがあるのでどうですかということで、紹介いただいてすぐに見学をお願いして、「そうそうの杜」の「座座」にお世話になることになりました。だから本当に、「そうそうの杜」に来たときは、ひどい状態でした。

たぶん初日はおとなしかったと思うんです、私の記憶のなかで。前の作業所では調子が悪くて一切作業なんかしなかったですし、時計を見てブツブツ独りごとを言っていたり、作業所の部屋内をぶらぶらしたり、機嫌がわるくなったらスタッフさんに他害行動したり、本当に作業なんかこの子にできるのかなという状態だったんですが、「座座」では初日からかなりちゃんと作業をしていました。見学に行ったときに、一列に机が並んでいて、壁に向かってみなさんが作業をしていました。福さんが一般的なものとはちょっと違う配置だと言われたんですけど、私はすごく自閉症の特性を活かしていると思いました。前が壁だったほうがいろいろな情報が入らないし、壁の前に好きな写真があったり、お気に入りのものが置いてあったりするのを見て、自閉症の人に対しての心配りをおさえているなぁというのをすごく感じました。迎えに行ったときに、ずっと落ち着いて作業していましたよと言われて、そのとき他の利用者からも、「飛鳥君ちゃんとやってた」というふうな報告を受けて、あ、すごい、やっぱりその人に合った場所に変わるってこういうことかなぁと思いました。すぐ環境の変化を受け入れた彼もすごいけど、まわりの対応してくださった方々もすごいと思ったんです。ただ、三日、四日目くらいになるとだんだん自分の場になってきて、よそ行きでなくなってくるからか、やっぱり他害行動が出てきました。いちばん最初にショートステイを利用したときに、福さんが一緒に行ってくださったんですが、そのときも他害行動が出てかなり暴れたというのを聞いて心配しましたら、いやいやぼくがちょっと遊び過ぎたんで、たぶんそれでだと思いますとおっしゃっていました。

グループホームに入るまで

他害行動は作業所でもありましたし、家でもかなり強かったです。家でのこだわりはお父さんと一番下の妹にかなり強くて、主人がいると家に帰らない状況にだんだんなってきました。単身赴任で接しているのが少なかったからなのかどうか分からないんですが。でも、小さいころは本当によくお父さんと遊びに行ったり、バイクの後ろに乗って遊びに行ったりしていたんです。お父さんって自分の都合で約束を守らなかったりすることが多いので、そういうことがダメだったのかもしれないという気がしていました。

そのころ、彼の言葉の端々から、〝何々したらあかんなぁ〟というのが聞かれました。人にあかんなぁと言われたことをすごく覚えている子なのです。あるとき、私に「京橋のトイレで遊んだらあかんなぁ」「吉野家でご飯食べられへんなぁ」と言ったんですけど、私にはなんの記憶もなくて、吉野家へ行ったんかなと思って主人から話を聞くと、吉野家に行くつもりだったんだけど、飛鳥がトイレで遊んだからと主人が吉野家に行かずに家で食べたという、そんなことがあったらしいのです。たぶん交換条件だったと思うんですけど、本人はそこがなかなか理解できなくて、彼の思いに応えなかったお父さんに対して不信感がつのってきたのかなぁと思うんです。その状態が続いて、今でも主人がいると家に入らない、主人が帰って来て寝るころになるとやっと家に帰る、ということを三年以上も続けてきたので、もうこれではダメだと思い、去年（二〇一四年）の一一月からグループホームに入れていただいて生活しています。その一年半前くらいに半年入っていたグループホームがあったんですけど、そこでは最初から他害行動があったみたいで、彼のなかではいろいろな禁止事項や、やらなあかんことが多すぎてしんどかったかなという気がします。

今のグループホームはやっと四か月目に入っているんですけど、今のところ他害行動もなく、たまに携帯の調子がおかしくなって、ユーチューブの動画が見られなくなると、ふっというかたちで腕をつかむくらいの他害行動はあります。しかし昔のひどい他害行動にくらべると、彼もだんだん落ち着いてきているのかと思っています。今はこの生活が、彼にとってゆっくりと、ストレスを感じずに、スムーズに、少しずつよくなればいいと思っています。

3　支援者から見た飛鳥さん

電車や時計へのこだわり

福　支援者から見た飛鳥さんについてお話ししようと思います。本人にとってこだわっているものがいくつかありまして、昔の写真を入れたアルバムとか、キャラクターのカードとか、いくつかあるなかで、作業中写真を前に置いて自分の電車のタオルをつねに机に置き、これを安心のアイテムとして活用しています。電車が好きなので、休み時間は新幹線のパズルを数種類、毎日毎日同じなんですが、やっています。それと、事業所が引っ越す以前は、前に公園があったので、朝と昼に必ずブランコに乗ってました。こだわりの一つに「時計」もあるのですが、その理由としてはたんに時計という機械そのものが好きだというところと、もう一つは時間に固執するということの二パターンがあると思います。たんに機械としての時計が好きというのは、例えば女性がキャラクターものが好きという感覚と似通っているように思います。機械というのは有効な安心アイテムになります。本人が好きな鳩時計があったというのが、座座に入った理由の一つでした。反面、先ほどお母さんの話にもありましたが、本人の時計と他人の時計との区別をつけずにたんにこだわりは、あとで具体的なエピソードでふれさせていただきたいと思います。

天候へのこだわり

　もう一つは、天候へのこだわり。これは以前ほどではないですが、基本的に「雨」は嫌う傾向があります。以前は雨というキーワードを聞くだけで、もしくは見るだけで、その言葉を言った人や書いた人に他害行為があったんですけれども、そのときは場面を切り替えて、こちらが伝えたいことを視覚から伝わるよう絵カードを提示することで気持ちの切り替えをはかっていました。気圧の変化でしんどくなるというのももちろんありますが、雨に対するいいイメージ、いい経験がないのか、雨は飛鳥さんにとってイコール嫌いにつながっているのかなぁと考えています。

　気圧の話で言うと、今週の木曜日は、朝からかなり晴れていたのですが、昼から急に曇りだして、結果的には四時くらいから雨が降り出してきました。座座はかなり密閉された状態というか、窓もドアも閉まっているのですが、そのときたまたま気温が上がったので窓を開けていました。すると降り出す直前に飛鳥さんが窓を閉めて、すぐに雨が降って来たという状況になり、かなり気圧の変化を敏感に感じているのを再認識できた出来事でした。時には、雨に関して、「明日雨が降るなぁ」という本人からの問いかけがあるのですが、それに対して、「雨やなぁ」とうっかり答えてしまうと、すごく荒れるような場面もあります。そのときの本人の状態とか周囲の環境によっても本人の容認する範囲が違ってくるようだと認識しています。

のものになってしまうと、かなり執拗に他人の時計を見たがるという別のこだわりに発展してしまうという不安材料にもなりかねないので、やはり紙一重のものと言えます。時間に固執するというこだわりに関して

通所中の出来事

ここからは、具体的なエピソードをいくつか挙げてみたいと思います。まず、外的環境からの刺激について。以前通われていた東大阪にある事業所では、単独で通所されていたこともあって、座座の利用当初は、お母さんに何回も付き添っていただいて練習をしたうえで単独通所することになりました。そのころは、とくに道に迷うことも、もちろんバスに乗り間違えることもなく利用していました。ところが三か月くらい経過したころに、法人の生活介護のスタッフから、飛鳥さんだろうと思う人が警察官五人くらいに囲まれていると連絡が入って、そのまま生活介護のスタッフが座座に連れて戻ったという出来事がありました。夕方、座座からバス停までの道中でかなり大きな声を出しているという通報が警察に入ったみたいで、それだけで警察官五人に囲まれてしまいました。たしかに初めてその声を聞く人は驚くと思うのですが、こういった現状と隣り合わせで地域生活を送っているというのは、飛鳥さんに限らないと思います。それまでも何度か、近隣の店舗や工場から、飛鳥さんらしき人物が突然入ってきて、時計を確認して去っていくというような報告が寄せられていました。なぜ大きな声を出しながら帰っていたのかというのは、おそらく通勤、通所途中でバスの遅れがあったり、それに似たアクシデント（環境の変化）や、座りたい座席にほかの乗客が座っていたことなど、飛鳥さんにとってのストレス要因が積もっていたのではないかと思われます。そういった観点から、ご家族と相談して、送迎による通所に切り替えました。

飛鳥さんが本来持っている力を私たちの側の都合で抑制して、力を削りおとしてしまうかたちにはなりましたが、まずは落ち着いて日々を過ごせる環境を整えることを優先した結果、頻繁に出ていた他傷行為、他害行為がだいぶ減ってきたということもあります。

言葉によるコミュニケーション

エピソードの二つ目は言葉によるコミュニケーションです。社会生活では、かなり言葉に頼るということがさまざまな場面で見受けられます。お母さんにお話を聞いたら、中学・高校ではひどいもので、おそらくそれまでは本人としては我慢できる範疇だったのかなぁと思いますが、中学・高校に行くようになると、かなり言葉に頼ったコミュニケーションが増える環境になったのか、許容範囲の限界だったようで、混乱した様子が見られました。飛鳥さん自身がどこまで言葉を理解しているのかという疑問もあります。また、浜田先生の講義（第3章）にもありましたが、かなり言葉の使い方が特殊でして、たとえば、「○○さんこんにちは」と初対面の人に挨拶に行くとき、まったく違う人の名前を言うのです。これは名前を聞き出すための言葉かなぁと思います。あとは、「今日は晴れてるなぁ。明日は……」というセリフをよく言うのですが、これは言葉だけというか、言葉遊びで、いろいろな意味、他意が含まれていると思います。おそらくそのままの意味ではないので、本人の言葉から読み取れる本人の思いと、それを聞くまわりの人の理解にかなりズレがあるのではないかと思います。

予定変更への対応

三つ目の予定の変更に関してですが、飛鳥さんに限らず、予定の変更に対応できない人はたくさんいると思いますが、飛鳥さんは当初に比べると、少しずつではありますが、予定の変更が受け入れられるようになってきています。飛鳥さんの場合は、事象のすべてにおいて過去の出来事との関連づけが強いように感じますので、先の見通しをできるだけ細かく、できるだけ明確に伝えることが大切なのではないかと思います。以前入所していたグループホーム（別の法人）では、スケジュールや先の見通しの提示は、本人のこだわりを助長するというとらえ方をされていまして、あまり提示をされなかったのですが、その結果、本人にかなりストレスが生じて、グループホームのスタッフに対して他害行為が出てしまうという結果が起こったのかと思われます。本人にとって必ずしもスケジュール化や視覚化が有効な手段だとは言い切れませんが、いろいろとやっていくなかで、必要なものとそうでないものを見極めていく作業は、支援者側に求められるものだと思います。

4　私たちにできること

これらの事象を踏まえて考えられること、私たちにできることなのですが、本人の考えや想いの整理ということが必要ではないかと思います。なぜ必要かと言いますと、頭のキャパシティを確保するためです。誰もが生きていくうえで、考えや想いを持ち続けています。それを伝え合うことがコミュニケーションであって、コミュニケーションをとるなかで、人は考えや想いを整理したり、そのつど修正していきます。その作業を繰り返すことで、頭のなかのキャパシティが確保されて次の情報も入りやすくなり、日々出会うさまざまな出来事に対応できる柔軟性を増やしていくのだろうと考えています。

スタッフを含め、他の利用者もそうですが、日々出会いのなかで感じることは、やはり経験の少なさです。できないわけではないですが、よいやり方を知らないというようなことがあります。本人のパーソナリティの問題というよりも、それまでの人との出会いや、いろいろな経験をする場や環境を奪われてきたことが問題につながっているようなケースもあります。生活のなかで不測の事態に出会うということはめずらしくないと思うのですが、なるべく柔軟性を持ってその事態に向き合って対応できるように支援するということは、ひいてはよい経験につながるのだと思います。

本人の心地よさを追求していくという面では、飛鳥さんはいままでの経験で、心地わるさも心地よさも知っているわけで、そこが強みだと思います。飛鳥さん自身が心地よさを知っているので、それをつなぎ合わせていくことが、誰にも強いられない本人らしい生活と言えるのではないでしょうか。それはまさに強制される生活ではなくて、本人らしい生活のなかで取り入れることによって、はじめて可能になるのではないかと思います。

まだたくさんお話ししたいことはあるのですが、とりあえずの結論を言ってしまいたいと思います。飛鳥さん自身はこれからも日々成長していくし、発信もしていきます。そのことをまわりの人ができるだけ受信して、お互いに認め合っていく状態を作り上げていくことが大事だと思います。また、多面的な支援をもって、逆に飛鳥さんのストレートな訴えかけにも気づくことができると思います。だから、こだわりも一つの発信としてとらえることが必要だと思いますし、ありのままの飛鳥さんでいてほしいと思います。

そして、まだまだ飛鳥さんと向き合っている最中なので、飛鳥さん中心に話を進めてきましたが、私たちは、家族の方とともに考えていくつもりです。今は飛鳥さんがお父さんや妹を避けているのですが、「またみんなで鍋を食べられるように」というお母さんの願いがあり、それにもつながっていければよいと思っています。

補 章
たがいに出会い、関わり合う
事例報告を受けて

1　他者と共有する時間と体験

何もしないでいるように見える会話

司会者　それでは、最後のプログラムに移らせていただきます。今日は高岡さんが都合で参加いただけないんですけど、浜田さんと村瀬さんで、今日の報告と昨日から今日にかけての講演内容も含めて、事例報告のみなさんといろいろ話をふくらませていただければと思います。進行は浜田さんのほうでよろしくお願いします。

浜田　それでは、さっそく始めたいと思います。きのう私は参加できなかったのですけれども、お聞きしますと、質問の時間もなかったということで、フロアには発言したい気持ちがたまっている方もいらっしゃるかと思います。その意味で、私たちが時間をとってしまいますと、みなさんの発言する機会がなくなってしまうことにもなりますので、私たちの話は昨日の議論を少しふくらませる程度で、簡単にすませたいと思います。そこでまず、昨日との連続性ということで、村瀬さんのほうから、昨日から今日につなぐご発言を少しいただきたいと思いますので、よろしく。

村瀬　すぐに振っていただいて有難うございます（笑）。昨日の高岡さんと小道さんのお話がとても興味深かったので、小道さんにもいろいろお訊きしたいなぁと思っていたんですけど、今日は来られないということでした。今日の事例発表もお訊きしたいことがあるので、それはあとでお訊きしたいと思いますが、浜田さんに今日は朝いちばんにお話してもらいました。こういう原理的な話を普段きちっと聞くという機会がありません。でも浜田さんは、いつもこういう原理的な話をされていて、今日はさらに丁寧にお話されたなぁと思います。浜田さんの話はいつも、ご自分で理解されて書かれた図を使ってお話されますでしょ。たいていはどこか横文字の、外国の理屈を使ってお話される方が多いんですが、いつも丁寧に自分の図で、自分の言葉できちっとお話されるのはいいなぁと思って聞いてます。

私は昨日プーの話をさせてもらって、プーが「円環の時間」を生きているということを話させてもらいました。これは浜田さんとも親しい内山節さんがつねづね言っておられる「円環の時間」というか、「近代の時間」とは違う時間、それを「円環の時間」という言い方でお話したんですけど、その「円環の構造」が、じつは浜田さんの話にも語られているというふうに思って聞いておりました。とくにこの図（第3章図3-6）を先に見ていただきますと、相手がいて、自分がいて、相手に話をすると、相手がそれを聞いて、それをまた自分も聞いているという、こういう「相互の仕組み」があるんだというお話でしたよね。

これは私の昨日の話（第1章）に関連づけると、じつは「円環の構造」になっているということになります。「円環の仕組み」は、たしかに身体のなかを血液が循環しているとか、そういう個人のなかの円環もあるんですけど、相手というか誰かとの円環の仕組みがあって、それはじつは、なんでもない、当たり前のことなんだと、今日の話のなかでも浜田さんが繰り返しておっしゃっていました。たとえば、子どもがお母さんになんやかやと話しかけて、それはたいていなんでもないことなんです。同じような繰り返しで、なんでもないことで、特別なことはなにもしているわけではない。でも、そんななんでもないようなやりとりに、じつはわたしたちが深く支えられているという話だったと思います。そこに「円環の構造」がある、「円環の時間」があるというふうに、つまりそこに「プーの時間」があるんだと思って聞いておりました。

（アニメ版の）プーの話では、物語の最後に、この、なんでもないようなこと、つまり、「なにもしないことをしてくれる？」とロビンがプーに頼みました。「なにもしないでいる」というのは、たぶん、相手とのあいだの、なんでもないやりとり、「ご飯食べる?」とか、「今日は寒いね」みたいな、ね、そういうことをしてくれるという意味なんじゃないかという気がします。前にテレビで、どこか東北の、ある村のお父さんと息子さんが二人で百姓をされているのを観たことがありました。二人は、一日ほとんどしゃべらないときがあるんですね。ご飯のときに二人が向かい合って、黙々と食べている。父と子ですからね、一見すると会話がない家庭のように思われるかもしれないですけど、そうじゃないんですよね。二人は、ふだんはお互いのことが重々分かって百姓のことをやっておられるわけです。会話と言えば、ほんの少し、「ご飯食べる?」とか、「おかずなににしよう?」とかだけで、なんにもしておられないように見える会話ですませている。でもそういうことが、ふだんの生活にとってすごく大事なんだなと思って、観ていたことがありました。

そのことを思い出しながら、会話というのが、必要があってする会話、それで学習したり、発見したりする、そういう会話ももちろんあると思うんですけど、じつはそれだけではなくて、なにもしていない、なにもしないでいるように見える会話もじつはあるんじゃないか。そこに父と子の「循環の時間」というか「循環の構造」があるのではないか。浜田さんは二つのことを話されていたと思います。「相手との循環」の話と、「自分のなかにある循環」の話と。そこには、自分の声を自分の耳で聞くという、そういう循環もある。浜田さんは、そういうふうにおっしゃったんじゃないかなと思って聞きました。私は、プーの話のなかで、「プーのコーナー」「プーのカーブ」がある、という話をしました。じつは「会話という仕組み」にも、ずーっと曲がってくるカーブがある、プーのコーナーがあるんだなぁというふうに受け取って聞いておりました。

「まぼろしの生き物」と話をする

もう一つ大事なことがあります。この図（第3章図3-3）ですけど、じつはここに「人形」という言葉があります。母と子が人形を見ているという話で、一緒に見るか、別々に同時に見るか、そういうテーマのお話を今日はされたんですけれども、じつは人形というものの存在を理解するというのは、けっこう難しいんです。

ウィニコットという有名な心理学者がいるんですけど、ウィニコットがプーのことを研究してくださいと言っています。彼女の関心は、心理学の用語で言うところの、「移行対象としてのぬいぐるみ」の問題にあるんですけどね。赤ちゃんが子どもから大人になっていくあいだに、親から離れるときがある。その離れるときに、じつは「ぬいぐるみ」が要るんだという、そういう話です。その「ぬいぐるみ」というのは、「お母さんの代理対象」になっていて、それが親から離れるときの不安から子どもを守ってくれるものになる。そういう「移行対象」として「ぬいぐるみ」がとても大事な役割をしているというふうにウィニコットはいうわけです。そういう「クマのぬいぐるみ」がアメリカのパトカーには必ず置いてあると聞いています。テディベアですね。なにか家族が交通事故にあったときに、現場に駆けつけて、子どもに何をするかといったら、まず「ぬいぐるみ」を与える。アメリカでもドイツでも、そういうことをしているらしいです。それにテディベアが使われたりするんですが、それを子どもが抱きしめることで、大きな不安が和らげられたりするんですね。

その「人形」の問題ですけれど、クマのプーさんは、いちばん最初は、「ぬいぐるみ」として階段をトントントンと降りてくる、階段を頭を打ちながら降りてくるからプーは頭がわるいんだと説明する人もいますが、確かにゴンゴンと頭を打って階段を降りるところからプーの物語は始まっています。プーをそんなふうに扱っていいのかとおもうのですが、いいんですね。「ぬいぐるみ」なんですから。プーはそんな「物」なんですが、そんな「物」に子どもたちは、いつか、話しかけるようになるわけです。浜田さんがさきほど言われたように、「会話」の対象にされていく。「会話の対象」になると、「物であったぬいぐるみ」が、いつのまにか「生きているもの」になっていく。そんな不思議なことが起こってきます。そこに「まぼろしの生き物」が出現してくるんですね。私たちは、ふだん人間と動植物と、この二種類が地球上に住んでいると思っていますけど、じつは第三の生き物がいるんですね。それが「まぼろしの生き物」です。それは、「となりのトトロ」だったり「鉄腕アトム」だったり「セーラームーン」だったりするのですが、実際には生きていないものです。でも、子どもたちには「生きているもの」のように感じられている。つまり「まぼろしの生き物」として確かに「生きている」んですね。そして子どもたちは、人間や動植物と同じように、それらの生き物に支えられているときがきっとあるんです。大人でもあるんです、「神さま」もそうかもしれません。「神さま」も、いわば「まぼろしの生き物」ですもんね。そんな「まぼろしの生き物」と最初に出会うシーンが、「ぬいぐるみ」と出会うときなんですね。そういう意味では、クリストファー・ロビンは、最初はただの「ぬいぐるみ」をもらっただけなんですが、その「ぬいぐるみ」に命を吹き込んでくれたのはパパでしたから。パパが「ぬいぐるみ」を「プー」とよんで、「プーの話」をしてくれたというのが、「クマのプーさん」の始まり方だったわけです。大事なことは、子どもが誰もまわりにいなくても「まぼろしの生き物」を見つけて、その「まぼろしの生き物」と話をしているというところなんですね。そこに見えないものと会話をして、そこに「円環の構造」をつくって、そしてその仕組みに支えられているということ、そういう仕組みを理解することがとても大事なんだということなんだと思います。

そういうことを感じながら、今日、二つのお話を聞かせていただきました。そんなことでいかがでしょうか。

浜田　もうちょっと。

「円環の時間」と「百エーカーの森」

村瀬　今日は、作業所のお話を二つ聞かせていただきました。あとでまたお訊きしたいと思いますけれど、最初のお話（第5章）で、独り暮らしをされている方のところに泊まり込んで、食事を作ったりして、一晩おられるということなんですが、そんなときになんでもない話を、たわいもない話をするんだというふうにおっしゃってましたよね。普段はだから彼が一人で夜を過ごすときは、電話などをして、いろんな人を困らせているんだけれども、誰かが泊まり込んでくれると、そんなことをしない。会話も、ほんとになんでもないたわいもない話をしているんだとおっしゃってましたけど、なんでもない、たわいもない話をするということ自体が、すごく「円環の時間」というか、満たしているというか、ものすごい意味のある話というのじゃなくて、たわいもない話をしたことで満たされる部分があったんじゃないかなぁと思って聞いておりました。

それから二つ目のお話（第6章）で、イノセントワールドという言い方をされていました（＊事例報告時のタイトルは「イノセントワールド――晴れのち晴れ」だった）。イノセントというのは無垢というんですかね、無垢のワールドというか、無垢のワールドというのが適切かどうか分かりませんけれども、あとでお聞きしたら、ちょっといいフレーズじゃないかなと思って付けましたということらしいですね。ところで、私が昨日お話した「百エーカーの森」の話というのは、「イノセントワールド」というか、しばしば「無垢の森」の話だというふうに児童文学の世界では言われてきたところがあるんですけれども、私はそういう意味の

「無垢の世界」じゃなくて、「百エーカーの森」というのは、ロビンがいて、パパの語りがあり、そしてプーを支えてくれる友達がおり、それはけっこういろいろ考えて設定されているので、それを「無垢の」というふうに言ってしまっている児童文学者の言い方はあまり感心をしなかったんですけども、そのへんまたなにか感想をお聞きできたらなぁというふうに思いました。以上にしておきたいと思います。

おしゃべりがすぎる時代

浜田　村瀬さんからは私の話に対して、村瀬さんらしい意味づけをいただいてありがとうございます。ついでに言っておきますと、この図（第3章図3-6）では、自分がいて、相手がいて、言葉を交わすというかたちで描いていますが、言葉を交わす相手がいなくなっても、自分のなかで対話がまわる。そういう話をしたんですが、じつはそうして内側で対話がしっかりまわるようになる手前のところで、生身の人間が相手ではないんだけれども、お人形さんなんかを相手にここで対話をまわすことがあります。お人形さんを相手に話しかけ、こんどはお人形さんの言葉で自分に語りかけるという、一人二役の対話をまわすという時期が、多くの子どもにあるんですよね。そういう過程を経て、やがて生身の相手もお人形さんもいないんだけど、自分のなかで対話がまわるというふうになる。ここでお人形さんというのは、いわゆる移行対象となるんじゃないかというふうに村瀬さんは言われるわけです。移行対象というのは、深く愛着した母から離れて外の世界へと出て行くときに、母を自分の内側に持ち込む存在として、親離れの仲立ちとなる対象のことだと考えていいと思うのですが、そうだとすれば人形を移行対象に、それを介して一人二役対話が成り立つというのは非常に面白いことだと思います。

それに加えてちょっと今日の事例に重ねてお話ししたいと思うんですが、さきほど東北の田舎で、父と子がお互いほとんど話もせずに、静かに、ごく当たり前に暮らしていたというような話がありました。考えてみますと、私なんかも、自分の子ども時代、八人家族で大きな家族でしたけど、会話らしい会話はほとんどない。じゃ仲がわるいかといえば、そうじゃなくて、八人が畑に出かけてそれぞれが与えられた仕事をする、でないと生活がまわっていかないという暮らしでした。祖母がいて、祖母だけはちょっとうるさくて、かえって家族のなかでは浮いていたんですが、親子はいつも静かでした。私もいまはしゃべるのが商売になっちゃって、こうしてペラペラしゃべっていますけど、小さいころはほんとにおとなしかったんですね。家族はみんな静かで、対話らしい対話はないんだけども、田畑を一緒に耕すなかで共同の生活がまわっていく、そういう感覚が根元にありました。その感覚は、私のなかでもその後非常に大きな意味をもってきたような気がします。

家族のなかで対話らしい対話はないけれど、生活は共有しているという感覚が、かつてはごく自然にあったように思います。その点では、いまはどちらかというと、おしゃべりが多すぎるというか、生活を共有する機会が少なくて、媒介するものなしに人どうしが剥き出しで出会うことが多すぎるような気がします。歴史的に時代の流れのなかで見ると、おそらく今という時代は、人間関係が剥き出しになりがちで、田畑を耕すとか、山の木を伐り出すとか、海の漁に乗り出すとか、人と一緒に働くということぬきに、人どうしが向き合っておしゃべりしながら生活が進められていくという時代になっているんじゃないかなという気がします。対話を先の図では、自分と相手との言葉のやりとりとして描きましたが、本当を言えば、自分と相手がただ向き合うだけではなくて、その背後には自然というものがあるわけですね。自然のなかから、私たちは毎日食べるものを作りだし、それを享受して、また自然に返していく、それこそ円環ですけど、そういう背景があってはじめて人どうしの対話は実質的な意味をもつ。その背景の生活抜きで対話が成り立つというのは、むしろおかしいんですよね。その意味でいまの時代は、おしゃべりが過ぎる。文明が進めば進むほど、おしゃべりが過剰になるという気がするんですね。

「こだわり」のもつ意味

別の言い方をすれば、さきほどの図（第3章図3-3）で、三項関係の対象としてお人形さんを例に挙げましたけど、これは幼い子どもと母との遊びの場で遊びの対象としてお人形さんがいるという構図ですが、もちろんそれはその後の人生においてつねに現れる構図で、そうして見たときにいまは人が他の人となにか生活の実質を一緒に共有するという機会が少なくなって、一対一の向き合っての会話が多くなっているというふうにも言えます。第三項目のお人形と書いているところに、共同の生活がどう入るかというのが、けっこう大きいことではないかと私は思います。

とりわけ、障害を持っている人たちの場合、共有の体験をいかに日々の暮らしのなかにしっかり持ち込むのかということが大きいような気がします。午後からのケースを二つ聞きましたけど（第5章、第6章）、そこではいずれも「こだわり」が非常に強く出ています。さきほどこだわりについて、この三項関係という構図を使いながら説明しましたけど（第3章）、時計とか時間とかスケジュールへのこだわりって、なんだろうなと思うんですね。私たちも時間ということをいつもすごく意識していますけど、それは他の人と一緒になにかをするところで必要な時計であり、時間なんですね。純粋に個人として単独に時間というものがあって、その時間の物差しにこだわらなくてはいけないというんじゃなくて、誰かと明日一緒になにをしましょうということで、じゃ何時何分にどこで会いましょうか、そこでどれくらい一緒にやって、あとどうしましょうかという、生活の共有のうえに時計があり時間がある。だけど一方で、時計は時計として、いわば私たちの生活から離れて一つの機械として身のまわりに登場しますから、相手抜きにも意味をもちうるし、周囲の関係抜きに確実に時間を刻むということもある。ほんとうに揺れ動く不安定なこの社会、この人間関係のなかで、唯一不動の疑いようのないものとして、日付とか時計とかがある。だから、単独の生活でもそれにすがっていれば安心というところが、やっぱりあるような気がする。

自閉の人たちが、自分たちの安心を支えるものとして、そういう一定して動かないもの、関係に左右されないもの、いろんな変化にも動かされない不動のものにこだわるというのは、気持ちはすごく分かるんですね。だけど、一般にはこの不動のものを軸に他者との関係を築いていくべきところ、彼らの場合はこれが逆転している。通常、人同士の共同的な関係があり、一緒にやる営みがあって、その手段として時計とか日付とかいう共通不動のものが必要になっているんですけど、それが逆になって、人との関係云々を一切抜きに、時計とか日付とか電車の駅とかなんとか、まわりがどうしようと動かないものを自分自身の行動の支えにしている。私たちにとって時計はたがいに共通のものとして関係の手段となるんですけど、その他者との関係が揺れ動いてあてにならないとなると、それを共有の手段とはできない。私たちは他者と経験を共有しているからこそ、そこでは多少動きがあっても、共有の不動のものを軸にして変化を受け入れることができるんだけれども、三項関係的な共有体験の形成が苦手な自閉症の人たちの場合は、ただただ関係に左右されない時計とか日付、カレンダーとか、なにかそういうものにこだわらざるをえないのではないかと思います。それは私の立てた一つの仮説にすぎませんが、そういうふうに理解せざるをえないなぁというふうな気がしているんですね。

過剰な構造化のもつ問題

この三項関係的な共有関係が苦手だから、その苦手な部分は別のところでカバーしようということで、スケジュールをきちっと立てて、あらかじめこういう予定ですよということを伝えて、そのとおりにやっていけば安心じゃないかとか、あるいは空間の配置も、状況次第で動くようなことじゃなくて、場面ごとの構造をきちっと定めておけば、それを手がかりに安心して行動できるんじゃないかということで、いわゆる構造化をはかるというやり方が進められたりしていますが、私自身はこれが行き過ぎるのも問題ではないかと思っています。

ふだん私たちは、他者と体験を共有することで自分の生活を支えています。そこのところを、むしろ個人として生きている枠組みのほうを固定することで安心を確保するということで、いろんな構造化の試みがなされています。もちろん、それを利用することで安心する場面を確保できるということもありますから、利用したらいけないとは私は思いませんけど、逆に、すべてを時間的、空間的に構造化してしまうことは、そもそも無理なことで、私たちの生活は人どうしの関係で成り立っていますから、決まった構造からはみ出すところがつねに出てくる。そうすると予測しない出来事が起こってしまう。それでも関係をうまく生きられれば、それをクリアすることができます。

ですから、その点はやはりかねあいで、現実的に構造化が必要なところでは、それを一部利用はしつつ、他方では、いかに共有の関係をひろげるか、ほんとの意味で体験を共有できる場面をいかにひろげるかということがあると思うわけです。こういう人たちに対する手立てをいろいろ工夫し、ケアの仕方をあれこれ工夫して、これなら一人でも間違いなくできるという場を確保するのは大事なことですが、それで楽にできますねというふうに安心していいのか、それとも今日の「ひらかた」さんの報告（第5章）みたいに、もちろん日常の関わりで種々の工夫を重ねながらも、彼らとぶつかることをいとわない、そしてぶつかったあとで考えるというのも大事なことだと思います。ぶつかるということは、いま言った三項関係的な共有のきっかけでもあるわけですから。本気になってぶつかったときに、そこではじめて関係が変わるというふうな実感を持てる、だからこそそこういう共同の場が続いてきたんだろうなと思うんですね。

いまはサービスの提供の仕方そのものも、できるだけ構造化して、誰でもできるようなかたちを作りましょうというふうな取り組みが多くなってきているけれども、果たしてこれでいけるんだろうかと思います。施設という場所は、ある意味でいうと、どんなことが起こっても、持ちこたえるだけの構造をハードとして用意する場所であることを期待されているわけですね。だからそこに入れれば、少なくとも問題は起こらなくなる、というより見えなくなる。だけど、それでそこで暮らす人たちの生活が、ほんとの意味で安心できるものになるのかどうか、それが心配です。

彼らは何を体験しているのか、どのような世界を生きているのか

私などは理屈を言うだけの人間で、今日のような話を聞くと、どうしたらいいのか分からない。ほんとに難しい問題を抱えた人たちとの関わりを実際にやってない人間ですから、偉そうなことを言える立場にありませんし、ほんとに頭が下がるだけという気持ちです。さきほどは、「周囲に頭を下げるのが私の仕事だ」というようなことをおっしゃっていましたけど、私たちはそれを聞いて頭が下がる。関わりもせずに理屈を言うだけの非常に卑怯な立場にいるんですけれども、それでも、この人たちがどこでどうやって暮らしているのか、それをここからどう組み直していくべきかなどということを、外からであれ、理屈であらためて考えるというような役割も、やはりいるんじゃないかなと思って、自分を慰めたりします。

この世間のなかで彼らが何とか生きやすくなるようなかたちを求めながら、そのうえで過度の構造化の危険性をもしっかり意識していくことが必要です。福さんはおそらくその意味で「経験」という言葉を使われたと思うんですが（第6章）、経験には単独の経験というのと、共有の経験というのとがあって、この二つは相当違う。経験を積み上げるといったときの、経験の積み上げ方、それが共有されたかたちで積み上がっていけば、理屈のうえでは、時計とかスケジュールとかにこだわらなくても済むかもしれない。現実はそんなに簡単じゃないと思いますけど、そのときにこの人たちはなにを経験してきているのかということを、彼らの目線、彼らの視点から見るということが大事になります。私たちは、この文化、この時代のなかで、時計とか時間とか計画とかいうものを、長く共有のものとして作り上げてきていて、もうそれを自明のものとして生きていますが、彼らはそれを共有できていない。そのなかで彼らはなにを体験しているのか、どのような世界を生きているのかを考えようとすれば、私たち自身が当たり前だと思っていることをいったん横に置いてみるという作業が必要になります。

これが相当に大変なことで、ただ哲学の世界でのように観念のなかだけで考えるのではなくて、たとえば私たちが考えもしない事件が起こったりしたときに、考えざるをえなくなって、いったい何が起こったんだとあらためて考える。刑事事件になるような大きな事件が起こったり、あるいは施設の責任が問われるような事件が起こって、私たちも考えざるをえないというところで考えてきたわけですけれども、それはやはり必要なことで、避けたいという思いと同時に、起こってしまったときに、なんだったんだということを、私たちは真剣に考えなければならない。そして、そこでようやく気がつくこともある。そのあたりをこのセミナーのなかで考えてきたんだと思います。難しい問題だからこそ、たがいに議論する値打ちがあるという気がして、今年もまたこうしてこの場で議論し合っているということなんだろうと思います。

2　障害がある人と日々関わるなかで

「障害児」ではなく「ひとりひとりの子ども」

村瀬　先ほどの事例報告（第5章）のあとで少し質問をしたんですが、事例報告のなかに、開成小学校という言葉が出てきますね。私がこういう福祉の世界に入ったきっかけは、大学生のときに求人の張り紙がしてあって、自閉症の子どもたちの指導をしてくださいというような依頼があって、そのときに大阪の交野市《かたのし》というところに行ったんです。その交野市のお隣が枚方市《ひらかたし》で、そのときに枚方で面白い取り組みをされている先生がおられるということを聞きました。その方が宮崎隆太郎さんでした。そしてしばらくしてから宮崎隆太郎さんに出会いました。開成小学校にお伺いをして、宮崎さんに出会ったということが、私の人生をやっぱり変えたと思います。すごく、決定的に変えたと思います。だから、この開成小学校で当時小学生だった、和田さんについての報告をお聞きしながら、自分が若いときにやっていたことが、そのときは孤立してやっていたと思うようなことが、こうして、いろんなかたちで今につながってくるんだなぁと思って聞いておりました。

そして宮崎さんを通して知ったのが川端利彦先生でした。私たちには、こういうセミナーとか勉強会のようなものがなにもない時代でした。大学に所属しているわけでもないですから、勉強する場がないんです。そして教科書はというと、染色体異常とか精神薄弱児とか、あるいは早期分裂病とか、そういう用語が当たり前のように使われて、教えられている時代でした。でも現場で見ている子どもたちの様子は、そんな教科書にかいてあるようには見えないじゃないか、というふうに思っているときに、宮崎隆太郎さんを通して川端利彦さんがおられることをお聞きしました。川端先生はそのとき、鶴橋にある大阪赤十字病院で、第三土曜日に「三土会」というふうな名称だったと思うのですが、自主的な勉強会をされているということでした。じゃそこへ行こうということになって、福祉の仲間たち数人と、そこへ行くことになるんです。そこは日赤の病院のなかの小さい部屋で、そこにみんながぎしっと集まって、川端先生の話を聞いたりして、それがぼくらの勉強の出発点だったですね。今こういうセミナーの場があるというのは、当時のことを思うと羨ましいかぎりです。その当時はね、大学を出てしまうと、もう勉強する場がなかったですからね。川端利彦先生は、当時、『ひとりひとりの子ども——精神科医のみた子どもの世界』（こども舎、一九七九年）という本を出されていました。ぼくらは大学で勉強していたとき、精神薄弱児とか、早発性自閉症とか、漢字のつまった病名が並んでいる教科書しか知らなかったものですから、川端利彦先生の『ひとりひとりの子ども』という本を読んでびっくりしました。この本は、障害児について書いているのに「障害児」について書いている本ではなかったですね。『ひとりひとりの子ども』というふうに書いておられたんです。びっくりしました。その本を、どれだけコピーしてお母さんたちや仲間、福祉をやっている人たちに配ったか、そしてどれだけ勉強会で使ったか、今から思うと奇跡のような出会いだったと思います。

そういう川端利彦先生、宮崎隆太郎さんのＤＮＡを受け継いで私たちがおり、そしてここに「パーソナルサポート　ひらかた」の方々もおられるんだろうと思います。大阪で生まれたこの流れを大事にしたいなぁと思います。ところが川端利彦先生も昨今は認知症になられた。宮崎隆太郎先生も白血病ですか、去年亡くなられた。そのことをお聞きして、そういうＤＮＡは、順番に死守して受けとめていかないといけないなと感じておりました。ちょっと余計なことでしたが。

ぶつかり合って考えていこう

浜田　私なんかも、宮崎さんや川端さんの、ちょっとだけあとの世代として生きてきた人間だったと思うんですけど、そこよりもうひと世代あとでいま現役でやっておられる「ひらかた」の長尾さんなんかは、そのあたりどのように考えていますか。ご自分の学校時代からの枚方でのいまの取り組みまで、さきほどの報告につなげて、もう少し言いたいところがあるんじゃないかと思うんですが。

長尾　まずはじめに、報告のときの言葉遣いが悪かったかなぁと思うんですが、村瀬さんの話を聞いて、意外と先生の話とつながりがあるんかなぁと思いました。そういう話になっていくと、どうしても自分の小学校時代の人との関わりがいまの仕事のもとになるのかなぁと思うんですね。そのときの関わりって、だいぶあとから聞いたんですけど、知的障害（当時は精神薄弱といわれた）の同級生と、行ってる時間は違うんですけど、休み時間と昼休みは必ず教室にいたんですね。指導する先生も誰もいなくて、いちばんはじめに言った、どうやって時間中にご飯を食べてもらうか、どうやって移動するかということを真剣にやるわけですよ。いまも同じで、たぶん考えて、どうしようかなと、そのときなんとなく考えたやり方をする。だいぶ経ってから、ほんとつい何年か前に、当時の教員とその話をちらっとしたときに、あれは、何か考えるやろと、意図的に放ってたんだと言っていました。あぁそうしてたんかと思いました。それは大事なことで、いまはいろんな支援もあって、学校のなかにいて支援することもありますが、当時は関わる側、受けている側も含めて、相互、性格的にぶつかって考えるタイプなんで、いろんなやり方を考えては失敗して、殴られたり咬まれたりしながら、次こうやってみようかと、それはぼくもみんなもいろいろ考えてやるんです。朝迎えに行ってもすぐになかなか出てこないのをどうやって早く出すかといろいろ考えるわけです。

さきほど村瀬先生がおっしゃった、ひとりひとり、その人とどう関わるかという見方って、最近あまりできてなくて、言葉遣いだけかも分からないけど、さきに障害が見えるような関わり方、見方になっていて、やっぱり、ちょっと変わってきているという気がします。勉強の中身なんかも、障害から見てその人をどう見るかという言い方をする教育が強いんじゃないかと思うんですけど。今日、村瀬先生、浜田先生の話を聞きながら、自分のやってきたことをどうやって整理するのかなぁと思っていて、こういうふうに考えたらいいのかなと整理できたことがいくつかありました。まぁそういった整理は当然必要で、そのように整理するなかで自分が彼らをどう見るか、どう関わったらいいのか、何が問題かということを考えながら、とりあえずやってみようかなということで、それでやってきたのがいまの仕事です。仕事で入ったわけじゃないというのがいちばんはじめのもとなんですけど、だから、ぶつかって考えていこうということになるのかなぁと思います。いまは障害名を使っていますけど、当時はそういうことはなくて、ぼくが知らなかっただけかもしれませんが、要するに彼らがいて、どうするんやお前ら、ということでやってきたんかなぁと。

浜田　たがいが「ぶつかる」なかでやってきたというようなかたちで表現をされたんですけれど、私が三項関係と言ってきたもののなかには、ぶつかることもあるんですね。一つの物事に関しておたがいがぶつかり合う、そこで折り合いをつけたり、共通のやり方を生み出していくというようなことが、けっこう大きなことではないかと思います。ところが、いまはできるだけぶつかりを避けるという方向で、学校現場もその場を構造化したりする。先ほども言いましたが、そのことの意味を一定程度認めながら、それだけでうまくいくんだろうかという疑問がやはりあります。ぶつからない流れを整備していくというかたちで、福祉も学校教育もあれこれ工夫する。それは今後、問題を起こさないための手立てになるのかもしれませんけど、それだけでいいんだろうかと思うんですね。

生きていく知恵を伝えていく

浜田　荒川さんは世代的にいうと私なんかとほぼ一緒くらいですけど、長くやってこられて、そのあたりのことをどう感じておられますか。

荒川　難しい話ですね、ひとことでは言えないですけど。若干それとはずれますけど、私はやってきて楽しかったなぁという、私自身は運動という発想はなくて、自分の生き方のなかで、たまたま仕事に出会ったということなんですね。いまやっていることは、障害の人たちが地域のなかで生活しつづける、それがしずかな運動かなと思ってやっているんですけれども。そういう意味では、第一世代の方に失礼な言い方なんですけど、この仕事はのんびり楽しくやれたと思います。

いま迷うのは、たとえば今回のセミナーのように、さっきも話があったことなんですけど、個人情報からすればね、とんでもない、なんでこんな名前を出すのだろうと、ＥＰＯの懐の広さというか、その問題の本質はそうじゃないんだと、本質をきちっと考えるときに、コンプライアンスであるとか、そういうことは結局は問題ではないという考えがあると思います。しかし、今の福祉の仕事は、医療関係もそうなんですけど、逆に守りに入らざるをえない、それはすごく肩身の狭い仕事になってしまった。当時は非常におおらかで、私自身はこれを仕事だと思ってこなかったですね。自分の楽しみでやってきたから、二四時間仕事やっても楽しかったし、それが自分の生き方なんだと思っていました。今でも、趣味はなんですかと訊かれたら、障害の人とうろうろするのが好きなんですと答えます。こいつは性格的に異常なんじゃないかと思われるような、そういうなかでやってきました。私の役割というのは、次の第二世代へこの仕事は楽しいよと伝えることかなと思ってやっているんですけども。なかなかそれだけの力がないもんですから、ついつい毎日葛藤しながらやっているんですけれども、なんとかはっきりつないでいきたいなと思っています。ご質問とは全然関係ないですが。

浜田　荒川さんが次の世代に伝えたいとおっしゃられている、その当の世代として、福さんはいかがでしょうか？　人とのあいだの共有の体験をどう進めていけるのか、あるいはそれがこだわりの問題とどうからんでいくのかというあたりを、お訊きしたいなと思うんですが、どうでしょうか。

福　ぼく自身もあんまり理論だてて説明するのはむつかしいんですけれども、十年間やってきたなかで、利用者さんと一緒に過ごしてきたというところしかないので、その部分では同じ視点で一緒に共有できてきたかなあと思っています。理論だててやっていかないとは思うんですが、今回の報告もやっぱり荒くて、荒川さんと一緒にやってきたんですけど、やっぱり、いろんな経験を積んでこなかったということを、今感じています。たぶんリスクマネジメントの点でも、危険だからやらないというのが前提なんでしょうけど、それを経過することで次に生かしていける、知識ではなくて知恵につながっていくのかなぁということを、さっきお話したかったんです。経験による知識でなくて、生きていく知恵をつないでいってもらえたらなぁと思いました。

浜田　知識の方はただの理屈になりやすいんですが、その意味で自分の生の体験に根を下ろした知恵が大事という感覚でしょうね。ここが難しいところですが。

「またみんなで鍋を食べられるように」

浜田　そのあたりで高橋さんはどう考えておられるでしょうか。先ほど家族の思いについてお話されたなかで、最後に「またみんなで鍋を食べられるように」と、ちょっと謎めいた投げかけをされたのですが、それはどういうことなんでしょうか。

高橋　話のなかで、お父さんとの関係性で、お父さんが今家にいると家に入れないというのがあります。妹とのこだわりについては、着ている服にもこだわりがあって、家で何度も暴れたというのがあるので、妹自身も飛鳥を受け入れられない状態にあるんです。この子ももうすぐ二十歳になります。この発表をするにあたって、ついいろんなことを読み返していたんですけど、そのなかで、妹の言葉として、「飛鳥はあんなんじゃなかった」と言ってたのを思い出して、そういうことやねんなというふうに思ったんです。家に入れないし、そしたらお風呂にも入れないし、一緒に空間を過ごせません。前は2ＬＤＫで五人過ごせたんですけど、もうそれがどんどんひどくなっていって、一人ずつ部屋があれば大丈夫かなと思って、一人ずつの部屋を確保できるところに引っ越しました。それでもやはりなにも変わらずで、たしかにちょっと、逃げるじゃないですけど、自分の気持ちを落ち着かせる場所として自分の部屋というのは使えて、すっと消えて部屋に入ったりもしてたんですけど、それは一瞬というか、ただの回避で、すぐ外に出ると言って、作業所から帰ってきて妹たちがいると即、家を出て私が運転してドライブに出かけるんですけど、時間をつぶすのに理由づけが要ると思って、本人は電車見に行く、あっちへ行く、こっちへ行くと言っていました。お風呂も入れないんで、私も女性なんで一緒に入れないんで、地域のプールやいろんなところのプールに行ってお風呂がわりにするというかたちでずっとやってきて、今はグループホームに行ってるんですけど。

家族が同じ空間で過ごせて、ご飯を一緒に食べれるというのは、昔はふつうのことでした。おじいちゃん、おばあちゃんたちもいました。いまはおなじ空間にみんなが揃っているということ自体がないので、いつか昔のように、みんな揃ってお鍋食べれたらいいなぁと思っています。飛鳥のなかでも「そうそうの杜」さん、座座さんで忘年会で、お鍋を毎年やっていただいてるんですけど、お鍋をまた食べたいと本人も言うんですね。彼のなかにもそういう思いがあるんやろうなぁということもあって、今回話したときに、目指すところとしてはここかなということでお話ししました。

浜田　それをたんなる夢じゃなくて、現実化するというのは大変なことだと思うんですけど、同じ空間に一緒にいてごく当たり前の日常を送るという、私たちがふだんふつうにやっていることがなかなかうまくいかないというようなことが、どうして起こるのか、それを回復するにはどうしたらいいか、それはほんとに大きい問題です。単純にそれができないから施設で、まわりから見守るなかで生活すればいいという話ではないわけで、非常に重い課題ですけれども、高橋さんたちに託されたことは大きいんじゃないかなと思います。私たちの世代から次の世代へ引き継いでいく、その世代交替が大きな課題になっているのはどこの現場でもそうです。私なんかも、いま主たる仕事をしている刑事裁判の供述分析の現場で、いろいろ悩んでいるところです。

その施設で彼が過ごすシーンがよぎらなかった

その点にからめて、平岡さんにもちょっとお訊きしたいなと思うんですけど、施設に絶対入れるつもりはなかったんだけど行ってみたというお話がありましたね。それで、行った先が異臭というか排泄臭もするしイヤだったので、という話もありましたが、おそらくそれだけじゃない。そういう臭いがしたからということではなく、ものすごくきれいな、清潔で、きちっとできていてもイヤだったんじゃないかと思うんですね。そのへんのところ、私たちはここで暮らしたくないよなというのは、たんに生理的な部分でイヤだと感じるのとちょっと違うという感じがあるんじゃないかと思うんですが、どうでしょうか。もしきれいで、清潔で、一見きちっとうまく行っているような施設だったら、どうだったでしょう。

平岡　じつはそこの施設は、きれいに建て替わりました、最近。見学に行かれる方も多いそうです。ただ、ハードの問題ではないと思うんです。〝障害を持っているから施設〟というのが私には違和感というか、抵抗がすごくあるんですね。私自身が施設に入るんであれば、抵抗がなかったのかもしれないんですけど、そこがどうもやっぱり腑に落ちないからイヤだと思ってるんだと思うんです。

それと、彼のいまの暮らしを見ると、やっぱり自分の好きなものを飾って、介護者といろんなものをそろえていたり、いろんなものが壊れたりもするんですけど。ビデオのなかで電気屋さんに行くというシーンがあって、あれは彼が中島みゆきが好きで、カセットをかけるのでよく壊れるんですけど、そういう生活の楽しみもありました。施設ではアンモニア臭がしたんですけど、それだけじゃなくて、そこで彼が過ごすシーンが何一つよぎらなかったし、イヤでしたね。だから建物がとってもきれいになったんですけど、建物の問題ではないと思います。ほんとにアンモニア臭はしたんですけど、みなさんにリアルに伝えるために、そう伝えたのかもしれません。彼自身もイヤだと言ってるし、それを支えてきた介護者の思いもあります。私自身はすごく、言葉にはうまくできないですけど、それを大事に仕事をしていこうと思っています。

3　それぞれの現場で

支援者との関係だけではなく、当たり前の関係を

浜田　さて、登壇して報告していただいた方に一言ずつお話をいただいたところで、時間のほうが押してきました。昨日からずっと聞く一方で、欲求不満になってらっしゃる方が相当おられるんじゃないかと思いますが、今日の午後の事例の話を含め、昨日の話も含めて、フロアのほうでご意見のある方はぜひお聞きしたいと思うんですが、いかがでしょうか。ご意見のある方、どうぞ手を挙げていただいて、はい、どうぞ。

フロアB（女性）　枚方の関山と言います。さきほど枚方の話をされて、枚方の学校へ行ったら、障害を持った子がいないとおっしゃいました。長尾祥司さんは私が小学校に行っていたときのお子さんでしたし、祥ちゃんの話を聞こうと来ているんですけど、ほんとにさっきの話は愕然としました。

私はじつは、心の相談員としていま枚方の小学校でカウンセリングなどをやっています。一週間に一回行くだけですけど、いろいろな現実を見ます。学校にはいろんな障害を持った子がいます。だけれども、平岡さんがそう感じなかったというのは、重い障害を持っている子は支援学校へという流れができているんじゃないかな、と。とくに小学校にはなんとかするものの、中学校は普通校ではなくて支援学校に行っているんじゃないかな、と。それは、かなり私も認識しています。すごく残念に思っている事実なんです。

私、いまあえて手を挙げましたのは、私自身も宮崎隆太郎さんに刺激をいただきやってきた人間の一人です。このセミナーは「こころでわかる支援者エンパワメントセミナー」ということで、昨年もここへ参加させていただいて、持った印象として、話にずっと引き込まれるんですけれど、平岡さんがあんなふうに話されたことで、ふっと思ったことがあるんです。それは、国の「特別支援教育」の方針と不可分ですが、障害があると、とくに発達障害らしい傾向があると、そういう傾向を見つけるのに教師が必死になっているんですね。ちょっとだけなにか子どもに問題を感じたら、たとえば、六パーセント強の割合でいるはずやとか、どんどんそういうような視点がまかり通っていますし、いや最近はもっと増えた、百人に一〇人はいるはずやとか、どんどん発達障害児見つけみたいなことが、支援コーディネーターなどの研修会でも言われている。そんななかで、「分けられている」という言葉を使いますが、支援学級に出されたりとか、支援学校への勧めをされたりする実態が、私は残念に思っているのですけれど、あります。今日の浜田先生の話に通じるかどうか分かっていないんですけど、ちょっとおかしいなというところで、どんどん分ける、別の世界のほうへ、つまり関わるのは支援の担当の教職員・介護者だけになっていってしまっている。たとえ普通の小・中学校へ通っていても、そういう「分ける」視点から見られる。

そうすると、小学校の場合はいわゆるふつうの子どもがいっぱいいるなかで育っていきますけど、支援学級とか、支援学校とかになっていきますと、そういう世間を、その子も親も見にくい世界になっていきますし、逆に障害を持っていないいわゆるふつうの子がそういう子たちと付き合うという感覚をどんどん失っていきます。支援学級の先生に任せておけばいいとかいうようなベクトルがどんどん強くなっていく。いまここでお聞きしている事例のように、事業所などがA型、B型いろいろ取り組んでおられるそのことは、すごく敬意を表しますし、精神関係の事業所などでもみなさん熱心にやっておられます。だけども同時にですね、人間関係とか、あるスポットだけでの論議とか問題意識だけに終わらせないで、なんとかね、さきほどお母さんのお話を聞いても胸が痛んじゃうんですけど、一般世間というか、たとえば家族、親戚、友人、地域の人たちとかいうふうに、広がる人間観、世界観というのを持ちたいものだなぁ、と。セミナーでも、地域で生きることにこだわりながら、支援者との関係だけじゃなくて、通常の当たり前の関係がなんとか開けないかなぁという視点を持ちながら聞きました。

浜田　有難うございます。実際に長くやってこられた方たちにとって、いまのお話は実感として共有できるところがいろいろあるんじゃないかと思います。かつて七九年の養護学校の義務化の前後から議論が盛んに行われてきて、八〇年代は共生・共育の動きが実質的に広がった時代でしたし、長尾さんなんかはそういう時代に学校生活を送ってこられたのだと思いますけど、それがその後どんどん先細りになってきて、いまはさかんに「発達障害」というかたちで個々の子どもたちが取り出されて、「この子どものために」ということで、インクルーシブ教育という建前のもとにむしろ別学体制が広がっています。結果として、健常と呼ばれる子どもたちが「障害」という実際の問題にじかに出会う機会をどんどん失っているという現実がある。福祉の世界はずいぶん細かくいろんなケアができるようになり、サービスも豊富になっているんですけど、それで暮らしやすくなったのかというと、どうもそうは思えないところがいっぱいあって、すごく複雑な思いになります。

「いや、ふつうの若者やん」

フロアC（男性）　社会福祉法人路交館の尾埣《おさこ》です。グループホームを主に担当しております。二例目の高橋さんの報告を聞いていて思ったんですけれども、お母さんからの、中学・高校くらいから他傷行為が出てくると、家族と過ごすのが難しくなってるというお話について、いや、ふつうの若者やんという印象を受けました。中学・高校くらいから出る他傷行為というのは、まわりからしたらどうしようかなというようなことかもしれないんですけど、ただ自我が育ってきて、親から離れたいというサインじゃないんかなぁというふうに、ぼくは受け取ったんです。家族がなかなかね、一緒に過ごせない、一緒の空間に住めないというのは、母親からしたらすごくさみしかったり、つらいことかもしれないし、支援者からしたらね、いわば扱いにくくはなるんですよ、言葉は不適切かもしれないんですけど。でも振り返れば誰もが通ってきたステップだと思うし、人間が大人になる過程で絶対に必要なステップをちゃんと踏めているってことは、喜んでいいことじゃないかなと思うんです。幼いころにちゃんと愛情を受けてきた、母親や家族から受けてきた子どもがちゃんと必要なときに親のもとを離れていけるというのは、よく聞く話ですけど、それと一緒違うんかなとぼくは思ったんです。

ここから、思春期のいろんなものと関わりながら、格闘しながらこの人、生きていくんだろうなと思っています。そのときに必要なことというのはね、ちょっと反論みたいな感じになりますけど、できるだけ混乱を少なくしていくことなども必要だと思うんですけど、それと同じくらい、ときにパニックになったり、仲間に反撃されてこっちがやられたり、ときに怒られたりしながら、外との関わりを学んでいくことなんじゃないかなと思ってます。これは支援というか、社会全体の問題だと思ってるんですけど、怒られても明日は来るし、失敗してもう駄目だと、明日は会社に行けませんと言っても、いやいや明日からも仕事があるし……。学んでいきながら、いま社会問題になっている、いわば打たれ弱い若者になるんじゃなくて、新しい環境で新しい仲間と多少のトラブルにはくじけずに生きていく力を育んでいくという時期に入っているんじゃないかと感じました。

クリストファー・ロビンですね、昨日の話、すごい楽しく聞かせていただいたんですけど、ぼくはすごくクリストファー・ロビンのほうに注目してしまって、彼が百エーカーの森を出て行くときに、プーさん、一緒に来てよじゃなくて、プーさんを残して出て行くわけですよね。クリストファー・ロビンには学校でたくさんの人間の友だちを作っていただきたいと思います。飛鳥さんもこれからたぶん、家族よりも利用者さんたちや友だちとかと過ごすほうが楽しくなっていくのじゃないかなと思っています。母親にとってはさみしい話かもしれないですけど、ぼくも二十代から三十代半ばくらいまで、父親とあまり話さなかったですけど、ちょうどいろいろなものにぶつかっていた時期で、でもそれを経て、友人や、仕事や、家族という存在をえて、今また話をするようになってきましたよ。

子どもたちの「百エーカーの森」を守っていきたい

村瀬　ちょっとひとこと。高岡さんにも、村瀬さんはロビンのほうの肩持ってるの？プーのほうの肩持ってるの?と聞かれました。高岡さんも、同じようなことを考えてられたのと違うかなと思います。おばかさんというのは、原作ではね、Silly is an old bear と言ってるんです。シリイはおばかさんという意味で、オールド・ベアって年寄りのクマということです。ですので、きのうビデオで観てもらったらプーの声がおっさんの声でおかしかったでしょ。子どもの声じゃないんですね。プーの声は、年寄りの声なんです。原作がそうなっているものですから。だからプーの物語は、ただ子どもの世界を描いてるんじゃなくて、そこに納まらない世界をも描いていたということなんです。ちなみに言うと、「おばかさん」という言葉が、ある意味で意識されたのは、遠藤周作さんが「おばかさん」という小説を朝日新聞で連載されたことにもよっています。小説の「おばかさん」というのは、フランスから実際にきた牧師さんがモデルです。それが、おばかなことをするから「おばかさん」と遠藤周作は題をつけているんですが、でも、もう少し言えば、この「おばかさん」モデルは、イエス・キリストなんですね。評論家の江藤淳が、遠藤周作の書いたいろんな作品があるけれども、「おばかさん」がいちばんいいというふうに解説で書いていました。そういうことも踏まえて見ると、「おばかさん」というのは、もっといろいろと考えてみることのできる言葉であることが分かります。ですので、話をプーに戻しますと、「おばかさん」のプーだけが大事な話なのではなくて、プーを大事にしたクリストファー・ロビンや、百エーカーの森の友だちや、そのことをロビンに伝えようとしたパパのミルンのことも、同じように大事な話なんだとぼくは思います。その辺は、物語を総合的に読み取っていただけたらいいいかなと思います。

浜田　今の村瀬さんの話について、皆さん、どうでしょう。ちょっと何か思うところあれば。はい、どうぞ。

フロアD（女性）　二日間ほんとに楽しく過ごさせていただきました。私はいま小学校の支援学級の子どもたちと過ごしているんですけれども、プーさんと百エーカーの森の過ごし方というのがとっても、私、共感できました。昔は、浜田先生もそうですけど、私も同じ年代なんですけど、昔は百エーカーの森ってあったと思うんです。そこで過ごせる仲間もいたと思うんです。だけどいまの時代、学校のなかでは子どもが守られてあたり前、学校のなかも百エーカーの森でなくなってるということですね。直線の、発達、発達ということだけを求められて、なんかとっても息苦しいんです。

だけど昨日の話を聞いて、そういう読み方をすることができるんだなと分かって、私はどちらかというと、百エーカーの森を必死に守りたいと思ってるので、学校のなかで、私がいるところは子どもたちにとって百エーカーの森であってほしいなと思いながら、一緒に過ごしているんですけれども、昨日のプーさんのお話をうかがって、あと残りわずかしか子どもたちと過ごせないんですけど、ほんとに自信を持って、子どもたちの百エーカーの森を守っていきたいなぁと思いました。ほんとにありがとうございます。

村瀬　ありがとうございました。文学作品というのはいろんな作品があって、いろんな読み方ができるんですけど、私たちに役に立つように読むという読み方ができてないので、一緒に勉強できたらなぁと思って少しだけお話させてもらいました。よかったです、有難うございます。

おたがいに理解してつながる

浜田　感想でもけっこうです。ご意見も、はい、どうぞ。

フロアE（男性）　前川と申します。九州の宮崎県から参りました。私は今回、昨年も参加させていただいたんですけど、全体をお聞きして、すごく希望が持てたという気がしました。それはなにかというと、小道さんがきのう、『自閉症論再考』という本を読んで、そういうことなのかというふうに納得して、そこに出てくる人たちみんなに会いたかったとおっしゃったんですね（第4章）。そのことが私にとっては非常に、希望というか嬉しい言葉でした。

これは実話なんですけども、じつは私は、一一年前に社会福祉法人で知的障害、精神障害をお持ちの方と直接関わることを始めたんですけれども、重度の知的障害でかつ自閉症をお持ちの一人の女性と出会ったことで、障害というものと、こういうオーラルなコミュニケーションでは意思疎通ができない方とのコミュニケーションをどうするかということについて、学ばせていただく非常にいい経験ができました。ぼくにとって彼女は先生なんで、いまでも師匠だというふうに思っています。昨日の高岡先生のお話のなかで、いちばん最後のなにが連続体かというお話のなかで、感覚システムが連続しているというお話があったんですけれども、人間存在の原点と、その先に自閉症スペクトラムの方がいて、その先に凡人Aがいると書いてあるんですけど（第2章図2-3）、ぼくの場合は、人間存在の原点というところに、自閉症をお持ちのその方を通して、触れられたという気がします。（感覚システムは）自分自身のうちにもあるんだけれども、彼女と出会わなければ（原点の感覚は）知り得なかったと思っています。

そういうものとして昨日からのお話をうかがってると、村瀬先生のお話に出てきた、「直線の時間」「円環の時間」について、なにか自分の前にあるものを操作して、新しいものを生み出そう、もっと言うと、利益を生み出そうというのが近代だと思うんですけど、そういうやり方に対して、どっちかがどっちかを操作するんじゃなくて、一緒にいるよというのが「円環の時間」ということじゃなかったかと思いました。そして今日のお話（第3章）にありました、相手との、話をする―聞くというなかで、内なる他者を持っているというお話があったんですけれども、私はお聞きしてて、そういうことを定型発達者としての自分が、無自覚に自分のなかでやっているとすれば、それを自閉症の人に理解してくれというのは無理な話じゃないかということを非常に強く教えられた気がします。少なくともこういう自覚を持って接していかないといけないと思います。

そういうふうな思いのなかで、最初に申し上げたように、自閉症の当事者である小道さんが、あぁ、そういうことなのかということをお分かりいただいて、つながりを感じることができたというのは、すごく希望なんですね。私のほうがあちらを理解するということだけじゃなくて、相手のほうにも理解していただいてつながるという、それを学ばせていただきました。以上です。

たがいが触れ合う機会をつくる

浜田　ありがとうございました。これまでの話をまとめていただいたような気もするんですが、もう少しだけ時間がありますので、あとおひと方かおふた方か、ご意見どうでしょう？　あ、いいですか。じゃ、村瀬さん、まとめていただきましょうか。

村瀬　いやいや、とんでもない、とんでもない。

浜田　ちょっとひとことどうぞ。ぼくも最後にしゃべりますから。なんでもいいです。

村瀬　私は、あのう、動物を見るのが好きなんです、このあいだオオタカの映像を見てましたら、オオタカは子どもを産んで、その子どもが成長して巣から飛びたつと、その後は、子どもが戻ってきても、絶対に巣には入れないんですね。要するに、入れてしまうと自分で餌をとるということができなくなるから絶対に巣には入れない。こういう生き物の姿というのは、さきほど言われた、家では一緒に食事をしなくなるという、そういう話とどこか関係しているのではと思って聞いておりました。だから家で大事にしたいという思いと、同時にどこかで頑張れという部分と、たぶんこの両方の思いで親御さんも施設の方もやっておられるのと違うかなぁと思って聞いておりました。

浜田　さて、そろそろお時間です。定型発達障害者らしい時間へのこだわりではありますが、もうあと三分ですので、終りに向けてお話をまとめないといけません。もちろん、言葉だけでまとめてよいような話じゃないですから、どのように言っても、これからに向けての一区切りでしかありません。

考えてみますと、私も、「発達心理学」などという、いまの時代においてすごくややこしくて、いかがわしい世界に長く身をおいてきました。「発達、発達」と言って、ひとりひとりの子どもに対して善意で関わっているようでいて、じつはそのひとりひとりを分断してしまい、さらにはいわゆる障害を持つ人たちだけを別に分ける、そんな社会のかたちが定着しつつあります。それはけっして人にやさしい社会でも豊かな社会でもありませんし、その延長上には、さらに難しい時代がくるということが予想されます。その意味で、私たちはどんどん追いつめられているような気もするんですけど、あらためて原点を見つめ直し、確認し直しておく必要があるように思います。

人はみな、それぞれに自分では左右できないいろんな条件を背負って生きているわけで、それをたがいにどう理解しあえるのかが基本ですし、そのためにはまずはたがいに出会い、関わり合わなければなりません。そうしてごく自然にたがいが触れ合う機会をつくることに向けてチャレンジをつづける意味を、あらためて確認していく必要があるんじゃないかなと、今回とくに痛感させられました。その意味でも、私たちのような年代の人間が自分たちなりに体験してきたことを次の年代に伝えていくことが大事になってくるのかもしれません。これは私たちがやはり年をとってきたからでもありますが、しかし年寄りが言わないといけないこともあると、最近とくに思うようになりました。この場所には若い方もたくさんいらっしゃっていますし、ぜひ若い方たちを一緒にまきこんで、今後ともこういう場所で議論が持てればと思っております。

このセミナーも、毎回、毎回、これでおしまいみたいな気持ちでやってきたのですが、終われば終わったで、季節が巡れば、生きているかぎりはまた出てきてくれというような感じで、今年もこうしてどうにかやれました。村瀬さん、高岡さんと私は、何かしら古い付き合いでして、それぞれまったく別のことをやり、別のことを考えているようでいて、一緒になって話せばそれなりに重なるところもでてくるという、まさに共有の体験をできるかなぁという思いでやってきました。今後のことは分かりませんけど、みなさんも是非、それぞれの現場でたがいにこういう議論を交わし合い、共有の場をつくりつづけていけますよう願っています。今後もまたなにかの機会にお会いできることを祈念しつつ、終わりたいと思います。どうも有難うございました。

おわりに

「知的（発達）障害とは？」「現実の場面で起こることを読み解く」等、支援に関わる土台となる力を付ける、めったにない講師陣による、めったにないセミナーを開催します。――これが二〇〇九年の初回「ＥＰＯ《えぽ》こころでわかる支援者エンパワメントセミナー」への参加呼びかけ文でした。その内容は、私たちＥＰＯ構成員自身が知りたい、考えたいものとして組んだものの、まる二日間みっちりのプログラムであり、参加者は来てくれるだろうかと危惧されるような企画でした。しかし幸い、知的（発達）障害者にかかわる人たちは会場に足を運んでくれました。曰く「即効性のみを求めがちな運動とは一線を画した、大胆な企画だった」と評されました。それならこのスタイルで行こうということで回を重ねてきました。そんな五回目の「ＥＰＯセミナー２０１５」が本書のもととなり、まえがきに詳しいように、研究者と支援にかかわる人たちの視線が交わされた「自閉症の世界」が展開されています。

「知的（発達）障害」を関わりの中で捉えるという、めったにない講師陣（浜田・村瀬・高岡）＆支援にかかわる人たち＆ＥＰＯスタッフが一堂に会して、創造した世界であり、そこでは、研究の対象でもなく、一方的に守られるだけでもない、知的（発達）障害者がいて、支援者と営むありのままの日常が展開されています。もちろん、仕事として知的（発達）障害者にかかわる支援者たちも、誉めたたえられるでもなく、貶められるわけでもなく、普通に自らの生を交差させて「支援と関係性」について、多様な思考をめぐらし論議しています。――このような姿が当たり前のものであるとして、本書には等身大の支援者と障害当事者が編み込まれているのです。

その一部として、事例編について少し書き添えます。

小道モコさんは、色彩豊かなイラストを使って自閉症の「あたし」を語り、これは「あたし」の場合であり、他の方の自閉症は分からないとして発信します。そして小道さんの危機的状況にも寄り添ったりして長年の交友を重ねている山田有信さんの語りは、まさに自らの生をクロスさせた印象深い話でした。しかし本書には、「様々な現場での実態を赤裸々に語り合うEPOの場に参加して刺激を受けたことがたくさんあります。あの場でわたしが語れたことも何かしらの意味のあることだったように感じています。ですがEPOはやはりあの場で一度きりのライブとして起こる出来事であるということにもっとも大きな意味があるのではないかと思います」と山田さんは活字化を望まれませんでした。

事例報告では、自閉症スペクトラムを有する当事者と支援者たちの奮闘の日々が語られています。

今よりももっと自閉症への理解が不十分だった頃、問題行動では名うての和田さんとの「支援と関係性」は、まさに素手でのぶつかり合い。自閉症を、いえ和田さんを理解していったのかどうか、その体当り論は聞くに読むに値します。全国的にまれなる「地域で一人暮らし」の和田さんを介護者としても支えてきた長尾祥司さんは、「今の時代は、障害者との関係で格闘しても、それは職業もしくは仕事としてであって、自分自身の価値観として闘っているわけじゃない。しかし障害者は障害者であることをやめないでしょ。職業や仕事の対象として障害者は障害者でいるわけではない。なら僕も自分の人生というか、日常のところで付き合っていこうと……でないと本当に肝心なことは見えてこないんじゃないかと思う」と提起する人です。支援者としての平岡美鳥さんのセンスと相まって、和田さんの関係の網の目を地域で紡ぐその道中は、支援のだいご味を感じさせます。

一方対照的に、自閉症の人に対してコミック会話シートを使うなど、その支援を特化している大阪市内の福祉法人からの事例報告「晴れのち晴れ」。ここでは思春期のように荒れる息子（飛鳥さん）に、家族で食卓を囲めない切なさを語る母親（高橋道子さん）もまるごと包まれる「支援と関係性」がみられます。普段の支援の空気は「僕も自閉症かと思う」と飛鳥さんに自身をオーバーラップさせる福寛さん、「運動とかではなく、道楽でやっている」という荒川輝男さんからおおらかに伝わってきます。

以上の二つの事例ともに、当事者の名前をオープンにするためらいは皆無でした。それは知的（発達）障害当事者が地域で普通に暮らすことを求めてきた、大げさに言えば名前のある本人としての王道を歩いている自負とも受け止められます。大阪の障害者運動の歴史からの後押しという背景もあるかもしれません。が何より、現場を中心にして課題究明をすることに胸襟を開いて取りくむ講師陣、そこに参加する支援に関わる人たちというＥＰＯの場の構成が安心感を与えているようです。

人は誰でも人との関係性の中でさまざまな影響を受けたり、与えたりしながら生きています。わけても知的障害がある人は、一番近くにいる人（親や支援者）の意識や関わり方に大きく人生を左右されてしまう現実があります。ＥＰＯは「支援と関係性」をテーマに、この現実をふまえてめざす方向を提起しながら、互いに人としての対等な関係のあり方について、広い視点から捉えなおしたいと考えています。このことがひいては、知的障害のある人が市民としてあたり前の生活を送ることにつながっていくのではないでしょうか。

――このような問題意識の下に、障害当事者・知的障害者通所施設の現場責任者・大学教員・研究者など、いずれも関西の地で障害者にかかわる活動を長年積み重ねてきた者たちが集まり、二〇〇二年「エンパワメント・プランニング協会（ＥＰＯ）」を創設しました。以来実践をもとに共に考え当事者や支援者のエンパワメント（内在する力を引き出しあう）を図り、誰もが自分らしく生きていける社会をめざす活動をしてきました。

知的（発達）障害のある人の思いやその生き難さを伝えることがまだ少ない現状です、支援者の提起や表明なども含めて、現場を中心にして課題究明する多様な論議と思考が求められているのではないでしょうか。ＥＰＯセミナーで展開している事態がそれであるとして、端的に「当事者の生と支援者の生がクロスする」と表わしました、引いては本書の特徴にもなる表現かと思われます。そうして埋もれさせるわけにいかない貴重な出来事として本書が刊行されます。

単行本化に大変ご尽力いただいた浜田寿美男さんはじめ、ＥＰＯの地道な活動にいつも快く応じてくださる村瀬学さんと高岡健さん、どんなにかこれまでも励まされたことでしょう。出会えた幸運に感謝します。ミネルヴァ書房の編集者、吉岡昌俊さんにもお世話になりました。厚くお礼申しあげる次第です。

二〇一六年六月一五日

エンパワメント・プランニング協会
野嶋スマ子

参加者の声

二日間のセミナーに参加した方々の感想や意見の一部を紹介します。

◎村瀬先生の絵のクマのプーさんは、大変興味深く聞かせていただきました。ディズニーの映画は大体みているいると思っていたのですが、この映画はなぜかみていなかったと思いだしました。一番印象に残ったのは、子どもが「どこに、なにしにいくの?」と聞かれ、「何でもないんだ」と答え、円環の時間をすごすこと。子供時代は当たり前にあったこの時間と自閉症の方の時間の過ごし方の似ている点と、自分の子ども時代のその感覚を思い出しながら聞いていました。（四〇代男性）

◎プーさんが人気があるのだから、「何もしない」ことに価値がおかれる世の中にもなりえるのではないかという希望を感じました。とはいえ、私自身も「直進する時間」に身を置いていて、関わる人たちをそちらに連れてこようとしてしまうこともあります。「円環する時間」を堂々と、一緒に楽しめるようになりたいと思いました。私が直進して目指す先に「円環する時間」があるかもしれません。全プログラム、とてもよかったです。ありがとうございました。（三〇代女性）

◎プーさんの話は、身近な感じや納得ができることや自閉症について自閉の人から見た世界、様々な観点でのことが勉強になりました。また利用している子供たちの感じていることを、別の意味でふれられたようにも思いました。（三〇代男性）

◎プーさんの話の奥深さにびっくりしました。私の中ではかわいいプーさんが出てくるけど、話が分かりにくいと思っていました。とらえかたによってこんなにも違う話になるのだなぁと思いました。そして一〇〇エーカーの森に入らずに外から見つめている自分自身を発見してしまい、「わかってないこと」がわかったような気がしました。今の学校の現状などを聞き、分ける教育を考えることが大きな課題と捉え、気になっている私たちが発信しなくてはいけないと思いました。一緒にする機会を意識して作ることも必要な時代だと思いました。（五〇代女性）

◎二日にわたり理論的な勉強になりました。一〇〇エーカーの土地から利用者さんを出す支援と一〇〇エーカーの土地の中での支援は、自閉症の方にはどちらが望ましいのかを考えさせられました。（無記名）

◎浜田さんのお話を聞いて、自閉症スペクトラムの利用者さんを思い浮かべ、なるほど、先日彼女の言った言葉はそういうことだったのかぁと理解できたように思いました。しかし、いや待てよ、彼女はこうも言ってたぞとあれこれ考えると、やっぱりよくわからないなぁの世界に入るのでした。結論として、わからないことを大切にしてかかわろうと思いました。危険なのはわかったつもりになることではないでしょうか。わかろうと努力しつつ、わかったことにも、いやもしかしたらと注意をしつつ利用者さんとつき合っていきたいと思います。

（五〇代女性）

◎来月に自閉症の男児の介護に入るのですが、今日の浜田先生のお話で「無意味の海の意味の島」「三項関係や四項関係」「場面にはりついた言葉」など参考に頑張ってみます。

（五〇代女性）

◎この二日間〝自閉症〟のことについて、いろんな視点で考えることができました。二日目の浜田先生の話から、私たちが〝当たり前〟と何気なく感じていること、また行動していることは、単に思い込んでいるだけで、その根拠は？と問われると〝う〜ん、なんでやろ……〟と考えてしまう。それと同じで、自閉症の世界もきっと同じなんやろうなと思う。人は、自分と違うものに対して「どうして？」「なぜ？」と考え、それが理解できないことは自然なことであって、だからと言って、そこで関係をやめてしまうのは違うかなって改めて感じさせていただく研修となりました。社会の生きづらさは、きっとわたしたちよりもはるかに感じている自閉症の方々が、すこしでも暮らしやすい地球って……をこれからも考えていきたいです。

（二〇代女性）

◎一日目のプログラム、村瀬さんの講義：プーさんの話が、すごく印象に残りました。最初は「何の話だろう」程度だったのですが、お話が進むにつれて「なるほど、なるほど」が増え、最後には、自分の中に、なにかストンと落ち着いた感じがしました。円環の時間と直線の時間、無用の世界と有用の世界。今後、自分がどのようにかかわっていくのか、深く考える「きっかけ」になったと思います。（今までは「どんな対応をしたら……」「どう接したら……」ばかり、目が行っていたと思うので……。）／高岡さんの講義：「心の理論」と「世界の理論」のお話がとても印象的でした。サリーとアンの話は、事業所にもって帰り、みんなに質問してみたいと思います。／小道モコさんの話：自閉症の方がどのようにかんじているのか、文献や話はたくさん聞いたつもりではいたんですが、小道さんのお話で、さらに深く見られた気になりました。思わず『あたし研究』『あたし研究2』を購入させていただきました。熟読し、勉強していきたいと思います。ありがとうございました。

（三〇代男性）

◎小道モコさんの「まだまだあたし研究中二〇一五」について：私自身、今となっても自分が障害を持っているのかもっていないのかよくわかりません。健常者のように見えてそうでないかもしれない。小道さんの話を聞いて、非常に自分と似ていると感じました。小道さんが感じていること、思っていることは共感する場面がたくさんありました。「予測不可」の恐怖を語られていましたが、子どものころはあまり感じなかったことですが、大人になり、社会人になってからは日々感じることです。仕事というのは、見通しが立たないことが多く、全然わからないことに取り組むので、本当にエネルギーが必要で、疲れるというのはよくあります。仕事は失敗が許されないという強迫観念があるので、こういう傾向が強くなってきます。仕事の指示を受けるとき、一から十まで説明されることは少なく、少ない説明で、自分の頭の中で内容を推測し、ある程度の判断をして、進めていかなければならない。その時に「伝えられた指示」に対し、捉え方を間違ってしまうことがよくあるように思う。自閉傾向があるのかどうかもはっきりしないまま、いろんな人が入り混じっている職場なんかは、ある意味「予測不可能」なジャングルにいるかのような感覚があり、共感できる点が多くあったと私は感じました。（三〇代男性）

◎小道モコさんの話は、障害当事者さんからの話ということで、とても興味深いものがありました。彼女の話を聞いていると、なぜ自分は小道さんのような感覚が持てないのだろう。逆に自分のほうが何らかの障害なのかもしれない。そんなことを考えていると、とりとめもなく終わってしまうのですが……。自分は生きていくある程度の道筋があって、その悩み、苦しみは自分の悩みは彼女にとっては何とでもないものなのかもしれなくて……。今日の事例も含め、お互いを尊重し、共にどうやって生きていくかを考える世の中に近づいたり、遠ざかったりを繰り返していく。どこまでいっても繰り返していくのだろうなと感じます。（二〇代男性）

◎小道モコさんの話はよかったと思います。私たちが「自閉症の人はこういう世界を見ているのだ」ということを考え、理解しようと努めるのと同じように、私たちが当たり前にしていることを「自閉でない人はこうやって世界が見えているんだ」と語られていたのが印象的で、まさに両者はパラレルの世界の住人同士だと感じた。私たちが学ばずに（学ぼうとせずに）自閉の人と接すると、「この人は何だ」と理解不能でトラブルになったりする。しかし、自閉症の人もそれと同じようなことを感じている。小道さんが、以前よりも自分の状況がよくなったとするのは、きっと他者がどんな世界を見ているかを知り、その中で自分がどうあるべきか、考えることができたからだと思う。小道さんは自らそうすることができたが、できない自閉症の人もいる。そういった人たちに、〝パラレルの世界がある〟と考えながら、私たちは支援を考えないといけないと感じた。（二〇代女性）

◎事例報告1：当事者Wさん四七歳：この方が小学生のころ、地域に養護学級があるところとないところがあり、越境して養護学級があるところに通われていることも多い時代であった。また、このころは、養護学級の担当は、普通学級の担当より手当をもらえることもあり、お金目当てで、養担を引き受けるなど、どのような支援をすればよいのかわからない人が担当になるという場合もある時代であったが、この当事者さんは、その後、継続していってくれている校区の先生に出会えてラッキーだったように思う。「障害は、育て方が悪いからだ」とこの時代はさんざん言われてきた。ご両親はたいへん辛かっただろうと思う。このころの支援は何でもあり、心あるボランティアに出会えたことで一人暮らしを継続できているが……すべての障害者にその機会はあるだろうか？　（女性）

◎「自閉症」と診断されている人とは、ほとんど接したことがないので、今日の話は興味が持てるだろうかと思いながら参加しました。でも、浜田さんの話も二例の事例報告も面白かったです。浜田さんの健全者が当たり前に思っていることが、自閉症の人にとっては当たり前でないことの説明は、なるほどと思いました。普段関わっている知的障害の人たちの健全者から見たら的外れな言動を、「まぁ、この人はこんなもんよね」と受け入れていましたが、その言動にも浜田さんが説明していたような構造があるのかなと思いました。

事例報告は自閉症の人に限らず、知的障害のある人が、どうやって地域で生きていくのか、という点で興味深く聞かせてもらいました。どちらの事例でも、当事者の周りの人たち（親・先生・職員）に、「この人に地域で生きてほしい」という強い思いがあって、いろんな困難がありながらも続いているのだなと思いました。困難、事件、問題があったときに、責任をどうするかで二の足を踏まずに、長尾さんのように地域で障害者が生きていくために何ができるのか、どうしていくのか、と当事者のことを考えて動けるようにしたいです。Wさんのヘルパーや施設職員だけでなく、介護者（ボランティア？）と呼ばれる関わりの人がいる暮らし、いいですね。長尾さんの「制度に囲まれた暮らし」はおかしいと思う気持ちに共感します。実際には制度を利用しないと介護者は集まらないけれど、制度の外で、友だち、一緒に生きる者、という関わり方のひとをつなげていけたらいいなと思います。　（二〇代女性）

◎事例報告を聞いていて、Wさんという方はとても魅力的な人だなぁと感じました。その方が見守られているという息苦しさ、面白くなくなるなどの話があり、そこが考えさせられました。自分の日中でも考えてみると、自閉症の人は、もちろんこだわりが強いので「一日のスケジュール表」であったり、見通しが持てるように工夫していくことが大事だとは思います。でも、そればかりが先行していき、支援者が段取りをまえもってしていくことが日常になっていって、本当にそれが本人さんにとって必要なのだろうか？　確かに安心するだろうし、楽にはなるかなと思います。でも、それだけではなく、その取り組む中で、そのとおりにいかないこともあるし、その時には、誰かと一緒に考えながら進んでいったり、時には「本人さんはどうするのかな……」と待ってみて、出方をみるのもありだと思う。支援者が提供する、よりそう、まわりが合わせる、ばかりではなく、一緒に考える、向き合う、時にはぶつかるほうが、面白い人生なんだと思います。あまりまわりが段取りをたてすぎたり、「この人はこうだからこうしてあげたほうがいい」というのは本当に本人さんが望んでいるとは限らないはず。「思いつき」「いきあたりばったり」といわれれば、だめなのかもしれないけれど、それが誰かと一緒に経験するのであれば、悪いことではないと思う。（四〇代女性）

◎グループホーム（ケアホーム）で暮らしていくには、利用者本人の特性や環境などの諸条件がととのわないと、なかなか運営も難しいものがあるように思われます。また、世話人さんも、ほとんどは七〇歳くらいの方々が多く、長続きも期待できないので、支援する側の人員の確保も厳しいように感じられます。また入所施設を利用している知的障害者も、高齢化が進み、他の精神障害や、認知症なども発症し、新たな対応も必要となってきています。ここでも、正職員は少なく、高齢のパート職員がほとんどなので、比較的若い人が働ける職場環境の確保も重要な課題であると思われます。（六〇代男性）

◎今年のセミナーは五、六年ぶりだったせいかとても聞きごたえ（?）のある内容だった。村瀬先生のプーさんの話。円環する時間に対する直進する時間の考え方（前近代と近代）に納得。若いころと違って、有用の世界観から、無用の世界の大事さを日々感じているので、全く共感できた。高岡先生のお話は、日ごろ手探りで接し、自己流で理解していた息子の内面を理論できちんと整理していただいたと思え、非常に心が晴れやかになった。オキシトシンはファシズムの細胞を揶揄した?は素晴らしい。浜田先生のお話も幼児のころより育てていく過程で自分なりにそうではないかとモヤモヤしていたものをきちんと理論で説明して納得させてくださった。小道さんに関しては、ただただ圧倒されました。感想はてんこ盛りですが、当事者の話は自閉症者にとっての救世主です。学者の意見は苦手だとは思っていたけれど、やはり学問は素晴らしい。万人に理解できるように、丁寧に、わかりやすく書かれている書物にも感謝です。定型発達障害者を自覚した親です。（七〇代女性）

◎今までプーさんには全く興味がなく、今回初めて本を読みました。ただし途中までですが……。一つは『クマのプーさんの哲学』ジョン・T・ウィリアムズ。たまたま図書館でみつけました。それがおもしろく夢中になりました。もう一冊は石井桃子さん訳の童話です。てっきりディズニーの絵本だと思い込んでいたので、これもまた途中までですが、とても面白い。この二冊をちょこっとだけですが、読んで思ったことは、プーさんたちの行動をこれもたまたま知った行動分析学に照らしてみたらこれまた面白そうと。高松に帰ってからの楽しみができました。今回のセミナーもワクワク感あふれて受けることができました。ありがとうございます。スタッフの皆さまお疲れ様です。

（六〇代女性）

◎最近モヤモヤしていたことが、少しすっきりし整理できたように思います。「障害」って一体なんだろう？「障がい者」っていったい誰のことだろう？　今、そんなことを考えることが多くなっていました。今、「障がい者」と言われ、障害があるといわれている人は、障害があるのではなく、まわりの人や環境など、社会の状況に障害を背負わされているのだと思っています。今の社会は「凡人」が作り上げてきた、「凡人」にとって生きやすい状況になっているということを考え、当たり前に起きていることをそうではないと、また、そういうふうに思えない人が存在するということを考えていかなければいけないと、改めて思いました。「プー」の生きる百エーカーの森と凡人の作り上げている社会との狭間を行き来して、その中で自分のできることを日々模索していきたいと思います。

（三〇代男性）

◎障害がある利用者さんと必要に応じて支援をする支援者。両者の関係性を多面的に捉えるヒントや向き合い方を改めて考える機会をいただきました。又、明日から現場で活かしていきます。

（三〇代女性）

◎「障害」と名をつけることと本人を理解することの間には大きな溝がある。どれだけたくさんの知識を持っていてもその人を理解できないことがある。関わること、ぶつかること、話し合うこと、笑いあうこと、それは障害があるとかないとか、そういうことを抜きにしても、人と人の距離を縮めるための本質であると思う。障害の前に一人の人であるということ一人の人として生きてきたストーリーを知ること、それをこのセミナーで感じた。

（四〇代女性）

◎小道モコさん（当事者の方）や高橋飛鳥さんの保護者の方など、当事者の話は、聞いていてすごみというか説得力というのかがあり、聞き入った。またWさん（和田さん）のVTRは、言葉で聞くよりも、ご本人のこと、様子がよくわかり、自分の事業所にもこういう様子の人がいるなぁとか思って、その後の話にも親近感をもって話を聞くことができた。当事者の方の話や、わかりやすいVTRはこれからもっと増やしてほしいと思った。

（三〇代女性）

◎モコさんの話：自閉症の方が普段の生活でのしんどいことを話していただいて、とても参考になりました。どこがしんどいかによって、どこに支援が必要かということが、少しわかった気がしました。／村瀬さんの話：自分はどうしても有用の世界で物事を判断してしまいがちです。無用の世界での円環をたのしむことを意識してみると、また違った視点や考え方ができるのだと思いました。／高岡さんの話：自分自身感覚システムよりも解釈システムになりがちだと思うので、感覚と解釈を行き来しながら多様的に考えたいです。／Wさんのケース：Wさんのケースで支援している先生が言っていた「自分が高齢者になった時に介護されるのと障害を持つ人とは大差ない」という言葉に、そうだなと思いました。自分自身もできないことはたくさんあるし、それが社会的に目立つか目立たないかだけの話かと思いました。／浜田さんの話：聞いて羞恥心について伝えるほうがよいのか、伝えなくても生活はできるのか、悩みました。羞恥心を伝えないと生きにくさはあるだろうから、伝えていきたいと思いますが、自閉症の人に羞恥心をどのように伝えていけばいいのか難しいです。

（三〇代男性）

◎村瀬先生、高岡先生、浜田先生三人三様の自閉の方の捉え方を、とても興味深く聞かせていただきました。表現（視点）はそれぞれ違っていましたが、共通したものがそこには流れていたように思いました。自閉症という症状からの出発ではなく、人が人として形成されていく過程として、その人を捉えるという見方が新鮮でした。一〇〇エーカーの森と現実に自分たちが生きている世界、行き来していけるようにしたいなぁと思いました。人は関係性の中で生きているものであることのおもしろさと、だから問題はおこるということが自分にもあてはめられ、とてもしっくりいきました。

（五〇代女性）

◎いろいろな講義、事例、当事者の方のお話が聞けて良かったです。特に当事者の方の話をご本人から聞けたのは貴重な経験でした。自分が関わっている自閉症の方々との関わり方を見つめなおしたいと思います。ありがとうございました。

（三〇代男性）

◎日ごろ自閉傾向のある方には「～しない」、「～してはいけない」などの声掛けをできるだけしないようにしていますが、なぜそうしているのかという理由を、再度認識し確認できる講義内容であったのではないかと思います。否定的な表現に弱いというあいまいな理解だけで、会話してしまうことが多いですが、「見える」ことには強いけど、「見えない」ことには弱い。それどころか分かることができないということを実際に沿う診断された方の言葉で伝えていただくことで、双方向で物事をとらえて、考えて動くことを日々の中で度々立ち止まって、言っていくことが「わかる」ということに少しでも近づいていくことになるのではないかと考える機会をいただいたセミナーではないかと思います。

（三〇代女性）

◎「くまのプーさん」それぞれの登場人物、一〇〇エーカーの森の意味など奥深いと思いました。何もしないでいることが許されない世界に住んでいる私たち、目の前にいる子どもたちや利用者さんに対して、行動や言葉のとらえ方はかかわる者それぞれ違っていていいと思うが、その時に自分の思いを中心に相手のことを考えるのか、相手の世界に思いを馳せながら聞くのかで、次の行動（接し方）は変わっていくのだと思う。今回の講義では、相手の世界の具体的な見方を示してくださったかと思います。一〇〇エーカーの森、円環する時間、無意味の海、三項関係、四項関係などのキーワードを頭においてもう一度資料を振り返ってみたいと思います。（六〇代女性）

◎村瀬講義：原作のくまのプーさんについて深くひも解いていただき、原作を読んでみたくなった。／小道さんのお話：神経細やかにゆっくりした具体的なお話。軽度の方からの話の中に重度の方を頭に浮かべながらよく理解できる話でした。／午前の浜田先生のお話：具体例をあげて自閉症を語ってくださり、四六歳の息子を育てた私にとり、もっと早くこんな講義を聞きたかった。／事例報告1：長尾さん、平岡さんからは本音でのお話を、淡々と話され、ご心労に同感し、感謝しつつ、ありのままの事例報告に何か「それでいいんだ」と同感し、すがすがしささえ覚えました。／事例報告2：そうそうの杜の事例報告、私、親の立場で同じ体験をされてきたんだと思い出しながらお聞きしました。／全体について：時代は流れて歴史が築かれていく。地域で支えていく時代になり、その現場で携わっておられる支援者たちに感謝しますが、親の立場から言わせてもらうと、「事件が起こってから対処する……」ということばに心底では同感しながらも「それはないでしょう……起こらぬように前もって対処してほしい」とも思うのは間違いなのかなぁ……。私の考えは、はじき出されてしまうことになる。単独の経験ではなく、共通の経験は大切だと思える。親の立場で高橋さんの話の中で「同じ鍋をつつけたらいいな……」を目標にしているとの言葉にジーンときた。（七〇代女性）

◎福祉の仕事をはじめて四年になりますが、自閉症の方がどんな感覚で生活しているのか、少し考えてはやっぱりわからないと思う日々でした。そんな中、自閉症の方からの話は、日々の支援の中で納得できずにいた穴に、すっぽりと収まる感覚で聞くことができました。（二〇代男性）

◎三月二二日午後の事例報告が大変面白かった。そうそうの杜の荒川さんの言葉「迷惑をかける人を支援する」そして「戦略的に地域の人に頭を下げてまわる」というのが印象的だった。このようにして地域の人の中にもAさんのストーリーをわかろうという「やさしさ」（小澤氏のいう）が生まれるのだと思う。当事者・メンバーの人は、どんな障害があろうとも、どの人もその人のストーリーを生きているので、そのストーリーを理解することが必要だという。しかし、その人は、社会的存在として生きているので、その人を理解するためにはその人の生きている社会とその時代をどうとらえるかが欠かせない。その場合、どうしてもこちらの「私」がどうとらえるかという私の社会認識、時代認識が問われていることになる。こういうセミナーでは、セミナーに参加する一人ひとりの社会認識、時代認識を交流し合いぶつけ合うことこそ必要だろう。どこか一方的なセミナーの進め方に違和感を持つ。問題提起をする人に、社会学、文化人類学、政治学、商学の領域の人を呼んでほしい。たとえば民俗学の赤坂憲雄さん、原子力問題の小出裕章さんもぜひ呼んでほしい。もっと参加者で話し合うことが必要だと思う。

（六〇代男性）

◎今回、初めて参加させていただきました。なるほどと思うことも多々ありましたが、難しい話も多く……。又、長時間過ぎてしんどかったのが本音です。小道モコさんの話は、現場で働いているわたしは「そうかー」と再度考えられる時間になりました。三月二二日の事例報告、パーソナルひらかたさんのもビデオがあり、わかりやすかったし、想像しやすかったです。そうそうの杜さんの話も、家族の声が聴けてよかったです。

（女性）

◎このセミナーに初めて参加しました。このように各事業所の交流や当事者・親・学校関係者などいろんな立場の人が集まり、交流することのできる場そのものが、とてもすてきで有意義だと思いました。それぞれが「自閉症」について学習を深め、目の前にいる人への支援をより良いものにするにはどうすればいいかについて考え、自分自身の在りようや価値観を再認識する貴重な機会だったと思います。ただお話の中で気になったことがありました。「一〇〇エーカーの森」は、「精神的な世界」を分析されているとは思いますが、円環する時間が流れ、心地よい空間かもしれないけれど、いざ生活の場として考えると、現実社会から切り離された分けられたところになるのではないかと。それを、プーさんを分析しても実際の自閉症者が生き抜いていく社会とは異質なものではないかと。学校教育でいえば、今の特別支援学校。特別支援教室。その後を生きる社会では、施設という限られた場になるのではないか。「何もしないでいられる空間」に、プーさんは置き去りにされた感がいなめません。そんな違和感を感じました。

（六〇代女性）

《執筆者紹介》（＊詳細は各章の扉裏を参照）

浜田寿美男（はまだ・すみお）編者，はじめに，第３章，補章
　立命館大学 特別招聘教授／奈良女子大学 名誉教授
村瀬　学（むらせ・まなぶ）編者，第１章，補章
　同志社女子大学生活科学部 特任教授
高岡　健（たかおか・けん）編者，第２章
　岐阜県立希望が丘こども医療福祉センター（児童精神科部長／発達精神医学研究所所長）
小道モコ（こみち・もこ）第４章
　英語を教えるかたわら，翻訳，講演，書く／描く活動を行っている
長尾祥司（ながお・しょうじ）第５章，補章
　NPO 法人パーソナルサポートひらかた 理事長／相談支援専門員
平岡美鳥（ひらおか・みどり）第５章，補章
　NPO 法人パーソナルサポートひらかた 相談支援専門員
福　寛（ふく・めぐむ）第６章，補章
　社会福祉法人そうそうの杜 ウエストグループ 統括管理者
荒川輝男（あらかわ・てるお）第６章，補章
　社会福祉法人そうそうの杜 理事長
高橋道子（たかはし・みちこ）第６章，補章
　事例に出てくる青年，高橋飛鳥の母
野嶋スマ子（のじま・すまこ）おわりに
　NPO 法人エンパワメント・プランニング協会（EPO）理事長

《監修者紹介》

障害者と支援者をつなぐNPO法人エンパワメント・プランニング協会(EPO)

EPO《えぽ》は，知的障害のある人との関わりについて，実践をもとに共に考え当事者や支援者のエンパワメント（内在する力を引き出しあう）を図り，誰もが自分らしく生きていける社会をめざして活動しています。知的障害のある人が，自分の人生を自分で決め地域での暮らしをつくるためには，さまざまな支援が必要です。支援者の役割とは，なんでしょうか。

人は誰でも人との関係性の中でさまざまな影響を受けたり，与えたりしながら生きています。わけても知的障害がある人は，一番近くにいる人（親や支援者）の意識や関わり方に大きく人生を左右されてしまう現実があります。

EPOは「支援と関係性」をテーマに，この現実をふまえてめざす方向を提起しながら，互いに人としての対等な関係のあり方について，広い視点から捉えなおしたいと考えています。このことがひいては，知的障害のある人が市民としてあたり前の生活を送ることにつながっていくのではないでしょうか。

＊特定非営利活動に係わる事業

①障害のある人の自立と社会参加に関わるエンパワメント事業

②障害のある人を社会的役割として支援する人のエンパワメント事業

③障害者と共に生きる社会創造に向けての社会のエンパワメント事業

④「支援」に関わる関係性と方法論の研究事業

⑤上記①～④に付随する広報，出版，企画事業

⑥その他目的達成するために必要な事業

＊ホームページ　http://homepage3.nifty.com/epoepo/

もういちど自閉症の世界に出会う
――「支援と関係性」を考える――

2016年7月30日　初版第1刷発行　〈検印省略〉

定価はカバーに
表示しています

監修者　エンパワメント・プランニング協会
浜田　寿美男
編著者　村瀬　学
高岡　健
発行者　杉田　啓三
印刷者　田中　雅博

発行所　株式会社　ミネルヴァ書房
607-8494　京都市山科区日ノ岡堤谷町1
電話代表　(075) 581-5191
振替口座　01020-0-8076

 創栄図書印刷・清水製本

ISBN978-4-623-07711-3
Printed in Japan